La légende tombée des étoiles

Dolores Canon

Traduit par Sonia Bigué

© 1994 par Dolores Cannon
Première impression par Ozark Mountain Publishing, Inc. - 1994
Première traduction française-2022

Tous droits réservés. Aucune partie de ce livre, intégrale ou partielle, ne peut être reproduite, transmise ou utilisée sous quelque forme que ce soit ou par quelque moyen électronique, photographique ou mécanique que ce soit, incluant la photocopie, l'enregistrement et les systèmes de récupération et de stockage d'information, sans autorisation écrite de l'éditeur Ozark Mountain Publishing, Inc., à l'exception de courtes citations dans le cadre d'articles et de critiques littéraires.

Pour obtenir l'autorisation, ou les droits d'apatations, ou notre cataloguede publications, écrire à Ozark Mountain Publishing, Inc., PO. Box 754, Huntsville, AR 72740-0754, à l'attention de : Permission Department.

Données transmises à la Library of Congress :
Cannon, Dolores, 1931-2014
La légende tombée des étoiles de Dolores Cannon
Informations obtenues au moyen de l'hypnose de regression dans les vies antérieures concernant un vaisseau extraterrestre qui s'écrasa en Alaska-Canada il y a des milliers d'années.

1. Hypnose 2. Réincarnation 3. Extraterrestres 4. Légendes amérindiennes du nord
I. Cannon Dolores, 1931-2014 II. Réincarnation III. Titre
Numéro d'enregistrement à la Library of Congress : 2022934507
ISBN : 978-1-956945-10-2

Traduit par Sonia Bigué
Conception du livre : Nancy Vernon
Creation Times New Roman
Couverture : Lyle Vasser & Travis Garrison
Illustration : Jenelle Johannes

Publié par :

PO Box 754
Huntsville, AR 72740-0754
www.ozarkmt.com
Imprimé aux Etats-Unis

L'histoire est une glorification des contes de fées. Il n'y a pas un élément que vous sachiez qui soit exact, mais c'est toujours mieux de savoir quelque chose de faux que de ne rien savoir du tout.

Joseph Kane

Collecteur de faits et démystificateur d'erreurs historiques

Sommaire

Chapitre 1 - La découverte de la légende.	1
Chapitre 2 - Le lien aux esprits	18
Chapitre 3 - Le village	34
Chapitre 4 - La légende des Anciens	52
Chapitre 5 - Les Natifs	62
Chapitre 6 - Quand la lune suivait une trajectoire différente	74
Chapitre 7 - Le motif sur la couverture	88
Chapitre 8 – Les outils du chasseur et les animaux	98
Chapitre 9 - Les histoires pour enfants	114
Chapitre 10 - Les Légendes de la Création	123
Chapitre 11 - La maison du sage	133
Chapitre 12 - La vie de Tuin, le chasseur	141
Chapitre 13 - La mort de Tuin et la suite	162
Chapitre 14 - L'origine des Anciens	172
Chapitre 15 - La survie	182
Chapitre 16 - Les artefacts	194
Chapitre 17 - La magie des Anciens	209
Chapitre 18 – Recherches	224
Chapitre 19 - La fin de l'aventure	253
Concernant l'auteur	261

Chapitre 1
La découverte de la légende

DEPUIS PLUS DE 15 ANS, j'explore l'histoire à travers l'hypnose de régression dans les vies antérieures. Au fil des années, je suis devenue de plus en plus convaincue que l'histoire de nos archives, l'histoire à laquelle nous sommes exposés à l'école, est finalement bien inexacte. Aujourd'hui, je soupçonne même que seule une faible proportion soit basée sur des faits. L'histoire telle que nous la connaissons est sèche et sans vie, sans forme et sans substance, principalement constituée de faits et de personnages inanimés. Des faits qui ont rarement pour sujet, les personnes qui ont vécu durant ces périodes et les émotions qu'elles ont ressenties. J'ai aussi le sentiment que l'histoire a été idéalisée à travers notre littérature, nos films et la télévision, ne laissant plus paraître qu'une légère ressemblance avec ce qui s'est réellement produit dans le passé. Dans mon travail, je voyage régulièrement à travers le temps et l'espace, je rends visite à des gens au moment de leur vie dans des époques anciennes et j'entends, à travers leurs propres lèvres, l'histoire telle qu'ils sont en train de la vivre. Non pas remémorée à travers l'esprit d'un auteur, mais bien effectivement, au moment où ces gens sont en train d'en faire l'expérience. J'ai découvert que la vraie substance dont l'histoire est faite n'est pas celle que nous trouvons dans nos livres d'histoire.

    Je pratique l'hypnose régressive, c'est-à-dire que je suis une hypnothérapeute spécialisée dans les vies antérieures et la réincarnation. Je mène des recherches et enquête sur ce phénomène. Dans mon travail, j'ai découvert que, plutôt que d'être romantique, le passé a souvent été rempli de colère, de désespoir et de frustration. Avant nos connaissances actuelles de l'hygiène et des microbes, le monde était un lieu de saleté et d'ignorance incroyables. Je ne dis pas ça dans le but d'insulter ou de critiquer nos lointains ancêtres, et j'imagine facilement que dans quelques centaines d'années, nos descendants nous regarderons à leur tour avec la même consternation. Ces êtres ont fait de leur mieux avec ce qu'ils avaient et on ne peut pas s'attendre à ce qu'il en ait été autrement, puisqu'ils agissaient en fonction de la connaissance de leur époque, tout comme nous le faisons avec la nôtre. Mais je crois réellement que mes aventures dans le passé révèlent une image plus précise des vies de nos ancêtres que la plupart des romans ou émissions télévisées romantiques populaires. J'ai l'intention de réunir dans un livre mes trouvailles concernant l'histoire et d'y dresser un panorama réel des différentes époques, telles que rapportées par ceux qui les ont vécues.

Toutefois l'ouvrage présent va se concentrer sur la vie d'un homme, qui a vécu en un temps si reculé, que toute connaissance sur cette période a été totalement perdue. Les scientifiques nous expliqueraient que, s'il y avait eu le moindre être humain à cette époque lointaine, il s'agirait sûrement de sauvages ou d'habitants primitifs des cavernes. Dans tous les cas, il ne pourrait pas s'agir de personnes avec qui nous pourrions communiquer. Les experts clament d'un air suffisant que nous sommes bien trop supérieurs intellectuellement. Pour être honnête avec eux, j'ai exploré des vies passées aux temps préhistoriques, où les sujets revivaient des existences bestiales, dominées majoritairement par les émotions, les besoins primaires et les pulsions. J'ai aussi étudié des cas où les sujets étaient à des stades de développement pré-humain. J'ai découvert que l'âme éternelle s'adapte à son environnement et apprend à fonctionner avec et au sein de ses limitations. L'importance de chaque vie est la leçon qui en découle. Mais j'ai le sentiment que cette histoire montre que l'homme n'a pas réellement changé tant que ça depuis le début des temps. Ses conditions extérieures et son monde changent, mais pas le noyau essentiel, cette étincelle divine qui en fait un être humain. En tout temps, l'homme a fait l'expérience des mêmes émotions et des mêmes sentiments. La seule chose qui diffère est notre manière de réagir et d'apprendre d'eux.

L'histoire est utile. Elle nous est transmise selon les perceptions du rapporteur, du greffier, du scribe. On ne peut attendre d'aucun être humain qu'il soit capable d'être totalement objectif en relatant un événement. Il laissera probablement transparaître dans le récit son propre point de vue, ses opinions ou ceux de son supérieur. Pour comprendre cette idée, il suffit simplement d'imaginer comment des reporters sur deux chaînes télé différentes narreront le même événement. J'ai vu ce phénomène se produire de nombreuses fois dans mon travail de régression. Les pensées du paysan diffèrent de celles du roi et les opinions du soldat de celles du général. Lequel donne l'image la plus réelle de l'événement ? Chaque point de vue est exact pour l'individu en train de le percevoir. C'est vrai pour eux, même si cela entre en conflit avec la vue plus large transmise comme fait historique.

Mais qu'en est-il de l'histoire qui ne nous a pas été transmise ? Nous ne pouvons tout de même pas être naïfs au point de croire que les traces que nous avons constituent l'ensemble de notre histoire. On ne peut pas penser que parce que nous n'avons pas d'archives, rien d'autre ne s'est produit. Je crois sincèrement qu'il y a eu plusieurs grandes civilisations, comprenant des milliers de personnes, ayant vécu bien avant l'avènement de notre histoire contemporaine. Il est possible qu'un jour, des preuves concrètes de leur existence soient découvertes par chance. Avec l'aide de mes sujets, je suis retournée à l'époque des anciens Aztèques et Mayas, qui vivaient dans les jungles denses. J'ai aussi exploré le continent perdu de l'Atlantide et j'ai revécu la terreur de ce peuple au moment où leurs terres ont disparu sous un raz-de-marée enragé. Le fait qu'ils aient disparu de nos mémoires ne signifie pas que ces gens n'ont pas existé, n'ont pas aimé, n'ont pas espéré, n'ont pas rêvé comme nous le faisons aujourd'hui.

Je crois que cette histoire que j'ai découverte et que je rapporte dans ce livre, est un de ces petits incidents oubliés qui précède notre histoire moderne. Même si elle parle de voyageurs des étoiles et possède un léger arrière-goût de science-fiction, j'ai la conviction qu'il s'agit surtout d'un récit inconnu, concernant des êtres qui pourraient bien être nos propres ancêtres. Des êtres dont la présence nous a été dissimulée jusqu'à présent. Cela aurait continué à nous être caché, si cette histoire n'avait pas ressurgi des mystérieux recoins du subconscient d'une jeune fille, au moyen de l'hypnose régressive.

Je travaille continuellement avec de nombreuses personnes, très différentes, qui désirent faire l'expérience de régression dans leurs vies antérieures pour des raisons très variées. Ces raisons peuvent aller de la simple curiosité à la quête de réponses aux problèmes de leur vie présente. J'ai conduit de nombreuses thérapies en liens avec les causes de phobies, d'allergies, de maladies et de relations karmiques troublantes. Beaucoup de ces personnes ont entendu parler de mon travail et m'ont contactée, d'autres m'ont été adressées. Je n'ai jamais dû me mettre en quête de sujets. L'intérêt pour ce phénomène est bien plus répandu que ce que l'on croit. J'ai parcouru des centaines de kilomètres pour mener des séances dans l'intimité des maisons de mes patients. J'hésite toujours avant de refuser quelqu'un, parce que je ne sais jamais qui deviendra l'excellent sujet que je cherche ; celui qui me fournira ma prochaine incroyable excursion dans l'inconnu. Ces gens ne sont jamais reconnaissables par leur apparence extérieure, ainsi je n'ai aucun moyen de savoir quelle connaissance est contenue dans leur subconscient, tant qu'ils non pas été mis en état de transe. Les vies antérieures simples, communes et sans intérêt sont bien plus fréquentes que les vies insolites. L'exemple dans ce livre démontre que je ne sais jamais vraiment ce que je cherche, jusqu'à ce que je le trouve. Je ne sais jamais ce qui va éveiller mon insatiable curiosité et inspirer mes recherches vers de nouvelles connaissances.

Je ne savais pas qu'un excellent sujet hypnotique se trouverait dans ma propre arrière-cour, enfin pour ainsi dire. Je connaissais Beth depuis des années, parce qu'elle avait été à l'école en même temps que mes enfants. Elle approchait désormais la trentaine et travaillait dans un bureau de l'université locale. Bien que nous ayons été en contact depuis toutes ces années, nous n'avions jamais parlé de sujets métaphysiques. Je venais de découvrir tout récemment qu'elle s'intéressait à mes travaux. Elle souhaitait effectuer une régression, principalement par curiosité. Alors que nous fixions une date pour notre premier rendez-vous, j'imaginai qu'elle suivrait le schéma habituel aux premières séances.

J'ai en effet découvert un schéma commun à 90 % des sujets lors de leur première séance. C'est une forme de preuve pour moi, tout particulièrement parce que les individus ne connaissent pas ce schéma et ne sont pas conscients que je m'attends à ce qu'il se produise. En ce qui concerne les 10% qui ne suivent pas ce schéma, ils sont en général à la recherche de quelque chose de spécifique en séance et si nous avons de la chance, nous parvenons à nous concentrer sur cet objectif. La plupart de mes patients n'ont pas un tel but en tête et par conséquent le schéma habituel se déroule.

L'une des caractéristiques de ce schéma est que, traditionnellement, la première fois que leur subconscient les autorise à explorer les dossiers de leur mémoire, une existence plate, insignifiante et ennuyeuse en surgit. Une vie sans intérêt, où un jour est pratiquement identique au suivant, définitivement pas un récit de type fantastique. Je dis ici que, de mon point de vue, c'est sans intérêt, car je n'apprends rien. Mais je suis souvent surprise de constater que le contenu a un sens plus profond pour la personne qui est en train de revivre cette vie, souvent une signification importante pour leur vie présente que je ne suis pas en mesure de soupçonner. Je possède des cartons entiers avec ce type de témoignages qui ne seront probablement jamais assez importants pour figurer dans un livre, sauf si l'objet était de compiler les vues historiques de toutes ces personnes. J'écoute des centaines de ces récits « sans grand intérêt », en attendant avec espoir, le patient qui fera émerger une histoire qui vaille la peine d'être explorée dans de plus amples détails.

Le sujet hypnotisé est la condition principale pour ce type de recherche, du fait de sa capacité à devenir littéralement l'autre personnalité dans le moindre détail. Ces types de sujets entrent dans un niveau de transe si profond, qu'ils se souviennent de très peu de choses à leur réveil. De leur point de vue, ils s'étaient endormis. Leurs seuls souvenirs sont généralement des bribes de scènes, à l'image des rêves. Ce type de patients n'est pas commun et je m'estime chanceuse d'avoir rencontré ceux sur lesquels j'ai écrit mes différents ouvrages. Le patient idéal peut aller dans des transes très profondes et revivre virtuellement l'existence passée. Tout le reste, et particulièrement leur vie actuelle, cesse alors d'exister. À cet égard, cette expérience est très semblable à un voyage à travers un tunnel temporel. C'est pourquoi je me considère comme une voyageuse et une exploratrice du temps. En tant que telle, j'ai le sentiment que je dois poser toutes les questions imaginables auxquelles je peux penser. En agissant ainsi, je pense avoir découvert de nombreuses connaissances ignorées par la plupart des gens et probablement aussi par des autorités historiques.

Lors de ma première séance avec Beth, il m'est apparu immédiatement évident qu'elle était ce type de patiente. Il était très inhabituel qu'un contenu de qualité aussi excellente apparaisse lors d'une première séance avec un sujet. C'était peut-être dû au niveau de confiance (extrêmement important) qui existait au préalable, puisque je n'étais pas une étrangère pour elle. Normalement, durant la première séance, un long moment est consacré à créer ce type de rapport, essentiel pour réussir la régression. Dans le cas de Beth, cela n'a pas été nécessaire. Je fus surprise de la facilité avec laquelle elle entra dans un état de transe profonde. Elle retourna immédiatement dans une vie passée et commença à révéler des informations enfouies. Elle était clairement observatrice durant les cinq premières minutes de la régression, puis tout à coup, elle se fondit totalement dans l'autre personnalité, notre monde cessant d'exister pour elle.

Ce qu'elle vit en premier fut un grand champ partiellement entouré de sapins. Le seul signe de vie était quelques bœufs attelés. Puis elle aperçut un chemin et ressentit le désir de le suivre. Il menait à un petit village d'environ 15 à 20 maisons. Il s'agissait de maisons qui ne lui étaient pas familières, ni à moi d'ailleurs. Elles étaient construites en bois, avec des toits de graminées (joncs) et des volets aux fenêtres. Un bâtiment se détacha, il était différent des autres car c'était le seul à deux étages. Son premier étage était construit en pierres et le second en bois. Elle commenta, « On dirait que cela ressemble à une auberge. Il y a une enseigne suspendue au-dessus de la porte. Je peux en voir la forme mais les rayons du soleil m'empêchent de lire ce qui est écrit »

Je lui ai demandé de baisser les yeux sur elle et de décrire sa tenue, elle fut surprise de découvrir qu'elle était un homme. Elle était pieds nus et portait un large pantalon beige en laine naturelle avec une étoffe marron foncé entourée plusieurs fois autour de sa taille. Elle portait aussi un gilet en cuir qui se laçait sur le devant. Elle remarqua « Je dois être un homme. Je n'ai pas de poitrine. » Il s'agissait du corps d'un jeune homme à la peau foncée et aux cheveux bruns et courts. C'est incroyable que cela ne perturbe que rarement les sujets de se retrouver dans le corps d'un étranger du sexe opposé. Ils l'acceptent facilement et continuent leur exploration. Elle semblait avoir une casquette sur sa tête et fit donc les mouvements de la retirer et de l'examiner « C'est une casquette en cuir, de taille moyenne, avec un bord que l'on peut lever ou abaisser. Le bord est actuellement baissé pour protéger mes yeux. Le soleil brille très intensément. C'est une chaude journée. » Puis elle remit sa casquette et frotta sa main contre son menton « Et mon visage est rasé de près. »

Pendant ces séances, je dois poser de nombreuses questions pour essayer de découvrir le lieu et l'époque avant d'aller plus loin. Souvent, même la plus simple réponse peut établir ces éléments. Puisque ses vêtements étaient si quelconques, je demandai s'il portait des bijoux ou ornements. Beth découvrit alors qu'elle portait une sorte d'amulette autour de son cou. C'était un petit sac en cuir, suspendu à une lanière. Elle fit les gestes de l'ouvrir et d'examiner ce qu'il y avait à l'intérieur. Elle annonça avec surprise « Il y a une pierre à l'intérieur, une sorte de gemme non polie. J'ai envie de dire du quartz mais ça ne ressemble pas à du quartz. Il y a un feu à l'intérieur. Une partie est opaque et une partie est bleu foncé transparent. On peut voir à travers

; l'étincelle à l'intérieur est blanc-bleu et les arêtes de la pierre sont bleu foncé. Elle tient facilement au creux de la main. »

À ce moment, le phénomène étrange que j'avais observé de nombreuses fois se produisit. Sa personnalité actuelle s'évanouit et elle commença à se fondre avec l'esprit et la mémoire de cet homme. « Je l'ai trouvée à côté d'un ruisseau. Elle était différente. Elle semblait contenir une étincelle. Je n'ai pas de connaissances à ce sujet. Cela m'a été expliqué par le sage. Il m'a dit qu'elle contenait un esprit que je pouvais appeler en regardant cette pierre afin d'être guidé. C'est comme un ami qui te guide. Vous regardez la pierre et les idées viennent. »

Lorsque ce phénomène se produit, je sais que je peux continuer à poser des questions encore plus précises concernant la vie que mène ce personnage. Je demandai s'il vivait dans le village.

« Parfois. Je suis un chasseur. Je vis dehors. Je n'aime pas être enfermé sous un toit. Je passe la plupart de mon temps dans les collines. Je chasse ce qui se présente. Ce dont le village a besoin. Des cerfs principalement. »

Il dit qu'il utilisait un arc et des flèches, mais la description des vêtements et des maisons ne laissait pas penser à un Indien d'Amérique. Je demandai s'il était un bon chasseur.

« Oui. Je suis attentif. C'est ce qui me rend performant. Vous ne devez pas bouger trop vite ou vous devenez aussi bruyant que… qu'un sanglier en rut. Vous devez être attentif. Être patient. Laisser la pierre vous aider et attendre. Il faut faire corps avec la forêt. Ne faire qu'un avec le vent. Le cerf arrive. Vous vous excusez auprès de lui, de prendre sa vie, mais le village en a besoin. Vous tuez le cerf. Vous le rapportez au village. Nous le partageons entre tous. Il y a quelqu'un qui est habile pour découper le cerf. Un autre est doué pour le travail de la peau et un autre taille les os. C'est bien ainsi. Certains cultivent les céréales et en cultivent suffisamment pour tous. D'autres sont bons pour pêcher dans le ruisseau. Je suis le chasseur. »

Le seul chef qu'il y avait dans le village était le sage. Il expliqua : « Il s'appelle le sage parce qu'il peut résoudre les problèmes pour le bénéfice de tous. Et il est fort pour communiquer avec les esprits. Il sait plus de choses qu'un homme ordinaire. »

Il était évident maintenant qu'elle était entrée dans un état de transe profonde et que je pouvais continuer à demander des noms, des dates et des lieux. Lors de transes légères, ce type d'information est plus difficile à obtenir. Il me dit qu'il s'appelait Tuin. Je lui fis répéter parce que la sonorité était étrange et me posait des difficultés. Il le prononça rapidement, si bien que les deux syllabes se mêlèrent en une seule. J'eus plus de difficultés à obtenir le nom d'un endroit.

Il expliqua, « C'est juste le village. C'est juste nous, au milieu d'une grande étendue sauvage. Nous avons quelques champs aménagés. Nous cultivons dans les champs ; c'est entouré de bois et il y a les montagnes à proximité. Mais il n'y a personne d'autre. C'est juste 'la terre'. »

J'ai reçu cette réponse de nombreuses fois, quand un sujet retourne dans une vie antérieure primitive. Ils sont simplement les « gens » et l'endroit où ils vivent est la « terre ». Qu'est-ce qui pourrait être plus naturel ? Pourquoi devraient-ils avoir des noms ? Ils sont parfaitement conscients de qui ils sont et du lieu où ils vivent.

Une des manières pour obtenir des informations concernant leur lieu de vie est de questionner sur leur alimentation. Je demandai donc ce qui était cultivé dans leurs champs.

« Des céréales… Du blé. Je ne suis pas sûr du nom des céréales. Je suis un chasseur. Elles ont bon goût quand elles sont cuisinées. Tant que je chasse pour le village, nous partageons tout. On cultive aussi des légumes, différentes sortes de haricots. Des racines, de couleur orange, rouge. Il y en a de différentes formes, parfois longues, parfois rondes. Je ne sais pas comment on les appelle. Il y a des fruits juteux dans les arbres, très bons lors des chaudes journées d'été. Les femmes préparent la nourriture pour tous. Il y a un espace au centre du village avec de grandes marmites. Elles y préparent d'excellents ragoûts. Chaque femme possède un jardin, pour leurs herbes aromatiques je suppose. »

Il n'y avait toujours pas assez d'informations pour identifier le lieu, alors je lui demandai de me parler des vêtements des femmes.

Il en fournit la description, « La plupart d'entre elles portent une longue jupe. Un type de chemise avec des sortes de manches, dont elles s'entourent pour soutenir et couvrir leur poitrine. Je ne sais pas comment elles font pour porter ces vêtements si serrés. Je n'ai jamais eu à me préoccuper de tels habits. Ils sont généralement de diverses teintes marron. Mais certaines femmes trouvent des pierres d'un bleu étincelant, rouges, ou autres et les cousent sur leurs vêtements ou les portent par-dessus pour ajouter de la couleur. Leurs cheveux sont longs et elles les gardent noués de différentes manières. Elles ont des objets coincés dans leurs cheveux... Des sortes de couteaux à deux dents. Mais ce ne sont pas des couteaux parce qu'ils ne coupent pas. Il y a des pierres attachées sur la poignée pour qu'elles puissent coincer des mèches de cheveux et que ça maintienne leur coiffure en place. C'est beau. La plupart des habitants du village portent des chaussures, puisqu'ils restent dans le village. Pour la chasse, il faut être pieds nus. Les chaussures des femmes sont très serrées mais très flexibles. Elles sont faites du cuir qui provient de ma chasse. Elles les attachent sur le côté, et parfois elles les lacent. Les hommes... Ils ont des semelles plus rigides pour ne pas les transpercer lorsqu'ils sont dans les champs. Les chaussures des femmes les couvrent habituellement jusqu'au-dessus des chevilles et les protègent jusqu'à l'endroit où leurs jupes tombent. Leurs jupes s'arrêtent juste au-dessus de la cheville et leurs chaussures montent en dessous de leur jupe. Je ne sais pas exactement jusqu'où. Je pourrais me faire gifler si je le demandais. Je ne voudrais pas que cela arrive. »

Tuin vivait dans un endroit où il faisait apparemment très froid en hiver, aussi il s'habillait différemment pendant cette saison. Il portait des pantalons plus épais et une sorte de pull-over avec des manches longues et amples. Au cours des périodes plus froides, il portait aussi une sorte de capuche afin de protéger sa tête et ses oreilles. Et par-dessus tout ça, il portait un habit très large semblable à un poncho. Il entourait ses mains de peaux et à contrecœur portait des bottes en fourrure. Même s'il préférait aller chasser pieds nus, il dit qu'il ne voulait pas non plus perdre un orteil pendant l'hiver. Tous ces vêtements étaient habituellement fabriqués à partir des peaux des divers animaux. Les femmes parvenaient à fabriquer des vêtements à partir de fibres mais il trouvait que les peaux étaient plus chaudes. Puisque la survie du village dépendait des capacités de chasse de Tuin, il devait être prêt à s'aventurer à l'extérieur quel que soit le temps, qu'il le souhaite ou non. « Cela dépend des réserves de nourriture » dit-il. « Si elles deviennent trop basses, alors c'est mon devoir d'aller chasser. »

Contrairement aux autres, Tuin n'avait pas de véritable maison. Il préférait rester dehors. Mais dans sa région, les hivers étaient très froids, il y neigeait beaucoup et Tuin devait s'abriter, même si ça lui déplaisait. Ainsi, lorsque c'était nécessaire, il avait une petite chambre dans le bâtiment de deux étages. Il y avait une grande cheminée dans le bâtiment donc il y faisait bon. Il s'était fabriqué un lit en étirant et cousant des peaux de cerfs entre des poteaux. Ce lit était fixé sur des pieds, à environ 30 cm du sol, et une couverture en peau d'ours le rendait plutôt confortable. Le seul autre mobilier de la chambre était une table et un banc, où il conservait généralement de l'eau et un morceau de pain. Il expliqua qu'il y avait une boisson, autre que de l'eau, dans le village.

« Il y a une boisson que les fermiers fabriquent à partir de fruits et qui est très bonne. Ça vous met en joie, en plus d'avoir bon goût. Si vous en buvez trop, vous devenez très détendu et vous riez beaucoup. Je n'en bois pas beaucoup parce que j'aime être en harmonie et je ne me sens pas en harmonie quand je ris trop. Et certains se plaignent d'avoir mal à la tête, de ne pas se sentir bien le matin suivant. Et ça aurait des conséquences sur ma chasse. » Il était évidemment en train de décrire une sorte de vin, mais la boisson semblait être principalement consommée lors de célébrations.

Il s'avéra aussi que Tuin n'avait pas de famille.

« Non, je vis seul. Je suis un chasseur. Pas de famille permanente. Bien sûr, j'ai eu des parents ; tout le monde en a. Ma mère est très vieille. Elle ne vivra probablement plus très longtemps. Mon père, elle n'est pas sûre de qui est mon père. »

Quand je lui ai demandé s'il avait déjà été marié, il ne comprit pas le mot. C'est un autre aspect intéressant des régressions dans les vies antérieures. Cela montre l'intégration complète du sujet hypnotisé dans l'autre personnalité. J'utilise souvent des mots et des concepts qui sont parfaitement compréhensibles dans notre monde moderne. Mais s'ils sont étrangers ou n'existent pas à l'époque de l'autre entité, alors ils ne peuvent les comprendre. Cela montre de manière évidente qu'il n'y a aucune association avec l'esprit présent du sujet, sinon ils seraient capables d'utiliser l'information et de l'appliquer au contexte. Cela me met souvent dans des situations inconfortables. Je dois essayer de trouver une définition simple pour un mot fréquent pour que l'entité la comprenne. C'est souvent difficile à faire sur le moment.

Dolores : Je pense que vous appelez ça « vivre sous le même toit. » Le mariage c'est quand vous vivez avec une femme.

Beth : On vit avec des femmes. On a des enfants, et ensuite si on décide qu'on a besoin de changer de vie, ou si la femme décide qu'elle a besoin de changer de vie, alors on vit avec quelqu'un d'autre. Et quelqu'un d'autre vient vivre avec la femme.

Ceci fut ce qu'il put trouver de plus ressemblant à notre définition du mariage.

D : *Et vous n'avez jamais vécu ainsi avec une femme ?*

B : Non. Je n'aime pas rester sous un toit. Je vis dehors. Il y a une jeune femme et je suis ami avec elle. Nous parlons. Je peux lui dire des choses que je ne peux pas dire aux autres. Mais elle veut quelqu'un qui vive au village et reste là-bas, et je n'aime pas vivre sous un toit. Mais c'est bien d'avoir quelqu'un à qui parler. D'habitude, je parle avec les animaux.

J'ai changé de sujet pour l'interroger sur les ustensiles de cuisine car souvent des réponses se trouvent dans ces détails.

D : *Est-ce que les gens du village utilisent des objets pour manger ?*
B : Oui. Le menuisier fabrique des pièces en bois. Ce sont des objets plats mais il les fabrique creux pour contenir ce que nous mangeons. Ainsi, s'il y a du jus comme dans les ragoûts, ça ne peut pas s'échapper. Nous utilisons nos couteaux pour découper les choses à la bonne taille. Les femmes ont des bâtons, plats et creux à l'extrémité pour remuer la nourriture pour qu'elle ne colle pas. Elles ont tendance à les utiliser ; je crois qu'elles les appellent cuillères.

Ces informations ne m'aidaient pas à découvrir l'époque ou le lieu. Il s'agissait apparemment de personnes qui vivaient simplement, mais n'étaient pas primitifs.

D : *En quels matériaux sont les pots qui vous servent à cuisiner ?*
B : Généralement en terre. Il y a une marmite que le sage utilise. Je ne sais pas où il l'a obtenue. Elle est faite en quelque chose de dur, ce n'est pas de la pierre, mais comme du métal qui brille.

Ceci était la première mention d'un élément étrange dans cette régression, une indication que tout n'était pas aussi simple et ordinaire qu'il y paraissait de prime abord. Ça ne ressemblait pas à une marmite ordinaire.

D : *Ça brille ? Ce n'est pas de couleur sombre ?*
B : Ça dépend de l'esprit. Parfois elle prend une teinte rouge doré éclatante. Parfois elle est noire. J'ai l'impression qu'il a deux pots différents mais les deux semblent très similaires et il dit que la couleur change à cause des esprits. C'est peut-être comme ma pierre. Les légendes disent que les choses que nous avons ont été apportées par les Anciens il y a bien longtemps.

J'ai déjà entendu parler des Anciens dans de nombreuses autres régressions. Ce terme possède différentes significations. Il se réfère fréquemment aux ancêtres qui avaient de nombreuses connaissances ou qui admiraient les anciens dieux. La plupart du temps ces Anciens avaient disparu, s'étaient éteints, ou étaient si peu nombreux qu'ils étaient cachés et protégés. Ils sont considérés comme des êtres très spéciaux et généralement le sujet est hésitant à parler des « Anciens ». Je m'attendais à ce genre de réponse protectrice quand je lui demandai ce qu'il entendait par ce terme. Sa définition me prit vraiment au dépourvu.

B : Ils sont venus… Les légendes disent qu'ils ont voyagé à travers le vide. C'était sombre et vide, et leur navire - ils étaient dans une sorte de navire - a dysfonctionné et on dit qu'ils ont eu un accident, mais notre ruisseau n'est pas assez grand pour un quelconque bateau. Je ne comprends pas, mais c'est ce que les légendes disent. Le navire avait beaucoup de métal et nous avons utilisé le métal pour nos couteaux et pour nos marmites.

C'était plutôt surprenant. Je me demandais où ils avaient appris l'art de la métallurgie, mais je ne m'attendais pas à cette réponse.
Jusqu'à ce moment, la séance s'était déroulée comme attendu pour une première régression : une vie antérieure sans intérêt, une personne simple vivant une vie simple. J'en avais déjà collecté des centaines identiques. Avec si peu d'informations justifiant de continuer, ce récit aurait probablement été une régression unique, et l'enregistrement aurait été mis dans une boîte avec des centaines d'autres. Et Tuin, le chasseur, serait retourné dans les méandres du

passé et n'aurait pas été invoqué à nouveau. Sauf que… Sauf qu'il fit cette remarque inattendue et incongrue qui attisa immédiatement ma curiosité. Quand ça se produit, quelque chose à l'intérieur de moi sait qu'il y a une histoire qui mérite d'être poursuivie et mon insatiable quête de connaissances est alors en éveil. Beth possédait les qualités d'un excellent sujet et je savais que je voulais continuer à travailler avec elle. Mais ce récit exceptionnel aurait été abandonné, sans cette remarque fortuite. Sans ça, cet aperçu de notre histoire longtemps oubliée serait resté enterré pour toujours.

Il était évident que Tuin ignorait la signification réelle de cette remarque à mes yeux. Il était simplement en train de partager ses connaissances autour d'une légende. Il pensait qu'il se référait à un navire qui naviguait le long des rivières. Il ne comprenait pas comment cette légende aurait pu être réelle. J'allais devoir adapter mes questions à son niveau de compréhension et à sa mentalité.

D : Est-ce que le navire est encore là ?
B : Non, c'était il y a bien longtemps. Tout ce qui nous reste aujourd'hui, ce sont nos couteaux et nos pots. On en prend soin parce qu'on ne peut plus en trouver. Le chaman, le sage, possède encore certains morceaux de métal dans sa maison et il les utilise pour des choses secrètes. Il les modèle en fonction de ce qui est nécessaire, pour des sorts, des amulettes ou des choses sacrées.

D : Avez-vous déjà vu ces pièces ?
B : Une fois. Il n'a pas su que je les avais vues. Je ne l'ai dit à personne. Je n'étais pas censé les voir. L'une d'elle est grande, comme un animal, comme un glouton. (Il eut des difficultés à trouver le mot pour le décrire, et il utilisa une terminologie qui lui était familière.) Quelle est sa forme ? Je ne peux pas décrire la forme. Le morceau était posé à plat sur le sol, et les côtés se dressaient bien droits comme un grand arbre. Mais sur le devant, ça se levait puis s'inclinait vers le bas. Le dessus était plat comme un rocher lisse. Il était en métal d'un genre gris argenté mat. Sur la partie inclinée, il y avait des objets saillants de couleur plus foncée. Je n'ai pas compris à quoi il servait.

D : Y avait-il beaucoup d'objets saillants ?
B : Oui. Certains étaient longs et fins. À peu près cette longueur (ses mains se mirent en mouvement pour me montrer l'équivalent d'un pouce) et d'autres étaient ronds.

D : *Et ces objets sur la partie inclinée, savez-vous s'ils bougeaient ?*
B : Je ne sais pas. J'ai juste jeté un coup d'œil.

Il avait décrit son lieu de vie comme un simple village isolé, je ne pouvais rien imaginer de plus incongru. Apparemment, il ne savait pas ce dont il pouvait s'agir. Il possédait à peine le vocabulaire pour le décrire, il donc s'agissait définitivement de quelque chose qui lui était étranger. Mais cela paraissait semblable à un panneau de contrôle, ou peut-être une sorte de machine.

D : *Y avait-il d'autres grands objets inclinés de ce genre ?*
B : Non. Il n'y en avait qu'un. Mais juste à côté, il y avait des morceaux de métal empilés. Ils étaient tous enchevêtrés ensemble, si bien que je ne pourrais pas en décrire les formes.
D : *Peut-être qu'il les utilise pour les amulettes.*
B : Je le pense en effet.
D : *Pensez-vous qu'il puisse utiliser cet objet étrange d'une quelconque manière ?*
B : Je ne sais vraiment pas. On dit qu'il y avait des objets de ce genre lorsque le navire s'est écrasé. Mais ce serait trop lourd pour un bateau. Ça le ferait couler. Je ne comprends pas.

Puisqu'il était évident que Tuin parlait à partir de son point de vue, et non pas à partir de la vision plus moderne de Beth, j'allais devoir communiquer avec lui en des termes qu'il comprendrait. Je devrais particulièrement conserver un schéma de questions simples et délibérément non suggestives jusqu'à ce que j'en découvre davantage sur cette légende.

D : *Et qu'en est-il de la légende ? A-t-elle dit à quoi ressemblaient les Anciens ?*
B : Ils nous ressemblaient mais ils étaient plus grands. Ils pouvaient faire des choses extraordinaires.
D : *Alors certains d'entre eux ont survécu ? Ils ne sont pas tous morts au moment de l'accident ?*
B : C'est de cette manière que nous sommes vivants. Nous descendons des Anciens. Nous sommes les seuls.
D : *Alors ils restèrent là et créèrent le village ?*

B : Oui. Leur embarcation ne pouvait plus avancer. Ils voyageaient vers un autre endroit. Je ne sais pas où.

D : *Est-ce que les légendes disent s'ils étaient habillés différemment ?*

B : (Pensif) Les légendes disent qu'au début ils portaient des vêtements blancs, d'un blanc argenté, qui ne s'usaient pas et qui ne se déchiraient pas. Mais par la suite, à mesure que le temps passait, certains de leurs descendants prirent l'habitude de les enterrer avec leurs vêtements, si bien qu'il n'en reste aucun maintenant, si tant est qu'ils aient existé un jour. Peut-être que passer tant de temps en forêt me rend trop suspicieux.

D : *C'est possible. Mais vous êtes censé descendre de ces gens. Est-ce la raison pour laquelle votre peuple ne quitte pas ce lieu ?*

B : En partie. Nous sommes si peu. Si peu nombreux. Il n'y a personne d'autre. Si certains d'entre nous quittaient la région, ils ne seraient pas assez pour survivre, ni nous. Ça nous impacterait aussi.

D : *Alors vous êtes tous nécessaires. Chacun aide les autres.*

B : Oui, nous ne sommes pas nombreux. Nous devons être prudents. Les légendes disent que si nous ne sommes pas prudents, la Terre Mère, la Mère, sera mécontente et ne permettra pas aux cultures de pousser.

D : *C'est sensé. Avez-vous connaissance d'autres villages ou d'autres groupes de gens ?*

B : Il n'y en a pas d'autres. Nous sommes les seuls.

D : *Avez-vous déjà voyagé pour voir s'il y en avait d'autres groupes, ailleurs ?*

B : Oui. Je suis un chasseur. Parfois je m'éloigne davantage que ce qui est nécessaire pour chasser.

D : *Avez-vous déjà vu d'autres groupes de gens ?*

B : Non. Aussi loin que j'aille, il y a des forêts et encore des forêts et des montagnes. Les montagnes sont hautes et les sommets restent enneigés toute l'année. Les bêtes de la forêt, elles le savent aussi ; elles possèdent des poils épais. Je n'ai vu personne d'autre.

Je savais qu'il ne restait plus beaucoup de temps pour cette première séance. Normalement pendant l'heure que j'alloue à une première régression, j'ai le temps de passer en revue l'ensemble des événements importants d'une vie, puisque la plupart des sujets suivent la même règle et retrouvent une vie simple. Mais je savais à présent que j'étais sur la piste de quelque chose et qu'il me faudrait davantage de séances pour clarifier ces légendes dont Tuin avait parlé. Quand je veux continuer à travailler sur un récit, je demande toujours la permission à l'entité de revenir. Je pense que si je ne me montre pas courtoise envers leur personne, ils ne répondront pas à mes questions futures. Ceci aide aussi à établir une confiance et un rapport qui est important pour obtenir des informations. En général, les entités sont ravies de parler avec moi. Et Tuin ne faisait pas exception.

B : Oui, j'aime vous parler de mon peuple. Nous sommes fiers. Nous sommes de bonnes personnes. C'est intéressant de parler à quelqu'un qui ne sait pas. C'est comme expliquer des choses à un enfant, et les enfants m'adorent.

D : *Vous expliquez très bien les choses et j'adore apprendre. Alors avec votre permission, je reviendrai prochainement et nous pourrons parler à nouveau. Je ne vais pas perturber votre travail ou votre chasse ?*

B : Non, vous ne me dérangez pas. Je vous chercherai.

Puisqu'il était évident que Beth était un excellent sujet et que je souhaitais continuer à travailler avec elle, je la conditionnai avec des suggestions par mots-clés avant de la ramener à sa pleine conscience. J'aime travailler avec des mots-clés (qui peuvent être n'importe lesquels) parce qu'ils me permettent de gagner beaucoup de temps en induction et je peux ainsi me concentrer sur l'histoire que j'explore.

À son réveil, j'ai demandé à Beth ce dont elle se souvenait de la séance. Ses seuls souvenirs conscients furent des images d'arbres en grand nombre.

Quand je lui racontai cette vie antérieure, elle dit qu'elle ne pouvait faire que quelques connexions conscientes avec sa vie présente. Elle aime le froid ; plus il fait froid, mieux c'est. Elle adore marcher pieds nus, et même en hiver elle se couvre bien moins que la plupart des personnes. Elle a besoin d'avoir une fenêtre ouverte dans ses pièces et particulièrement l'hiver. Elle adore les bois et elle pratique en loisir la spéléologie (exploration de grottes) en groupe.

Bien souvent, une fois que le subconscient a retrouvé une vie passée, il va commencer à révéler des petits morceaux d'informations à travers des rêves, des intuitions ou des impressions. Je lui ai alors demandé d'être à l'écoute de ce qui allait se produire.

La semaine suivante, elle eut un rêve particulièrement précis dans lequel elle marchait à travers une forêt de sapins. Le sol était couvert d'épaisses épines de résineux et elle pouvait entendre le vent chanter à travers les arbres. Il semblait tenter de lui dire quelque chose. Ce rêve lui procura un sentiment de joie et de bien-être.

Chapitre 2
Le lien aux esprits

NAÏVEMENT ET INNOCEMMENT, Tuin avait commencé à raconter l'histoire de ses ancêtres. Il y avait simplement fait allusion, comme s'il s'adressait à un enfant. Mais ce qui semblait n'être pour lui qu'une vieille histoire avait une signification complètement différente pour moi. J'avais le sentiment qu'un vaisseau spatial s'était écrasé près de l'endroit où ce village se tenait. Cette navette avait voyagé à travers le « vide » jusqu'à une destination inconnue quand elle tomba en panne. Apparemment, les occupants furent alors incapables de quitter la Terre et Tuin et les villageois en étaient les descendants. Une histoire incroyable, aussi parce que la manière dont elle m'a été présentée sonnait incontestablement juste. Je voulais en savoir plus sur cette légende ; je crois en effet que la plupart des légendes, même très lointaines, reposent sur des bases factuelles. J'étais à présent confrontée à deux énigmes que je souhaitais en quelque sorte étudier et résoudre. Tout d'abord, je souhaitais découvrir tout ce que je pouvais concernant les « Anciens ». Deuxièmement, je voulais essayer de trouver où et, si possible quand, cet accident avait eu lieu. J'allais donc devoir enquêter comme une détective, afin d'associer tous les éléments et de trouver mes réponses. Mais j'adore le mystère et le défi, et je venais de m'en voir confier un merveilleux.

Je n'avais jusqu'à présent pas recueilli suffisamment d'indices. La localisation du village de Tuin était imprécise et pouvait correspondre à de très nombreux endroits sur Terre. Il vivait dans un lieu isolé, dans une vallée, avec une rivière, entouré de montagnes aux sommets couverts de neige éternelle. Cela faisait penser à un climat nordique, mais sur quel continent ? Les vêtements et les habitats ne ressemblaient pas à ceux des Indiens d'Amérique. Je pensais que l'époque pouvait ne pas être trop lointaine puisqu'ils n'étaient pas primitifs. Ils connaissaient l'art du tissage ; leurs vêtements étaient faits en tissu. Ils utilisaient la métallurgie qui est un procédé compliqué. Des gens qui vivent isolés et qui pensent être les seuls au monde, ne possèdent pas le même rapport au temps, aux années, auxquelles nous nous attachons et nous identifions. À travers mes questions, j'allais devoir deviner quel type de culture ils possédaient et quand ils avaient pu exister. Afin de répondre à ces questions, j'allais finalement devoir faire de nombreuses recherches, mais cela ne m'a jamais dérangée. J'adore fouiller dans les bibliothèques en quête de ce petit morceau d'information insaisissable fourni par un récit qui vaut la peine d'être creusé.

Tuin avait mentionné une boisson fabriquée par les fermiers et principalement bue pendant les célébrations. L'une des manières d'identifier une culture, un peuple, repose sur la structure de ses croyances. Ainsi quand Beth et moi nous sommes rencontrées la semaine suivante pour poursuivre ce récit, j'avais l'intention d'explorer cette piste. Les mots-clés ont fonctionné à merveille et Beth est immédiatement entrée dans un état de transe somnambulique. J'ai commencé.

D : *Quels types de célébrations avez-vous ?*
B : Nous avons diverses cérémonies. Certaines sont importantes, d'autres moins. Ces cérémonies marquent avec précision les différentes périodes de l'année et permettent aux années de se succéder les unes après les autres, en suivant les cycles de la vie : la moisson, le printemps. Et en hiver, le festival du milieu de l'hiver, quand le soleil commence à revenir.

Je lui demandai une description des célébrations.

B : Pour la moisson, nous déplaçons les marmites de l'endroit où nous cuisinons habituellement et allumons un gigantesque feu de camp. Et nous commençons à danser pour parvenir à un état de détente. On essaie de ne pas s'inquiéter pour son enfant malade, pour les insectes qui mangent ses céréales, ou pour n'importe quelle autre raison. On danse, on se détend. Et alors, le sage commence à chanter les chants particuliers. Ceux qui font descendre les esprits.

Je lui demandai s'ils utilisaient de quelconques instruments de musique pendant ces festivals. Il me dit qu'ils en avaient quelques-uns, mais qu'ils étaient seulement utilisés lors de petits événements privés ou divertissants à l'auberge. « Nous aimons nous amuser » dit-il. « Quand ce qui était à faire est terminé, pourquoi continuer à travailler si ce n'est pas nécessaire ? » Il décrivit une petite percussion, qui se tient à une main, recouverte d'un fin morceau de peau. On ne la frappait pas ; on l'effleurait du bout des doigts pour créer des sons doux. Il y avait aussi une paire de bâtons qui étaient secoués ou frottés pour faire des bruits de claquement. Tuin mentionna le menuisier du village qui s'évertuait à tenter de fabriquer un instrument à cordes avec différentes formes de bois et de boyaux. Tuin trouvait que les tentatives de l'homme étaient hilarantes parce que les cordes ne cessaient de glisser et que les sons produits n'étaient pas mélodieux. Il préférait largement écouter le chant des oiseaux.

Puisque nous étions en train de parler de musique, je lui demandai le type de chansons qu'ils chantaient. Au cours d'autres régressions, j'avais réussi à faire chanter le sujet hypnotisé en langue indigène. C'est rare mais cela se produit parfois. Quelques fois on peut apprendre un certain nombre de choses à partir des mélodies, sans même comprendre les mots.

B : Ça dépend du but des chansons. Les chansons sont puissantes. Elles contiennent les esprits. Il faut être prudent avec les chants. Vous pourriez appeler le mauvais esprit. Les esprits parlent, mais pas comme vous et moi. Ils chantent. C'est la raison pour laquelle, parfois, ils vous parlent à travers le vent. Le vent est un esprit puissant. Il faut être prudent avec la musique. Il faut être respectueux.

D : *Ainsi, vous chantez ces chansons exclusivement en groupe, sous la direction du sage ?*

B : Ça dépend. Parfois il n'y a que le sage qui chante. Quand il commence à chanter, on s'assoit en silence. Soit on regarde les flammes, soit on regarde les étoiles.

D : *Vous n'avez pas de danses ?*

B : Pas lorsqu'il chante. La danse est faite pour détendre notre esprit pour être dans l'attitude juste pour le chant. On ne peut pas se soucier des tracas quotidiens quand on chante. On se concentre juste sur chaque chanson qui fait appel à une sorte d'esprit en particulier. Les berceuses que les femmes chantent à leurs enfants pour les aider à s'endormir sont des chants de protections, même si elles les chantent relativement souvent. Et elles font appel à de petits esprits pour protéger leurs enfants du mal pendant qu'ils dorment.

D : *Je me demandais s'il était possible d'entendre ce à quoi ressemble votre musique. Pourriez-vous chanter quelque chose pour moi ?*

B : Je ne chante pas bien. La plupart des jeunes femmes, qu'elles soient charmantes ou non, disent qu'elles préfèrent m'entendre raconter des histoires plutôt que chanter. Ça m'a rendu mal à l'aise pour chanter en public. Je chante principalement aux animaux. Il y a certaines chansons que je chante pour les arbres. Elles n'ont pas vraiment de paroles, mais le son est ce qui compte pour transmettre l'intention du chant. J'appelle les arbres pour m'aider à me cacher et être en harmonie. Et, puisque le vent chante à travers les arbres et qu'il n'utilise pas nécessairement de mots, alors je chante aux arbres sans mots. De cette manière, si je dois chanter doucement, je peux. Si c'est une chanson que j'aime particulièrement, je m'en souviens. Mais habituellement, je suis mon intuition et j'en crée une nouvelle la fois suivante.

D : *Et alors personne d'autre ne les entend.*

B : L'arbre, n'oubliez pas l'arbre pour lequel je chante.

Elle fit une démonstration en fredonnant quelques mesures d'un son qui ressemblait au sifflement du vent : ouhouhouh.

B : Je ne parviens pas à le faire très longtemps.

D : *Ça ressemble au vent. Vraiment ! Mais quand les femmes chantent des berceuses à leurs bébés, vous vous souvenez de ce à quoi ça ressemble ?*

B : Je me souviens de la mélodie, mais je ne peux pas chanter les mots pour vous, parce que cela appelle les esprits.

D : *Mais c'est un bon esprit.*

B : Oui, mais il ne faut pas les appeler sans raison, ils n'aiment pas être pris à la légère. On dit que les femmes sont meilleures pour appeler les esprits. Je ne sais pas exactement comment elles font. Je crois que c'est assez proche de la manière avec laquelle je m'excuse auprès des animaux. Chacun possède des qualités, des choses qu'il fait mieux. Certaines femmes âgées, dit-on, ont la capacité de voir des choses dans le feu. Parfois elles ont raison.

D : *Font-elles appel aux esprits seulement pendant les célébrations ?*

B : Non. Nous possédons tous des esprits personnels que nous pouvons appeler. En ce qui concerne les femmes qui peuvent voir dans le feu, les esprits leur montrent ce qu'elles ont besoin de savoir, à travers le feu. Mes esprits me parlent à travers le vent. Les esprits chantent, vous savez. Je peux entendre le vent, ils chantent pour moi. Ça ressemble au vent, mais il y a un sifflement plus élevé au-dessus du vent, et ce sifflement me parle d'une certaine manière. C'est comme s'ils étaient en train de prononcer des mots pendant qu'ils chantent très haut. C'est doux, et seul quelqu'un qui peut entendre le vent peut entendre les mots et les comprendre. Pour les autres, c'est juste le souffle du vent. On dit que pour certaines personnes, leurs esprits leur parlent à travers l'eau. Certains peuvent entendre la rivière leur parler. Certains peuvent regarder à travers l'eau et voir leurs esprits leur montrer des choses. Les esprits ont plus d'une manière de parler aux gens. Et en général, chacun trouve le moyen qui lui est le plus adapté.

D : Avez-vous ce que j'appellerais une « religion » ? Savez-vous ce que c'est ?

B : Non. Qu'est-ce qu'une religion ?

D : Cela signifie une croyance… Enfin, une croyance dans ces choses dont vous parlez, ces choses qu'on ne peut pas voir. Et certaines personnes croient qu'il y a un pouvoir au-dessus de toute chose, que l'on appelle « Dieu ». Avez-vous une croyance comme celle-ci ?

B : Pas comme ça, si je vous comprends bien. Les esprits sont là pour nous aider. On dit que la capacité d'entendre les esprits et de communiquer avec eux, comme nous le faisons, vient de la force de vie. Tout le monde possède cette capacité, d'une manière ou d'une autre. Parfois il y aura un enfant qui ne pourra pas communiquer avec les esprits et nous sommes réellement désolés pour lui. Son esprit possède une expérience très limitée.

D : Oui. Même si tout le monde a cette capacité, certains ne reconnaissent juste pas et ne l'utilisent pas.

B : Oh ? Dans notre peuple tout le monde possède cette capacité, à l'exception de quelques enfants pendant un certain laps de temps. S'ils sont lents, c'est parfois plus difficile pour eux de réaliser quand les esprits viennent leur parler. Tout le monde est désolé pour eux jusqu'à ce qu'ils apprennent.

D : Avez-vous un nom pour la langue que vous utilisez ?

B : C'est la langue que nous parlons.
D : *Vous n'avez pas de nom pour elle ?*
B : Eh bien… C'est le langage d'ici. Comment l'appellerions-nous ?
D : *J'ai entendu qu'à certains endroits bien au-delà des montagnes, les habitants utilisent des mots différents, qui ne peuvent pas être compris par les autres peuples.*
B : Mais nous sommes l'unique peuple. Il n'y a qu'un langage. Il n'y en a pas d'autres. Nous sommes le peuple, c'est la terre.

Je retournai à des questions sur leurs festivals.

D : *Vous aimez les festivals, les célébrations ?*
B : Oui. Quand je dois être avec des gens, c'est agréable de le faire pendant les festivals. Je préfère être avec les animaux. Ils sont harmonieux. Les hommes doivent travailler pour être en harmonie.
D : *Est-ce que vous avez une fête ou un festival préféré ?*
B : C'est dur à dire. Chaque festival est spécial. Chacun possède sa propre signification. On appele les esprits, des choses se produisent. Parfois lorsque le sage chante, sa voix voyage autour du feu alors qu'il est toujours assis au même endroit. C'est le signe qu'un esprit est arrivé. Parfois le feu va changer de couleur ou de forme. Certaines particularités correspondent à certains esprits. C'est très réel. Personne ne doute de ce qui se produit.
D : *Est-ce que ce sont de bons signes quand les esprits viennent ?*
B : Ça dépend du festival lors duquel ça a lieu. Si le mauvais esprit vient, cela signifie que l'un d'entre nous n'est pas en harmonie. Et il faut les aider à s'harmoniser pour que le bon esprit puisse venir. Il y a des esprits de l'hiver et il y a des esprits de l'été. Si vous recevez un esprit de l'hiver en plein été, cela ne signifie rien de bon. Si vous recevez un conseil d'un esprit de l'hiver pendant l'été, cela ne marchera pas bien. Mais l'esprit de l'été vous donnera un conseil pour vous dire comment travailler vos cultures pour qu'elles soient abondantes.
D : *Comment planter et des choses comme ça ?*
B : Quand planter. Ils le disent au sage. Vous pouvez les entendre chanter, mais parfois vous ne pouvez pas les comprendre. Le sage informe ceux qui ont besoin de le savoir, ou le groupe en entier. Il

y a une autre cérémonie quand le jour et la nuit sont parfaitement en équilibre.

D : *(Je pensais au printemps.) Au début de la période de croissance des cultures ?*

B : Non. La saison de croissance a déjà commencé à ce moment-là, tout pousse bien, les arbres bourgeonnent et les animaux sont sortis. Vous savez, quand cette cérémonie survient, ça a d'abord été l'hiver et puis la saison des cultures a commencé et tous ceux qui ont des connaissances agricoles ont travaillé dur pour planter leurs cultures. Et j'ai été très occupé par la chasse. Nous avons besoin d'une pause, alors nous faisons la fête et nous nous amusons beaucoup. C'est un temps de fête parce que nous sommes sortis du sommeil de l'hiver. J'ai été très occupé à chasser afin d'apporter de nombreuses choses pour le festin qui accompagne le festival. Et d'autres personnes ont été dans les bois pour cueillir ce qui a poussé, les plantes, les champignons et autres. Ainsi nous avons beaucoup de choses à manger pour ce festival et tout le monde est très content. Il y a aussi des décorations, de nouvelles pièces sont mises sur les vêtements pour donner à toute chose un aspect nouveau et spécial.

D : *Et que faites-vous pendant ce festival ?*

B : Ça dépend de l'âge que vous avez. Si vous êtes très vieux, vous parlez du fait que l'hiver qui vient de s'écouler n'a pas été aussi mauvais que ceux dont vous souvenez quand vous étiez âgés de 12 étés. Si vous êtes un peu plus jeune, vous parlez des choses nouvelles que l'on peut essayer de faire pour accroître la production des cultures. Si vous êtes un peu plus jeune, disons mon âge, vous prévoyez ce que vous pensez faire durant l'été. Et ceux qui sont un peu plus jeunes, eh bien (en riant), ils essayent de filer en douce dans les bois et de s'amuser à leur manière. Il y a une cérémonie qui débute la célébration. C'est une cérémonie de croissance pour nous assurer que nous sommes en harmonie avec les esprits et que les cultures pousseront. Et les chansons appropriées sont chantées. Ensuite, nous faisons tous la fête autour d'un grand festin.

D : *Y a-t-il des légendes racontées à ce moment ?*

B : Oui, souvent des légendes qui ont trait aux cultures et à la manière dont les Anciens obtenaient de très bons rendements, quand ils ont commencé à cultiver. Des légendes concernant la manière dont ils cultivaient la terre, la manière dont ils ont appris à être en harmonie avec la Terre, des choses comme ça. Puis aussi des légendes concernant les raisons de cultiver d'une certaine manière, comment le faire et quand : quand planter, comment labourer, où planter pour les meilleurs résultats, quand être prêt à récolter, des choses comme ça. Les fermiers savent ce qu'ils ont besoin de savoir pour travailler la terre. Je suis le chasseur et je ne sais pas vraiment comment ils font. Pour être en harmonie, vous devez vous adapter aux saisons. C'est la seule manière juste de le faire. Le festival suivant le plus important est celui du plus long jour de l'année, et à ce moment-là, la nuit n'existe pas du tout. Vous savez c'est comme après le coucher du soleil et juste avant qu'il ne fasse nuit, quand c'est un petit peu sombre ? Et bien c'est à ça que ressemble la nuit du plus long jour de l'année. Et durant les nuits qui précèdent et qui suivent, il ne fait pas vraiment nuit non plus.

D : *Cela dure trois jours d'affilée ?*

B : Bien plus que ça en réalité puisque'il ne fait pas nuit pendant la majeure partie de l'été. Mais en cette nuit particulière, le soleil se lève plus tôt et se couche plus tard que n'importe quel autre jour. Vous pouvez voir toute la nuit, sans problème.

D : *Durant cette période de l'année, fait-il très chaud ?*

B : Ah... Qu'appelez-vous chaud ? C'est l'été.

D : *J'ai entendu que dans certains endroits, quand il fait très chaud, on ne supporte même pas de porter des vêtements. Ce n'est pas comme ça ?*

B : Non, ce n'est pas comme ça. Il y a encore de la neige sur les montagnes. Le vent souffle des montagnes et il fait toujours frais.

D : *En ce plus long jour de l'année, y a-t-il des légendes particulières?*

B : Oui. Les légendes racontées ce jour-là concernent la vie. Pourquoi les choses sont de cette manière et comment elles sont devenues ainsi. C'est aussi le moment de l'année où, si quelqu'un a appris ou découvert une nouvelle méthode qui semble efficace de chanter pour les esprits, il en montre le fonctionnement aux autres habitants. Nous décidons si cela doit rester une chanson personnelle ou bien une chanson que le groupe peut adopter dans des buts précis. Et si quelque chose de nouveau a été découvert concernant la culture des céréales ou autres, les fermiers en parlent afin de s'assurer que ça ne soit pas oublié.

J'avais déjà vu des régressions où des indigènes se mettaient dans des états induits par des drogues pendant les cérémonies pour élever leur conscience spirituelle. Ainsi je lui demandai s'ils buvaient ou mangeaient quelque chose de spécial en ce jour.

B : Non, juste ce qui est adapté à cette période de l'année. Cependant, le sage possède certains types d'herbes et de poudres qu'il met dans le feu. Toute la fumée change de couleur et d'odeur. Il en met beaucoup afin de s'assurer que nous pouvons tous inhaler un peu de la fumée, parce qu'elle aide à nous détendre et nous préparer aux récits des légendes. Certaines de ses herbes ouvrent l'esprit pour que nous puissions toucher des souvenirs très lointains, plus précis que ce qui est dit cette nuit-là. Nous n'avons pas nécessairement besoin de nous en souvenir le lendemain, mais nous savons que ce sera là.

Il apparaissait donc qu'ils utilisaient une forme d'hallucinogènes.

D : Est-ce que le sage est vêtu d'une manière différente pendant ces cérémonies ?

B : Il possède différentes coiffes qu'il porte pour les différents festivals. L'été, il prend des tiges de blé, sans le blé, et il les tisse afin de les coller. Il les rigidifie avec de la terre de différentes couleurs. Il y ajoute des feuilles ou autres, et utilise différentes sortes d'argile pour créer des dessins.

D : Je comprends le symbolisme que c'est censé représenter. C'est fabriqué avec ce qui existe dans les champs.

B : Et le sage peint des dessins sur ses coiffes avec différentes couleurs de terre. Cela signifie des choses particulières pour les esprits et nous aide à obtenir de bonnes récoltes par la suite, au moment du festival des moissons.

D : Quel type de dessin met-il sur ses coiffes ?

B : Des formes différentes. Certains dessins sont comme des figures à trois côtés, mais avec des sortes de formes ondulées, comme attachées à cette figure. (Elle représenta un triangle avec ses mains, etc.) Comme une flèche avec un manche ondulé, même si ça n'existe pas.

D : Des ondulations qui sortent du bas de cette figure à trois côtés ?

B : Oui. Parfois il fait un cercle avec des lignes qui en sortent comme le soleil qui brille. Ces symboles signifient des choses particulières mais, puisqu'ils ne signifient rien pour moi, c'est difficile de me souvenir des dessins précis. Mais ça signifie quelque chose pour les esprits. Il les peint en rouge ou en brun-roux sur fond blanc. Toutes nos poteries sont faites en terre rouge. La terre blanche est spéciale, elle est sacrée. Toutes les femmes savent où trouver de l'argile. Quand elles trouvent de l'argile blanche, elles la rapportent au sage.

D : *Vous avez dit qu'il y a des cérémonies où ils répètent juste les légendes ?*

B : Ça ne concerne pas toutes les cérémonies, mais… Comment puis-je expliquer ? Tout le monde sait comment ça se passe.

D : *Sauf moi.*

B : Sauf vous. Vous êtes vraiment étrange. Nous avons les rituels ? (Il n'était pas sûr de ce mot.) Le début de la cérémonie. À certains moments de l'année, l'équilibre entre l'obscurité de la nuit et la clarté du jour permet de déterminer quand certaines cérémonies auront lieu. Et à ce moment, certaines parties des légendes seront racontées pour des raisons précises. Comme en hiver, il existe un moment où le soleil est si timide qu'on dirait presque qu'il n'y a plus de soleil du tout et la nuit semble très, très puissante. C'est de cette manière que les esprits sont en équilibre à ce moment. Durant la nuit la plus longue, nous avons la cérémonie d'hiver, certaines légendes doivent être racontées et transmises à ce moment. C'est quand la partie nocturne de l'harmonie est la plus puissante, parce que la nuit suivante ne sera pas aussi longue. Le sage est celui qui suit ça. En hiver, la nuit est bien plus longue que le jour. Le jour est très court. Il nous semble souvent être réveillés depuis un bon moment avant que le soleil ne se lève enfin. Puis on mange notre repas de mi-journée, on commence nos activités de jour et le soleil, qui n'a pas été longtemps levé, se couche à nouveau.

D : *Je suppose que vous devez travailler vite des jours comme ceux-là.*

B : La lumière du feu nous aide. Il n'y a pas tant de choses à faire en hiver. Vous me posiez des questions sur les célébrations. Il y en a une dont je ne vous ai pas parlé.

D : *Laquelle ?*

B : Celle après le festival d'été. En automne, quand le jour et la nuit sont à nouveau en équilibre, nous avons une autre fête. Elle se produit près de la fin de la récolte quand nous célébrons une bonne moisson ; ou si ce n'était pas une bonne moisson, nous chantons pour les esprits afin qu'ils nous aident à passer l'hiver. À cette époque, comme les nuits deviennent plus longues et que le travail estival est presque fini, nous commençons à enseigner aux enfants du village les choses qu'ils doivent savoir. Nous transmettons la connaissance. Puis, pendant la célébration, le sage révèle aux enfants, qui ont atteint l'âge, les capacités qu'ils semblent posséder pour qu'ils puissent commencer à apprendre durant l'hiver. L'hiver, quand il est calme, est idéal pour recevoir les enseignements et se développer, pour apprendre à écouter le vent, à voir dans le feu ou autre.

D : *Ça doit être une bonne période pour apprendre grâce aux longues nuits. Et il sait quel enfant sera capable d'effectuer quelles taches?*

B : Oui, il les a observés et c'est le sage. Il sait prendre les décisions. Pour le festival de l'hiver, la coiffure du sage est faite de la peau d'une créature que j'ai attrapée il y a longtemps. Je n'en avais jamais vu auparavant et n'en ai jamais revu depuis.

D : *Oh ? Ce n'est pas un vrai animal ?*

B : Il était bien réel quand je l'ai tué. Je me suis excusé auprès de lui. J'ai été très précautionneux avec celui-ci. Je ne savais pas comment l'esprit de cette créature allait se sentir quand j'allais le tuer. Mais le village était très affamé à ce moment. C'était l'hiver et nous avions besoin de nourriture.

D : *Vous voulez dire que c'était un animal que vous n'aviez jamais vu?*

B : Oui. Sa couleur était inhabituelle. Il avait une longue fourrure ébouriffée marron mais sa tête était différente. Ses oreilles étaient pointues et très touffues. Et du centre de son museau, partait une corne légèrement bouclée. La corne faisait à peu près cette taille (environ 30 cm), cette circonférence (environ 6 cm de large) et elle était courbée. Elle était striée comme une corne de bélier. Il avait de longs crocs et une sorte de barbe. Je n'ai pas su comment le nommer.

D : *Ce n'était pas comme un ours ?*

B : Non, pas du tout. Un ours est paisible ; cet animal était un carnivore.

D : *(Je pensais à tous les animaux possibles) Ce n'était pas comme un bélier ou quelque chose de similaire ?*

B : Non, un bélier a deux cornes qui sortent du haut de sa tête. Celui-là avait une corne qui sortait entre ses yeux et ses narines, à mi-distance. Je ne connais pas l'utilité de cette corne. Elle pouvait être utilisée pour pousser des choses en dehors de son chemin, mais elle ne pouvait pas blesser parce qu'elle n'était pas assez longue. Si elle avait été un peu plus longue, peut-être. J'ai tué l'animal. Je l'ai rapporté au village. Et le sage, le chaman, a dit que c'était un signe.

D : *Avait-il déjà vu un tel animal ?*

B : Non. On demanda au boucher et à l'écorcheur d'en prendre grand soin, ce qu'ils firent. Et donc ils préservèrent la tête. Ils la nettoyèrent mais laissèrent les os en place et depuis ce temps le sage la porte pour le festival d'hiver.

Cela ressemblait réellement à un animal étrange. Je me sentis obligée de poser d'autres questions.

D : *Est-ce qu'il marchait debout ou sur quatre jambes ?*

B : Sur quatre jambes. Il arrivait à mi-cuisse.

D : *Il ne s'agissait donc pas d'un gros animal.*

B : Hum, assez large et long et il était puissant. Je n'aurais pas aimé avoir un incident avec lui.

D : *Avait-il une queue ?*

B : (Pause) Oui. Elle pendait de son corps. Elle était épaisse aussi, comme une longue queue d'ours.

D : *J'essaie de m'en faire une représentation. Avez-vous déjà vu un cheval ? (J'imaginais la possibilité d'une licorne ou peut-être d'un animal qui aurait inspiré cette légende.) Connaissez-vous ce mot ?*

B : Ah. Le mot, je connais le mot. Ah. Je n'ai pas... Je n'ai pas le souvenir d'avoir vu l'animal.

D : *Même si ça ne semble pas être un cheval, je pensais que ça pouvait être un peu similaire.*

B : Non. Un cheval, ça mange de l'herbe, non ?

D : *Oui en effet, comme les bœufs.*

B : Non. Ce n'était pas un herbivore.

D : *Il mangeait de la viande, il avait de longs crocs. À quoi ressemblaient ses pieds ?*

B : Ah, ses griffes étaient sorties et personne n'aurait eu envie d'avoir à faire à lui en colère. Mais quand je me suis approché, il n'était pas en colère.

D : *Il avait des griffes comme un ours ?*

B : Hum. Plutôt comme un chat, mais elles ne rentraient pas dans les doigts comme des griffes de chat. (Il voulait dire que les griffes ne se rétractaient pas.)

D : *Ah. Ça a l'air vraiment étrange. Je ne pense pas non plus avoir déjà vu un tel animal.*

B : C'est l'animal le plus drôle que j'aie jamais vu.

D : *Pas étonnant que le sage ait été impressionné.*

B : Il m'a demandé de lui raconter tous les détails de la chasse, la manière dont le vent soufflait, s'il y avait de la neige, car il pensait que c'était un message des esprits. Il avait besoin de connaître chaque détail, afin de comprendre ce que les esprits essayaient de nous dire. Le sage est peut-être le seul homme qui comprend le mystère. Moi pas. Je sais seulement que ça a sauvé le village de la famine. Cet animal a dû être envoyé par les esprits. C'est la seule réponse.

À son réveil, je demandai à Beth ce dont elle se souvenait de la séance.

B : Je me souviens de cet homme avec une coiffe sur la tête. Elle était blanche en forme de triangle.

Elle faisait des gestes que je détaillai pour l'enregistrement audio.

D : La coiffe était-elle comme un triangle, qui couvrait son front en descendant légèrement sur les côtés ?
B : Une sorte de triangle avec une partie courbée.
D : Et elle était pointue en haut.
B : Oui, environ 30 cm au-dessus de sa tête. Voyons voir, il y avait des dessins dessus. Un dessin un peu stylisé, comme des spermatozoïdes.
D : Tu as décrit quelque chose qui ressemblait à ça. Comme une pointe de flèche avec une tige ondulée. Mais c'était plus arrondi qu'une flèche ?
B : Non. C'était une sorte de forme triangulaire arrondie mais plate d'un côté.

Elle dit qu'elle pouvait les dessiner, j'ai donc sorti un bloc note et un stylo et elle s'est mise à esquisser ce dont elle se souvenait.

B : Et je le vois avec une autre coiffure, une sorte d'animal marron poilu.
D : Comme une tête d'animal, non ?
B : Oui, et une partie de sa peau aussi, parce que je peux voir deux pattes sur ses épaules. La tête est abritée et il a des crocs. Un animal qui a l'air féroce ; j'aurais détesté avoir un incident avec lui.
D : Tu en as beaucoup parlé. Est-ce que ça ressemble à quelque chose que tu as déjà vu ?
B : Absolument pas. Il avait l'air vraiment étrange. Je pense que je pourrais le dessiner en partie aussi.
D : J'en ai obtenu une bonne description mais cela pourrait aider si tu pouvais le dessiner. (Elle en fit un dessin) Qu'est-ce qui te viens encore à l'esprit ?
B : Un grand feu. Et un champ dans le soleil.

Il s'agissait de ses mémoires conscientes de la séance. Cela se produit souvent que les souvenirs les plus vifs soient les scènes qui se sont produites juste avant la sortie de transe, tout comme les restes des derniers rêves avant le réveil.

Alors que j'orientais certaines de mes questions afin de déterminer la localisation de cette histoire ; je n'avais pas oublié la possibilité des pays du Nord du continent européen. Je me souvins avoir entendu parler du peuple basque qui clame avoir vécu dans les Pyrénées des milliers d'années avant l'arrivée des Européens. Son origine a toujours été un mystère, même pour eux, principalement parce que leur langue diffère de tout autre langage existant sur Terre. Leurs légendes disent que leur langue était parlée par Adam et Eve et que l'un des fils de Noé s'était installé dans les montagnes avant la confusion des langues à la tour de Babel. Les vêtements semblaient aussi indiquer un peuple de ce type plutôt que des Indiens d'Amérique ou des Inuits. J'ai rapidement dû éliminer les Basques parce que le climat décrit par Tuin semblait indiquer qu'il vivait dans le cercle arctique. Sa description de la longueur des journées à différents moments de l'année le situait définitivement très au nord. Mais nous n'avions encore aucune idée de la période à laquelle il vivait. Et si le climat du monde avait radicalement changé au cours de certains siècles, la localisation pouvait très bien être ailleurs. Je devais continuer à orienter mes questions afin de découvrir des indices concernant la vie animale et tout ce qui pourrait m'aider à réduire les possibilités.

Chapitre 3
Le village

AFIN DE LOCALISER le village de Tuin, j'allais devoir essayer d'obtenir le plus d'informations possibles concernant le village et les habitudes quotidiennes des habitants. Tout comme un détective rassemble les différents indices pour l'aider à parvenir à une juste conclusion, j'allais devoir assembler tous les petits détails et renseignements que je pouvais trouver sur la vie de Tuin. C'était l'unique manière pour situer l'accident du vaisseau des Anciens.

Le village semblait opérer selon des principes de type coopératifs. Par cela, j'entends que tous les habitants semblaient avoir à effectuer un travail qui bénéficiait à l'ensemble. Chacun semblait dépendre des autres, ils étaient tous indispensables au bien être des uns aux autres. C'était la raison principale pour laquelle personne ne s'était jamais aventuré très loin. Ils savaient que le village avait besoin de chacun. Leurs compétences individuelles étaient essentielles à la survie du groupe en entier. Si seulement un des membres venait à partir ou à mourir sans avoir transmis ses connaissances ou dons, le village entier en souffrirait. Cela donnait à chacun une responsabilité unique. Les liens tissés dans ce groupe étaient extrêmement étroits. Chacun avait sa place et son rôle dans la communauté et ainsi le groupe fonctionnait en un tout cohérent. Cela pouvait aussi expliquer leurs capacités à lire dans les pensées et à ressentir les émotions les uns des autres, ainsi que l'absence de violence et de négativité. Ils fonctionnaient ensemble en parfaite harmonie. Ils avaient apparemment vécu de cette manière depuis de nombreuses générations. Leur isolement total, étant coupés de tout contact extérieur, y était probablement pour beaucoup dans cette harmonie bienveillante. Ils n'étaient soumis à aucune influence perturbatrice provenant d'autres manières de vivre ou de penser. Ils vivaient simplement de manière respectueuse et honnête, en lien étroit avec la nature. Ils n'avaient pas le choix puisqu'ils ne connaissaient aucune autre manière de vivre. Cela expliquait aussi pourquoi certaines de mes questions n'avaient pas de sens pour Tuin. Il ne pouvait simplement pas concevoir d'autres manières de vivre.

D : Y a-t-il beaucoup d'habitants dans votre village ?
B : Qu'entendez-vous par beaucoup ? Il y en a assez. Parfois les hivers sont rudes et certains meurent. Alors ça devient difficile jusqu'à ce que des jeunes grandissent et prennent leur place.
D : Je pensais juste que si l'arrivée des Anciens remontait à longtemps, vous devriez être nombreux, voire très nombreux.
B : Non, il... Eh bien, je ne connais pas notre nombre, mais nous avons, euh, 20, 30 maisons. C'est assez pour que tout le monde dorme à l'intérieur. Il y a plusieurs personnes dans chaque maison. Et chaque personne dort dans la maison dans laquelle il se sent bien.
D : Cela doit faire entre 40 et 60 personnes, si vous connaissez ces nombres-là. (Elle fronça les sourcils). Peut-être moins ?
B : Peut-être un peu plus. Je ne suis pas sûr.
D : Alors le village a grandi depuis l'arrivée des Anciens.
B : C'est difficile à dire. Ils disent qu'il y avait beaucoup d'Anciens mais que beaucoup sont morts, que peu ont survécu.
D : Je crois que vous m'avez dit que chacun possédait un travail pour aider la communauté. Qu'en est-il des personnes âgées ?
B : Les tâches des personnes âgées sont plus légères. On les honore. Ils ont aidé le village durant toute leur vie. Et maintenant quand ils deviennent trop vieux pour faire ce qu'ils ont fait toute leur vie, on les laisse vivre en paix. En général, ils fabriquent des choses de leurs mains, des paniers, des choses comme ça. Bien qu'ils soient vieux et ne puissent plus travailler, ils veulent continuer à participer.
D : Ils sont pris en charge par le village ?
B : Bien sûr, parce qu'ils portent aussi en eux les connaissances et les légendes. Ils les ont entendues durant toute leur vie et ils aident à les transmettre. C'est important. On ne peut pas perdre la connaissance. Je m'assure qu'ils aient de la viande, du lapin, du cerf, mais ils n'ont pas besoin d'un cerf entier.
D : Pouvez-vous décrire à quoi ressemblent les plus petites habitations ?
B : Elles diffèrent selon les gens qui y vivent, selon la manière dont ils veulent que soit leur intérieur. Si la femme qui y vit est particulièrement douée en tissage, elle possédera des outils à

l'intérieur de sa maison, alors que d'autres ne les auront pas forcément.

Un incident inhabituel se produisit à ce moment de la régression. La séance se déroulait chez mon ami Kay. Son chien était dans une autre partie de la maison et il se mit subitement à aboyer vivement. En temps normal, les sujets n'entendent rien de leur entourage proche. Quand ils sont en transe, ils sont généralement si absorbés par ce qu'ils sont en train d'observer que les bruits de notre époque ne semblent pas les déranger. J'ai eu des sonneries de téléphone qui m'ont fait sursauter mais le sujet ne manifestait aucune réaction. J'ai déjà eu également de forts bruits, liés au trafic à l'extérieur ou à une tondeuse, si bruyants qu'ils obscurcissent presque le son sur les bandes enregistrées, mais les sujets diront par la suite qu'ils n'ont rien entendu. Dans ce cas précis, avec les aboiements du chien, Beth a réagi d'une manière étrange. Je suppose que les oreilles de Tuin le chasseur étaient si sensibles aux animaux, qu'il a perçu le son sans réaliser qu'il provenait d'une autre période temporelle. Beth sembla confuse. Elle s'arrêta de parler et écouta avec acuité, les instincts de chasseur aiguisés. « J'entends un animal ! » remarqua-t-elle. Kay alla voir pourquoi son chien aboyait. L'attitude de Beth était celle de quelqu'un de réactif, prêt à l'action, mais aussi surpris. Je regrette maintenant de ne pas lui avoir demandé quel type d'animal il pensait que c'était, parce que je ne pense pas que les chiens existaient là où vivait Tuin. Au lieu de ça, je fis des suggestions afin qu'elle ne soit pas perturbée. Après une courte pause, elle chassa le bruit de son esprit et reprit son récit.

B : En général, nos maisons sont faites d'arbres coupés. Bien sûr, les branches ont été retirées. Puis on les attache aux extrémités avec des lianes. En séchant, ils deviennent très solides. Et on ajoute de la terre pour les sceller. Il faut les réparer et les consolider à chaque printemps, mais c'est normal. L'argile tient durant l'hiver. En hiver, quand il neige, le vent souffle, et cela peut desserrer l'ensemble. Mais en hiver, il est difficile d'y voir dehors. On vit principalement à l'intérieur.

D : *Y a-t-il des meubles ?*

B : Généralement, assez peu, nous préférons nous asseoir par terre. Mais on peut fabriquer un siège avec un cadre, en tendant une peau dessus. Les personnes âgées en fabriquent souvent ; elles disent que le sol est trop dur pour s'asseoir dessus. Les sols sont la terre même. Nous construisons souvent nos maisons sur une pierre plate, ou si elles sont directement sur de la terre, il existe un moyen de tasser le sol pour bien le durcir. Ainsi, on ne se salit pas comme à l'extérieur. Parfois les femmes, si elles savent bien tisser, créent des objets à mettre sur le sol pour qu'il n'y ait pas de poussières du tout. La taille des maisons est adaptée à la famille qui y vit. Il y a une pièce principale. Et pour les nuits d'été, il y a une petite pièce ouverte accolée, pour que les plus jeunes puissent dormir à l'air frais sans avoir à s'inquiéter des animaux sauvages. Elle est entourée de murs pour garder les animaux à l'extérieur mais la pièce est ouverte. Comme elle est située sous une corniche du toit, s'il venait à pleuvoir, les enfants ne seraient pas mouillés.

D : *Sur quoi dorment-ils ?*

B : Un cadre avec une peau tendue. Le cadre est en général situé à cette hauteur du sol. (Ses mains me montrent environ 35 cm de haut.) Et il est assez large pour une ou deux personnes. Si les femmes savent tisser, elles créent des couvertures pour dormir dessus. Et la plupart du temps, les habitants utilisent les peaux des animaux que je rapporte.

D : *Est-ce qu'ils mangent à même le sol ?*

B : Non. Il y a une... (cherchant ses mots) table basse. Vous pouvez vous asseoir par terre et manger à cette table, si vous souhaitez. Ou vous asseoir et manger par terre, c'est comme vous préférez.

D : *(Je me demandais comment ils cuisinaient à l'intérieur l'hiver.) Y a-t-il un feu à l'intérieur des maisons ?*

B : Oui, le chauffage pour ne pas attraper froid. En général, à l'une des extrémités de la maison, il y a une place au sol pour le feu, entourée de pierres et de terre, pour que les enfants ne puissent pas tomber dedans. Il y a une ouverture dans le toit pour laisser la fumée s'échapper sans laisser entrer la pluie.

D : *Comment sort la fumée si le feu est à l'intérieur de la maison.*

B : Le sage nous a montré comment. À l'extrémité de la maison, au niveau du mur - enfin un petit peu à l'écart du mur pour que la maison ne prennent pas feu - on construit un foyer (mouvement de main) et on enduit le mur de nombreuses couches de terre afin de protéger le bois des flammes. Avec la chaleur, la terre devient très dure. Une fois ceci fait – dans une nouvelle maison il faut du temps pour roder ce système – une fois que c'est bien sec, alors on crée un tube à partir d'argile et d'herbe, quelque chose comme une bûche creuse, qui monte jusqu'au toit. Il est situé au-dessus du feu et la fumée passe à travers ce tube. Ça permet à la fumée de monter et de sortir par l'ouverture, sans en avoir trop à l'intérieur de la maison.

Cela donnait l'impression qu'il décrivait une version primitive de la cheminée.

Je lui ai demandé s'il serait capable de dessiner les maisons afin que je puisse en voir la forme. Il a répondu qu'il allait essayer mais ne garantissait pas le résultat. J'ai fait ouvrir les yeux à Beth et je lui ai tendu le bloc-notes et le feutre. Son regard semblait vide, fait typique quand je demande d'ouvrir les yeux pendant une transe. Elle s'émerveilla devant la substance mystérieuse que j'appelais « papier » et essaya de comprendre comment tenir le stylo et le faire fonctionner. J'ai déjà fait l'expérience de ces réactions avec les sujets auxquels je demande de dessiner pendant des transes. Ces objets leur semblent inhabituels et étranges. Je dois ramener leur attention à ce qu'ils sont en train de faire afin qu'ils ne se distraient pas.

B : (Elle écrivit sur le papier.) C'est bleu comme le ciel.
D : *Oui, et ça permet de faire des dessins. Pouvez-vous me montrer la forme des maisons dans lesquelles vous vivez ?*
B : Je vais essayer de les faire ressembler à nos maisons, pas seulement à dessins de bâtons. Vous comprenez ce que je veux dire ?

Elle dessina une maison qui ressemblait à une cabane en rondins. Elle montra le dessin en pointant du doigt ce qui apparaissait être les attaches qui tenaient les bûches entre elles.

D : *En quoi est-ce fait ?*
B : En cuir. Ils sont tressés par des va-et-vient, jusqu'à ce que l'ensemble soit complètement entouré.
D : *Est-ce que ces attaches sont seulement fixées sur les extrémités comme ici, où tout au long des rondins ?*
B : Elles sont généralement situées aux extrémités. Si les troncs ont été coupés correctement et bien équilibrés, c'est le seul endroit où il est nécessaire de les attacher. Mais si une des parties de la

maison est particulièrement longue, il faudra nouer des liens supplémentaires au centre des rondins. Et au milieu, à cet endroit, on mettra de la terre et des feuilles pour remplir les trous. Le toit est davantage rond que carré. Plutôt comme un dôme que comme une pointe.

D : *En quoi sont fabriqués les supports qui maintiennent le toit ?*
B : Habituellement, ce sont des poteaux. Ils ne sont pas courbés. Ils se rejoignent au sommet du toit et quand on les couvre d'herbes et de végétaux, le toit s'arrondit aux endroits où la neige glisse. Et certains habitants aiment essayer de mettre de la terre à l'intérieur pour empêcher la pluie de pénétrer. Certains le font, d'autres non. Ça dépend de ce que vous aimez. On met de longues herbes sur le toit puis on met par-dessus des branches autour pour maintenir les herbes. Et généralement sur le côté, on construit l'emplacement pour que la fumée s'échappe. Les portes sont la plupart du temps recouvertes de peau ou d'écorces, souvent de peau parce qu'on peut l'étirer fortement. Il y a des ouvertures dans les murs (des fenêtres), qu'on peut soit ouvrir pour laisser la lumière et l'air frais entrer, soit fermer pour protéger du froid. Elles sont couvertes de morceaux de bois et/ou de peau.

J'ai demandé ensuite si l'édifice à deux étages était construit selon le même modèle que les petites maisons.

B : Oui. Pour le bâtiment à deux étages, il est plus large en bas et se rétrécit au sommet, pour que le second étage soit plus petit que le premier. (Elle le dessina.) Il est incliné pour permettre aux murs de soutenir l'ensemble.

Elle avait terminé les dessins. Je pris le bloc-notes et le stylo et je lui demandai de refermer les yeux.

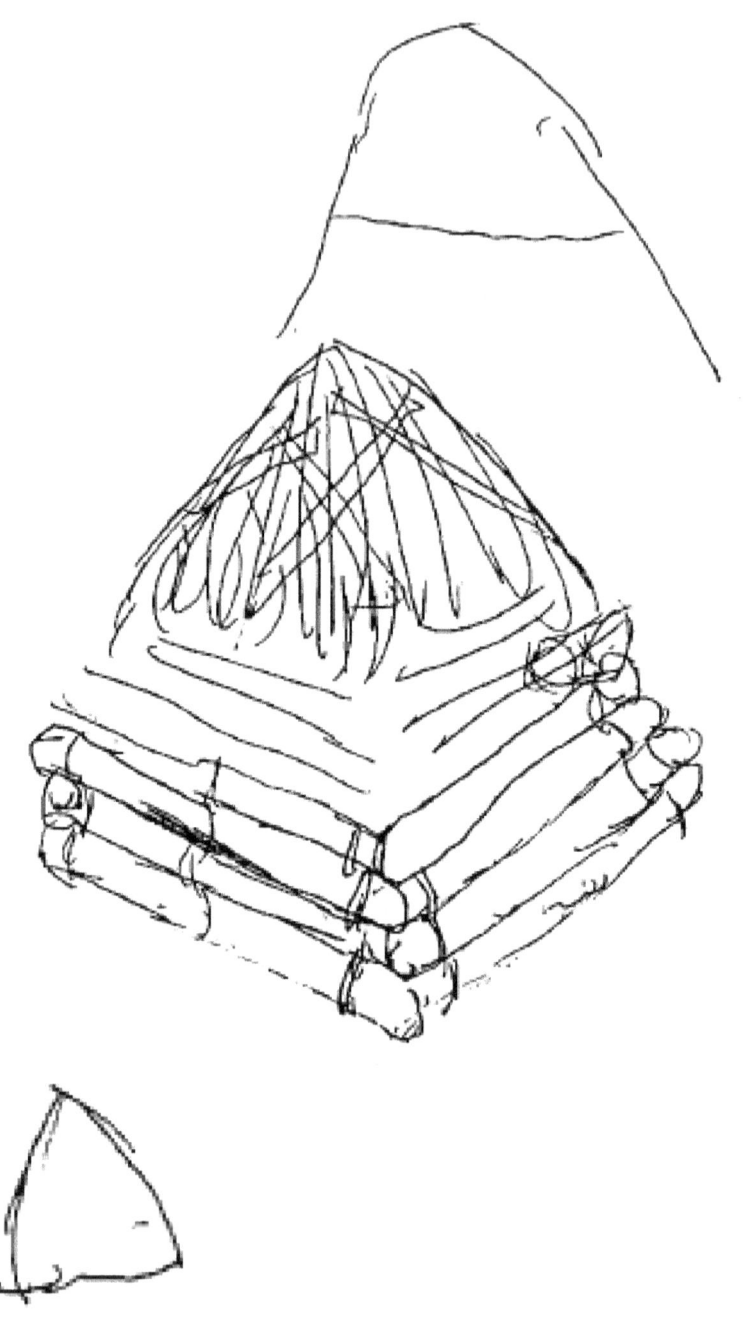

D : À quoi sert ce plus grand bâtiment ?
B : À différentes choses. Quand il fait mauvais, comme en hiver, et que les gens veulent se réunir pour raconter des histoires, ils se retrouvent dans ce bâtiment. Les soirées d'hiver sont longues. Rester dans sa maison tout le temps, ce n'est pas bon. Il y a une cheminée là-bas. Et en hiver c'est nécessaire. Parfois les fermiers se réunissent et décident des plantations pour le printemps suivant, où planter quoi. Parfois les gens se réunissent juste pour s'amuser.

D : Est-ce qu'ils ont des soucis de nourriture en hiver ?
B : Ils stockent la nourriture. La viande que je chasse est séchée et mangée pendant l'hiver. Certains légumes sont stockés, ceux qui peuvent se conserver. En hiver on mange beaucoup de ragoûts.

D : Vous m'avez dit qu'ils cuisinaient parfois dans une grande marmite à l'extérieur et que tout le monde mangeait ensemble, à moins qu'une femme veuille manger avec toi tout particulièrement. (Rires) Mais comment faites-vous l'hiver ? Vous ne mangez pas dehors, n'est-ce pas ?
B : Oh non. Non. La plupart des gens préparent leurs repas dans leurs habitations. Ou, s'ils le souhaitent et que le temps n'est pas trop mauvais, quelques familles se rassemblent dans le grand bâtiment et dînent ensemble. Parfois, je mange dehors quand je chasse.

D : Vous avez dit que le plus grand bâtiment avait deux étages. Qu'y a-t-il à l'étage ?
B : Des chambres principalement… Une pièce de méditation. Il y a une paillasse pour s'asseoir ou s'allonger. Et il y a des volets qu'on peut ouvrir pour avoir vue sur les montagnes. Et il y a un bol en métal dans lequel on peut faire un petit feu, au cas où on souhaite méditer sur la flamme. Les gens vont là-bas pour se retrouver seul avec eux-mêmes. Ils réfléchissent.

D : Le faites-vous parfois ?
B : Parfois. Mais je pratique davantage dans les bois.

D : Est-ce que la population a toujours pratiqué la méditation ?
B : Je pense oui. C'est réputé pour être bénéfique.

D : Vous avez dit, qu'au rez-de-chaussée, il y avait une cheminée et un grand salon et que vous utilisez parfois la chambre située à l'arrière. Y a-t-il d'autres chambres pour les gens qui n'ont pas de maison ?
B : Oui, ou pour les jeunes qui veulent être ensemble.

Pendant une autre séance où j'avais retrouvé Tuin, il était à l'extérieur du village. Il regardait la rivière du haut d'un flanc de montagne. Comme la rivière était un élément essentiel de la vie du village, je voulais en savoir plus à son sujet.

B : Je suis en haut de la montagne, allongé sur un rocher. La rivière est bien en dessous de nous. J'écoutais le chant de la rivière. Il est en harmonie avec le chant de la Terre et il m'aide à être en harmonie.
D : *Quelle est votre saison préférée ?*
B : J'aime toutes les périodes de l'année. Elles se suivent les unes les autres, en harmonie, de la manière dont ça doit être. Chaque période possède sa propre beauté. Le printemps est spécial parce que vous pouvez à nouveau quitter vos maisons. Vous pouvez sortir et vous rapprocher de la Terre Mère à nouveau. Il fait froid en hiver alors vous restez à l'intérieur.
D : *Puis-je vous poser quelques questions ?*
B : Vous posez toujours des questions.
D : *Oui. Est-ce que la rivière coule toute l'année ?*
B : Non. On peut dire quand l'automne arrive, parce qu'elle commence à geler à la surface. Tout d'abord une fine couche de glace, qui s'épaissit petit à petit. En hiver, elle coule plutôt rapidement mais sous la glace. Et au printemps, ça fait beaucoup de bruit quand la glace se casse. À certains endroits, la rivière est plutôt large, à d'autres plus étroite et rapide. Au printemps, elle coule plus vite à cause des pluies et de la fonte des neiges. À un endroit, elle est partiellement bloquée par des rochers et des arbres. Cela forme une sorte de marre. C'est ainsi depuis longtemps. Je ne me souviens pas comment c'est arrivé.
D : *Quelle est votre source d'eau quand la rivière gèle en hiver ?*
B : Oh, il y a plein de neige. On recueille de la neige ; elle fond et on boit. Il faut en apporter beaucoup puisque la neige ne rend que très peu d'eau.
D : *Possédez-vous des bateaux ?*
B : Nous en avons quelques-uns que nous utilisons l'été : parfois pour le plaisir, parfois pour pêcher. Certains paysans aiment pêcher quand ils veulent se reposer de leur travail à la ferme.
D : *Comment attrapent-ils les poissons ?*

B : Ça dépend. En général, ils les leurrent avec une fleur, un insecte ou quelque chose du genre. Ou, s'ils n'ont pas le temps de s'asseoir et d'attendre, ils jettent une sorte de filet au fond de l'eau et piègent les poissons.

D : *À quoi ressemblent vos bateaux ?*

B : Euh, ils ressemblent à des bateaux.

D : *Je veux dire, sont-ils grands ? Combien de personnes peuvent s'asseoir à l'intérieur ?*

B : Ah ! Deux ou trois. Ils sont fabriqués en bois parce que le bois flotte. Ils sont plats comme un radeau mais avec des bords. On ne peut pas les diriger correctement. Ils sont difficiles à manœuvrer. Les habitants possèdent une grande perche en bois, ils la poussent contre le fond de la rivière et ils partent avec le courant. Parfois les jeunes garçons prennent la perche et la barque et au printemps, quand le courant est fort, ils se mettent au centre et laissent la barque dériver.

D : *Ça a l'air drôle.*

B : Oui, ils finissent mouillés.

D : *Aimes-tu pêcher ?*

B : Je pourrais, mais je suis toujours dans les bois. J'aime les regarder pêcher.

D : *Est-ce que quelqu'un a déjà songé à suivre la rivière pour voir où elle conduit ?*

B : Pas loin. D'où elle vient ? Des montagnes. Il n'y a rien sauf de la neige. Et où elle va ? À une cascade. C'est très beau. C'est… Un peu plus grand qu'un grand arbre. Il y a des craquements, des claquements, du fracas. On ne peut pas aller au-delà de la cascade. Mais quand on se tient à cet endroit, la rivière continue et il n'y a rien d'autre. Je ne sais pas où elle va.

D : *Est-ce que la cascade gèle parfois et se fige ?*

B : Parfois dans les profondeurs d'un hiver particulièrement froid, elle gèle. Mais généralement, il y a toujours de l'eau à couler. C'est très beau quand c'est gelé. Mais il est possible qu'il se produise plein d'autres choses en hiver que je ne sache pas, car habituellement je ne vais pas aussi loin. C'est à peu près à trois jours de marche.

D : *Oh, je pensais que c'était proche. Et vous dîtes que vous n'avez jamais été plus loin que ça ?*

B : Non, pas dans cette direction.

D : Je me demandais si quelqu'un avait déjà été curieux et avait voulu suivre la rivière pour voir où elle menait.
B : Oh, oui. Les jeunes garçons, il y a toujours un moment où ils ont envie d'aller jusqu'au bout de la rivière. Alors ils partent et ils la suivent pendant un temps. Puis là, ils se rendent compte que chasser n'est pas aussi simple qu'il y parait quand ils me voient faire. Et il n'y a pas de plantes qu'ils puissent manger le long du chemin. Alors ils ont faim et ils rentrent. Ils disent que la rivière continue et qu'ils n'ont pas trouvé la fin.
D : Ainsi personne n'a vraiment quitté le village pour le découvrir.
B : Non, pas que je sache.

Jusqu'à présent, mes questions avaient révélé peu d'indices. Les habitants étaient certains qu'il n'y avait aucun autre peuple sur la Terre à part eux, principalement à cause de leur isolement. Je pensais que peut-être quelqu'un avait essayé de descendre la rivière et de localiser d'autres villages, parce qu'à travers l'histoire les groupes d'habitants se sont toujours installés près de l'eau. Mais la cascade rendait ce périple impossible à moins de voyager à pied et Tuin était le seul capable de réaliser un tel trajet. Du fait que tous les habitants possédaient des missions et participaient à la survie du village, il n'était pas recommandé de s'éloigner du groupe. Les informations obtenues donnaient toujours des indications qui me laissaient penser que Tuin vivait dans l'hémisphère nord. Les habitations n'offraient pas beaucoup d'indices. Les croquis ne ressemblaient à aucun type d'habitats d'Amérindiens ou d'Inuits. Ils semblaient être spécifiques à leur village. Je commençais à me demander si toutes mes questions allaient me permettre de déterminer l'emplacement du village.

Une autre méthode consiste à questionner sur la nourriture, le type de produits mangés et leurs méthodes de préparation. Quelques-unes de ces informations sont propres à certains endroits du monde.

D : Avez-vous ce que l'on pourrait appeler des mois ?
B : Les cycles de la lune.
D : Avez-vous des noms pour les cycles de la lune ?
B : Non. Chacun utilise la description qu'il préfère ; et les autres comprennent du moment dont il parle. Les paysans utilisent généralement certains noms et ceux d'entre nous qui ont d'autres activités utilisent des descriptions différentes. Il y a la lune que les

fermiers appellent la lune des récoltes. À cette période de l'année, je ne participe pas aux récoltes. Je suis bien occupé, je suppose qu'on pourrait dire que je récolte les animaux pour l'hiver, mais je ne la décris pas de cette manière. Il y a la lune pour planter. Il y a la lune pour la pêche, quand le poisson revient. Ça c'est au printemps.

D : N'avez-vous pas dit que vous mangiez des fruits qui poussent dans les arbres ? À quoi ressemblent-t-ils ?

B : Oh, certains sont violets ; d'autres marron ou dorés.

D : Je crois que vous m'avez dit qu'ils étaient juteux aussi. Sucrés ?

B : Hum. Des fois. D'autres fois, ils sont très durs.

D : Avez-vous un quelconque moyen de les conserver pour les utiliser en hiver ?

B : Les fermiers connaissent des techniques. Parfois, j'en sèche pour les mélanger avec de la viande séchée et les emporter quand je vais chasser. Les gens deviendraient malades si nous ne mangions que de la viande en hiver. Nous ne serions pas en harmonie avec la Terre.

D : Vous connaissez le sel ?

B : (Elle réfléchit puis répondit.) Non.

D : C'est... Oh, je pense que c'est quelque chose comme une herbe, seulement ça provient du sol. C'est blanc et on l'utilise pour donner du goût à la nourriture.

B : Nous possédons une plante. On la trouve dans les champs. On la brûle et on ajoute ses cendres blanches à la nourriture.

D : Non, il s'agit plutôt quelque chose que l'on trouverait en creusant le sol, même si parfois on peut le trouver à la surface.

B : J'en ai trouvé parfois dans les bois. Le cerf adore ça. Ce que nous obtenons de cette plante, c'est la même chose.

D : Y a-t-il des arbres dans les forêts qui produisent des aliments comestibles ?

B : Oui. Il y a le chêne. Nous cueillons les glands à l'automne. J'en ramasse quelques-uns moi-même pour manger, mais la majorité de la cueillette est faite par les jeunes garçons et les jeunes filles. Les chênes sont près du village, une ballade agréable y conduit. Ça permet de compléter les céréales que nous produisons. Nous les faisons rôtir. On utilise les viandes en soupe et on broie les glands en farine pour les mélanger aux céréales et faire des gâteaux et des pains.

D : Mangez-vous d'autres types de graines ou de noix ?
B : Certaines variétés de pins produisent des noix comestibles. Elles sont délicieuses.
D : Oh ? Je vois souvent des pommes de pin.
B : Oui. Les noix de pin proviennent des pommes de pin. Certains arbres produisent de petites pommes de pin et d'autres de plus grandes. À une certaine période de l'année, généralement au printemps, vous pouvez récolter les noix des pommes de pin les plus larges. (Pause) Laissez-moi réfléchir. De manière générale, nous mangeons les fruits des pins et des chênes. Parfois en chassant, je trouve un autre arbre qui porte des noix. La coque est si épaisse et la chair si fine, que ça ne vaut pas vraiment la peine. J'ai envie de l'appeler noix de hickory. Ça a bon goût, mais il n'y a vraiment pas beaucoup à manger.
D : J'ai entendu parler d'une sorte d'arbre ; vous n'en avez peut-être pas là où vous êtes. Mais lorsque vous entaillez l'écorce, il en sort quelque chose de sucré. (Je pensais au sirop d'érable.)
B : Vous pouvez utiliser la sève de certains arbres pour différentes choses. Et la sève possède différentes saveurs, différents goûts. Avec les pins et autres conifères, l'épicéa, le cèdre, vous pouvez obtenir de la gomme à partir de l'écorce et vous pouvez la mâcher. Quand vous la mâchez pour la première fois, elle craque dans votre bouche. Puis, en se réchauffant, elle ramollit, s'agglutine et devient rose. Vous pouvez alors la mâcher. Et ça a le goût de l'odeur des arbres donc ça a bon goût, si vous aimez l'odeur des pins. C'est très populaire. Les anciens habitants ne pouvaient pas les mâcher parce que ça leur déboîtait les dents. On utilise surtout la sève des conifères. Il y a un arbre dont la sève est sucrée, mais elle est très liquide et pour l'obtenir, il faut une peau pour l'attraper. C'est très difficile. C'est très liquide et c'est lent. Il faut traiter les peaux d'une manière particulière pour être sûr que le liquide ne les traverse pas quand vous le récoltez. C'est très difficile à obtenir. On parvient rarement à en récolter beaucoup. Si on veut quelque chose de sucré, c'est plus simple de récolter du miel. On peut en trouver dans les bois, dans les creux des arbres.
D : Et les abeilles ?
B : Il y a des moyens pour éloigner les abeilles. Si vous faites un feu autour de l'arbre, la fumée et la chaleur les éloignent ou les endorment, ainsi vous pouvez prendre du miel. Lors des chaudes

journées, ce que l'on peut faire aussi, c'est trouver une feuille de cette herbe dont l'odeur tout comme le goût est si fraîche et si distincte. On mâche une de ces feuilles et on laisse le goût emplir sa bouche. Quand on va au ruisseau et qu'on boit de l'eau, l'eau semble très fraîche grâce au goût de cette herbe. La feuille fait à peu près 5 cm de long et est pointue avec de petites dents sur les côtés. En général, au bout de la tige, il y a un groupe de fleurs, comme des pics, ou comme des pointes de lance. La plante est large aux pieds et étroite en haut, avec des petites fleurs un peu partout.

D : *De quelle couleur sont-elles ?*
B : Parfois blanches, parfois violet clair.

Mes recherches m'ont indiqué qu'il s'agissait probablement d'une variété de menthe.

D : *Buvez-vous parfois autre chose que de l'eau ?*
B : Eh bien, nous pouvons faire des boissons en laissant tremper des feuilles dans l'eau ou en chauffant l'eau sur le feu et en infusant des feuilles.
D : *Est-ce que c'est bon ?*
B : Ça dépend. Parfois. Si c'est médical, non ! (Je ris.) Mais généralement si vous utilisez des herbes qui sentent bon, le résultat va être bon. Vous pouvez aussi mettre des fleurs à l'intérieur. Certaines personnes l'utilisent comme traitement et d'autres comme boisson régulière.
D : *Vous m'avez parlé une fois d'une boisson fabriquée par les paysans.*
B : Oh, celle-là. (Il fit un large sourire.) Certains cultivateurs aiment fendre les céréales et les laisser infuser dans l'eau. Au bout d'un moment, ça fermente, bien que je ne comprenne pas très bien ce qui provoque cette réaction. Les autres pensent que c'est une très bonne boisson et ils en consomment parfois au festival du printemps. Mais elle me met la tête dans un drôle d'état et je n'aime pas ça.

Mon ami Kay avait noté une liste de questions à poser à Tuin et me la remit. Je savais qu'il serait impossible pour Tuin de répondre à certaines d'entre elles, puisqu'il n'avait jamais côtoyé que les villageois et qu'il ne pouvait pas comparer leur mode de vie à d'autres. Mais, puisqu'il s'agissait de questions que la plupart des personnes peu familières à ce phénomène se posent, j'ai décidé de les inclure ici.

D : Est-ce que toutes les personnes de votre village ont la même couleur de peau ?
B : Notre peau est sensiblement la même. Il y a des nuances. Certains sont légèrement plus clairs ; d'autres légèrement plus foncés. Et globalement, la plupart des habitants ont les cheveux noirs comme les miens. Parfois un enfant naît avec les cheveux de la couleur du coucher de soleil. Mais ceci n'arrive pas très souvent.
D : Et concernant les yeux. Y a-t-il différentes couleurs d'yeux parmi votre peuple ?
B : Le plus souvent ils sont soit marron, soit… eh bien, il y a une petite fleur de couleur violette. Assombrissez la jusqu'à l'obscurité du milieu de la nuit.

Kay se demandait s'ils avaient les yeux bridés. Je savais que, ne connaissant que leur seul groupe humain, Tuin ne pourrait les comparer à aucun autre. Mais je demandai quand même.

D : Est-ce que vos paupières ont des formes différentes ?
B : Elles ont la forme qu'elles ont.

Je pouffai intérieurement parce que c'était le type de réponse à laquelle je m'attendais.

D : Je me demandais juste. Est-ce que certains d'entre vous ont les yeux de la couleur du ciel, bleu ?
B : Non. Ça serait étrange.
D : J'ai déjà entendu parler de ça. C'est la raison pour laquelle je vous demande.
B : Eh bien, si vous posez des questions, vous devez poser des questions partout, je suppose.
D : (Rires) Je trouve des tas de connaissances partout. Et vous m'avez dit que les femmes avaient les cheveux longs, détachés ou attachés dans le dos. Et qu'elles avaient des sortes d'objets avec des dents qu'elles mettaient dans leurs cheveux pour les maintenir. En quoi sont-ils faits ?

B : Parfois en os, parfois en bois.
D : *Cela maintient leurs cheveux noués à l'arrière de leur tête ?*
B : Oui, en quelque sorte entortillés. Parfois certaines familles possèdent une manière propre de nouer leurs cheveux, et parfois certaines femmes vont les attacher de façon différente, selon leurs envies.
D : *Est-ce que tous les cheveux sont lisses ?*
B : Eh bien, ils pendent.
D : *Savez-vous ce que frisé veut dire ?*
B : Non.
D : *Ça veut dire tourbillonnant. Vous avez probablement vu des animaux parfois qui ont des poils qui semblent différents.*
B : Le mouton possède un poil touffu qui n'est pas raide.
D : *OK. Est-ce que votre peuple a les cheveux comme ça ?*
B : Non, ça c'est uniquement pour les poils de mouton.
D : *(Kay me donna une autre note) Les habitants sont vraiment en harmonie les uns avec les autres. Mais, y a-t-il parfois des cas où une personne blesse quelqu'un d'autre dans votre village ?*
B : Parfois accidentellement. Comme lorsqu'un enfant ne fait pas suffisamment attention quand il joue et qu'il fonce dans quelqu'un.

Ce n'était absolument pas ce que Kay cherchait. Elle essayait de trouver un défaut chez ces gens. C'était difficile pour elle de croire qu'un groupe de personnes puisse être si facile à vivre et si complémentaire.

D : *Est-il déjà arrivé que quelqu'un blesse délibérément quelqu'un d'autre ?*
B : Parfois, quand le compagnon de quelqu'un meurt et que ces personnes boivent trop du jus fabriqué par les paysans. Ils sont tristes et deviennent stupides ; ils ne ressentent plus l'harmonie avec la Terre. Ils veulent crier, casser parce que leur compagnon leur manque. Mais nous comprenons, parce qu'à ce moment ils ne sont pas en harmonie. Le temps passe et ils se réalignent à nouveau.
D : *Y a-t-il dans votre communauté ce qu'on appelle la punition ?*
B : Est-ce que c'est comme reprendre un enfant ?
D : *Quelque chose comme ça, oui.*

B : Quand un enfant fait quelque chose qu'il ou elle ne devrait pas faire, quelque chose qui peut le mettre en danger ou être un danger pour le village, nous le reprenons.
D : *Comment faites-vous ça ?*
B : De différentes manières, ça dépend de chaque famille.
D : *Avez-vous parfois à reprendre un adulte ?*
B : (Surpris) Pourquoi ? Non ! Pourquoi devrait-t-on faire ça ? Nous savons nous comporter.

Je ris intérieurement parce que je me doutais que ce seraient les réponses que Tuin apporterait aux questions de Kay.

B : Si vous êtes en harmonie avec la Terre, si votre chant est en harmonie avec le chant de la Terre, vous savez ce qu'il faut faire. Et si vous savez ce qu'il faut faire, c'est juste.
D : *C'est très bien, mais certains endroits ne sont pas aussi chanceux. Certaines personnes ne sont pas en harmonie et se retrouvent confrontées à des problèmes en tout genre.*
B : Ils n'ont pas été correctement enseignés quand ils étaient enfants.
D : *C'est très possible. Votre manière de vivre est bien meilleure, bien plus joyeuse.*
B : C'est la manière dont ça devrait être.
D : *Que faites-vous dans votre village quand quelqu'un tombe malade ? Y a-t-il des maladies ?*
B : Pas beaucoup. C'est toujours ainsi quand vous êtes en harmonie avec la Terre. La maladie c'est quand vous n'êtes pas en harmonie. (Le mot « maladie » a été séparé « mal a dit »). Et tout le monde est en harmonie. Quand ça arrive, c'est généralement pendant l'hiver, c'est soit une personne âgée, soit très jeune. Parfois il y a des lésions, lorsque l'on se blesse le bras ou la jambe ou je ne sais quoi, parfois l'os doit être remis en place et maintenu jusqu'à ce qu'il guérisse. Par la suite, le bras reste rigide, parfois de guingois, mais vous pouvez l'utiliser. Vous apprenez juste à compenser. N'importe quelle personne âgée peut soigner ces blessures, particulièrement les femmes. Elles connaissent les herbes et autres remèdes. Je les aide parfois. Si certaines femmes savent que je vais aller chasser dans une direction particulière, elles me demandent de chercher une herbe spécifique, qui ne pousse pas près du village. Je suis toujours ravi de les aider. Le

sage, quant à lui, est parfois consulté s'il s'agit d'une maladie mystérieuse avec de la fièvre. Ça se produit parfois à la fin de l'hiver.

D : *Est-ce que le sage sait comment les soigner ?*

B : Généralement. Parfois si l'enfant est trop jeune ou si la personne est trop vieille, ils meurent. Mais ça fait partie de l'ordre naturel des choses.

D : *Oh oui. Mais c'est une bonne chose que vous n'ayez pas beaucoup de maladies. Vous êtes des personnes saines.*

B : Nous essayons. Nous restons en harmonie avec les esprits, et les esprits nous aident à rester en bonne santé. Si nous restons en harmonie avec leurs chants, si nos vies chantent en accord avec le chant des esprits, nous restons en bonne santé.

D : *Quand quelqu'un meurt, l'enterrez-vous ?*

B : Oui. Nous faisons un grand feu et nous évoquons les souvenirs liés à cette personne et les choses qu'elle a faites. Les bonnes choses, les choses drôles. Comment les choses se sont produites dans sa vie. Sa famille. Le sage nous parle de certains de ses ancêtres. Puis nous appelons les esprits afin qu'ils l'accueillent dans l'autre partie de la vie. Et nous lui disons qu'elle sera heureuse là-bas.

D : *De nombreuses personnes pensent que la mort de quelqu'un est un événement triste.*

B : C'est triste pour des enfants s'il s'agit de leur mère. Et oui, leur compagnie quotidienne nous manquera. Ils vont commencer à chanter avec les esprits. Mais peut-être qu'ils nous parleront avec leur esprit.

D : *Quand quelqu'un meurt dans votre communauté, est-ce que le sage ou les habitants sont capables de parler avec eux après leur mort?*

B : Bien sûr. Leur esprit a rejoint l'esprit de la Terre Mère. Et parfois ils veulent dire à leur famille quelque chose qu'ils estiment qu'elle doit savoir, mais qu'ils ont oublié de dire avant de partir.

D : *Je me souviens que vous m'avez dit que votre peuple était très en harmonie avec les esprits.*

B : Oui. C'est la manière dont nous vivons.

D : *C'est finalement très naturel. Vous êtes vraiment chanceux que votre peuple soit si ouvert à ces choses. De nombreuses personnes sont fermées à ce sujet.*

B : Je n'ai pas très envie de parler de ces gens, c'est trop triste.

Chapitre 4
La légende des Anciens

D : *La première fois que je vous ai parlé, vous m'avez raconté certaines de vos légendes. Je les ai trouvées très intéressantes.*
B : Vraiment ? Tout le monde connaît les légendes.
D : *Mais pour moi elles sont nouvelles. J'aimerais en savoir plus à leur sujet.*
B : Que voulez-vous savoir ?
D : *Pouvez-vous m'en dire plus sur les éléments qui vous ont été transmis ?*
B : Si vous voulez. Voudriez-vous savoir pourquoi je m'excuse auprès des animaux quand je chasse ? Il y a une légende qui dit, qu'à une certaine époque, les animaux pouvaient parler comme les hommes. Et c'était vraiment déstabilisant pour le chasseur parce que les animaux imploraient sa pitié. Alors, le chasseur s'excusait, disant, « Je suis désolé, j'ai besoin de ton esprit ; j'ai besoin de ta chair pour mon peuple ou nous allons mourir. Tu as vécu une vie bien remplie ; tu as des enfants. Tes enfants vont vivre. Il est temps pour toi de partir de l'autre côté. Puis-je te tuer pour ta chair ? » L'animal implorait la pitié et c'était très difficile pour le chasseur. Le chasseur doit tuer des animaux pour les habitants, mais pas trop, pour que les animaux puissent aussi vivre. Et donc, finalement, un accord a été trouvé à l'aide des esprits pour rendre la chasse plus facile : les animaux ne parleraient plus. Mais pour montrer à l'animal que le chasseur s'en souvient, nous nous excusons auprès de lui, comme s'il pouvait toujours parler.
D : *Certaines personnes pensent qu'il n'y a pas de mal à tuer. Je pense que c'est bien de considérer que l'animal possède des sentiments. Ça montre que vous êtes compatissants. C'est beau. Ainsi vous tuez juste assez pour manger, jamais trop ?*
B : Eh bien, un peu pour conserver pour l'hiver. Mais… (Posément et sérieusement) Je ne peux pas concevoir de tuer un animal et de juste le laisser à la vermine. Ça ne se fait pas.
D : *Certains le font. Dans d'autres parties du monde.*

B : Les esprits doivent être très mécontents d'eux. Et c'est pourquoi les esprits nous aident.

D : *Oui, parce qu'ils savent que vous faites les choses de la bonne manière. Avez-vous d'autres légendes ?*

B : Oui, nous avons des légendes pour tout. Vous continuez à m'interroger comme un enfant le ferait. C'est intéressant.

D : *Je suis très curieuse. Et de cette manière, vous me permettez d'apprendre. Y a-t-il dans votre village des gens qui sont considérés comme des enseignants ?*

B : Eh bien, les personnes âgées qui ne travaillent plus ; elles connaissent les légendes. Et elles les racontent aux jeunes enfants. Les jeunes adorent les anciens du village et cela permet aux mères de tisser ou autre sans être dérangées par les enfants. C'est ainsi que nous apprenons nos légendes. Le sage les connaît toutes. Et il s'assure qu'elles soient transmises correctement. Certaines des personnes âgées aiment les embellir, les améliorer, et donc les histoires peuvent être modifiées très facilement. Le sage veille à ce que cela ne se produise pas, puisqu'il est dit que nos légendes doivent demeurer intactes pour que nous sachions qui nous sommes. L'une des fonctions du sage est de s'assurer que les légendes restent exactes.

D : *Mais c'est difficile quand beaucoup de temps s'écoule ? Est-ce que ton peuple possède un système d'écriture ? Sais-tu ce que c'est ?*

B : Oui, je sais ce que c'est. Certains savent écrire, d'autres non. Je ne sais pas écrire. Je me dis que si je sais lire les signes des animaux, pourquoi devrais-je me soucier des signes des hommes ? Certains paysans utilisent l'écriture pour garder des traces de leurs récoltes, des quantités obtenues pour qu'ils sachent comment les distribuer pendant l'hiver.

D : *Ça veut dire qu'ils connaissent les nombres et savent compter ?*

B : Je suppose. Ils ont des signes pour représenter les quantités.

D : *Est-ce que le sage possède un moyen d'écrire les légendes ?*

B : Probablement. C'est une partie de sa vie. Peut-être qu'il écrit des choses. Je ne sais pas. Je préfère ne pas être trop curieux.

D : *Racontez-moi une autre légende populaire de ton peuple.*

B : Elles sont toutes populaires mais différemment selon les personnes. Ah… Je me souviens que vous vous intéressiez à l'accident de bateau.

D : *Oui en effet. J'ai trouvé ça très intéressant.*
B : C'est une longue légende. À certains de nos festivals, le sage met toute la nuit à la raconter.
D : *Pourriez-vous m'en raconter des morceaux ?*
B : Oui. La partie qui m'intéresse est la manière dont, selon la légende, les gens ont débuté leur vie ici après la collision du navire. Puisque, selon le sage, nous sommes leurs descendants.
D : *C'est une partie de votre histoire. Ça ...*
B : Oui. Ils ont trouvé que le monde était différent de celui dont ils venaient. Ils ne connaissaient pas les plantes. Ils ne connaissaient pas les animaux. Parfois le sage nous donne des exemples de la manière dont ils nommaient les choses. C'est très amusant, mais j'ai l'impression que ça a été créé pour les enfants. Par exemple, ils disaient « il y a une chose qui vole, de la couleur du ciel, qui fait le bruit d'un ruisseau murmurant. » Tout le monde sait que c'est un merle bleu. Ils avaient cette manière de faire de longues descriptions des choses. « Il y a un animal avec un arbre sur sa tête. » (Je ris.) Il s'agissait d'un chevreuil. Certaines de leurs descriptions sont très drôles. « Il y a un animal qui ne peut pas se tenir tranquille », parce que selon la légende - cette partie est pour les enfants - « il a peur des fourmis. Et il saute en permanence pour s'éloigner des fourmis. » Il s'agit du lapin. (Je ris.) Et les légendes disent qu'au début les Anciens vivaient sur leur navire. C'est étrange ; nos bateaux sont ouverts. Mais apparemment selon la légende celui-là ne l'était pas. Puis ils en eurent assez de vivre dans le bateau car il était délabré. Alors ils coupèrent des arbres et bâtirent des maisons. Ils utilisaient aussi du bois pour le toit. Mais pour une raison quelconque, ils changèrent d'avis et maintenant nous utilisons de l'herbe pour nos toits, ce qui est mieux. Je pense qu'ils ne voulaient pas utiliser trop d'arbres. Pour une raison quelconque, ils pensaient que c'était mal.
D : *Peut-être qu'ils craignaient de tous les utiliser.*
B : Il y en a tellement, il y a tellement d'arbres.
D : *Ces gens, possédaient-ils des outils pour couper les arbres et construire les maisons ?*
B : Il y en avait soi-disant dans le bateau. Ça devait être un grand navire. Trop grand pour notre rivière.
D : *Est-ce que ces outils vous ont été légués ?*

B : Je ne sais pas. Certains des outils que nous avons nous ont été transmis, et certains ont été fabriqués. Si ces outils étaient réels, j'imagine que le sage les aurait ou saurait ce qui est leur est arrivé. Je sais que certains des outils les plus petits ont été enterrés avec les habitants.
D : S'agit-il des mêmes maisons que celles que vous utilisez ?
B : Non. Quand ils ont construit les premières maisons, la légende dit qu'ils ont utilisé des morceaux provenant du navire. Le bateau était fait pour être démonté. Je suppose qu'ils ont dû le faire pour pouvoir le transporter, puisqu'il était si grand. Et ils l'ont démonté et ont utilisé certains morceaux. C'est ce que dit la légende.
D : Quelles autres parties du bateau utilisaient-ils dans leur maison?
B : Je ne sais pas. J'ai entendu les femmes dire aux enfants qu'ils possédaient des ustensiles pour cuisiner qui pouvaient faire des choses que des objets traditionnels ne peuvent pas faire. Mais ce sont juste des choses qu'on dit aux enfants pour les amuser. Il existe une légende concernant une marmite miraculeuse qui pouvait cuire les aliments sans feu.
D Ce serait super si c'était vrai.
B : Ce n'est pas vrai. Il faut faire un feu pour cuire des aliments, tout le monde sait ça. Il y a aussi une légende concernant une boîte miraculeuse. On ouvre la boîte, on met quelque chose dedans. On la ferme et avant d'avoir le temps de dire son nom, les aliments sont cuits.
D : Oh ! Ne serait-ce pas merveilleux ?
B : C'est une invention. Et selon les légendes nous possédons encore certains objets. Je suppose que les objets dans la maison du sage en font partie. Certains des couteaux que nous avons ne s'émoussent pas ; c'est extraordinaire. Les fermiers possèdent cet outil qu'ils font tracter par les bœufs sur la terre pour l'aérer, avant de planter leurs céréales. Je crois qu'ils appellent cela une « charrue ». Ils ont d'autres outils qu'ils utilisent pour récolter les céréales et autres. Ce qui permet de dire si nos objets proviennent des Anciens est qu'ils ne s'abîment pas comme les nôtres. Peut-être qu'ils finiront par s'user dans le temps, mais cela prend de nombreuses générations et bien plus.
D : Vous dites que le sage possède une marmite aussi ?

B : Oui. C'est difficile de la décrire. Et je ne sais pas pour quoi il l'utilise. Cette marmite change d'apparence. Je ne sais pas comment.
D : *Est-ce qu'elle change de couleur, de forme ou autre ?*
B : La forme reste la même mais quand on la regarde : au début elle ressemble à un chaudron fait dans un certain type de métal, puis elle change d'apparence et ensuite semble avoir été faite dans un autre type de métal, très différent.
D : *Quelle est la taille de cette marmite ?*
B : Elle est plutôt large. (Elle bouge ses mains pour me montrer quelque chose d'approximativement un mètre par un mètre.) Elle est incurvée, presque ronde, mais pas tout à fait.
D : *C'est grand. Est-ce qu'il y a un couvercle ?*
B : Non. Elle possède une anse. Cette anse change de forme. Elle change de position, mais vous pouvez porter la marmite avec cette poignée.
D : *Où est située cette anse ?*

Elle fit deux mouvements de main qui me donnèrent l'impression d'une poignée soit dirigée vers le haut, soit allongée. Mais le mouvement suivant fut déroutant parce qu'il ne semblait pas évoquer une poignée.

B : Ou parfois, elle se colle juste sur le côté, mais là ça semble très peu commode.

Ses mouvements indiquaient une sorte de poignée rigide qu'elle pouvait attraper de sa main.

D : *Hum. Est-ce que cette poignée bouge d'elle-même ou devez-vous la déplacer ?*
B : Il semble qu'elle le fait d'elle-même, c'est comme le changement de couleur.

Une nouvelle fois, je n'avais aucune idée de ce que cet objet pouvait être.

D : *C'est un drôle de chaudron. Y a-t-il quelque chose à l'intérieur ?*

B : Je ne sais pas. Le sage l'utilise. Certains des paysans disent que parfois ils déterrent des rochers qui sont trop durs pour être utilisés, peut-être qu'ils sont composés de métal, et ils le donnent au sage. Je pense qu'il les place dans le chaudron et quelque chose s'y produit.

D : *Ainsi il sait comment l'utiliser.*

B : Je pense. Nous ne possédons pas beaucoup de métal. On dit que le métal que nous possédons provient des Anciens. Il est très précieux.

D : *Vous n'avez aucune autre manière de trouver du métal ?*

B : Je ne sais pas. Parfois dans la rivière, parmi les rochers, nous trouvons du métal de la couleur du soleil. C'est magnifique de l'utiliser pour fabriquer des jouets pour les enfants. Il est trop mou pour fabriquer des outils avec, mais c'est très beau. Parfois ils fabriquent des amulettes à partir de ce métal. Les légendes rapportent aussi que dans le navire des Anciens, il y avait des graines à planter ; certaines poussèrent, d'autres non. Les tous premiers hivers ici furent très difficiles pour eux. On dit que beaucoup d'entre eux sont morts et que seuls quelques-uns ont survécu.

D : *Ils n'avaient pas beaucoup de nourriture avec eux sur leur bateau?*

B : Si, mais ils sont tombés à court. Et on dit que ce qu'ils ont planté ne poussait pas, ou poussait d'une manière étrange et inhabituelle.

D : *Savez-vous de quelles plantes il s'agissait ? Y a-t-il certains noms qui ont été transmis dans les légendes ?*

B : Non, je ne sais pas. Peut-être que certains paysans le savent. Le sage le sait certainement. Je ne connais que les plantes que nous avons maintenant. Il y a celles dont on mange les racines. Nous mangeons aussi le feuillage, mais il peut être amer. On dit qu'elles changent. Auparavant elles étaient différentes, mais elles poussent et on peut quand même les manger.

D : *En quoi sont-elles différentes ?*

B : Je ne sais pas. Le sage le sait certainement.

D : *Plantaient-ils autre chose ?*

B : Des céréales. Selon la légende, ils parvenaient à produire des quantités extraordinaires. Les fermiers rêvent de retrouver de tels rendements, mais ils n'y parviennent pas. Peut-être que certaines personnes ont enjolivé cette légende avant que des informations précises ne soient établies. Peut-être que les céréales avaient le même rendement que maintenant et qu'ils ont juste dit qu'elles produisaient plus parce qu'ils avaient le mal du pays.

D : Est-ce que les Anciens ont apporté certain types d'arbres avec eux ?

B : Je n'ai pas connaissance d'arbres qu'ils auraient apportés. Les arbres que nous avons, il y en a partout autour. Je vis ici et peu importe où je vais quand je chasse, ces arbres sont partout autour.

D : Est-ce que les Anciens ont apporté des animaux avec eux, ou savez-vous la moindre chose à ce sujet ?

B : Je ne sais pas. Le bœuf ne ressemble à rien que je puisse trouver ici dans les bois. Je suppose que les Anciens les ont apportés, peut-être que c'est la raison pour laquelle nous ne mangeons jamais de bœuf. Ils ne sont pas très nombreux. Les fermiers parlent régulièrement d'essayer d'augmenter leur nombre afin de simplifier leur travail. Ils vont peut-être le faire.

D : Vous dites que beaucoup de ces gens sont morts parce que c'était très difficile au début.

B : Oui. Leurs vêtements n'étaient peut-être pas assez chauds pour l'hiver. Et l'accident - peut-être du fait de sa violence - modifia complètement les cycles de reproduction des femmes, donc plus aucun enfant ne naissait. Ou quand ils naissaient, ils ne survivaient pas. Les légendes disent que certains des enfants n'allaient pas bien. Il est dit que certains des mauvais esprits contaminaient les enfants et les faisaient grandir de manière anormale. (Il dit ceci avec beaucoup de tristesse.)

D : Qu'est-il arrivé à ces enfants ?

B : Ils moururent.

D : Alors comment sont-ils finalement parvenus à avoir des enfants normaux ?

B : Je ne sais pas. C'est pour ça que je pense que cette histoire est inventée. Je veux dire, avoir des enfants, ça va de soi. C'est le cycle normal des choses.

D : Pensez-vous que ces gens étaient physiquement différents de votre peuple actuel ?

B : Ah, je ne suis pas sûr. On dit qu'ils étaient plus grands, plus élancés. Ils sont décrits comme étant clairs de peau. Je ne sais pas comment ; je ne peux pas me l'imaginer. On dit que certains avaient les cheveux de la couleur du blé, ce qui est vraiment étrange.

D : *Y a-t-il des personnes dans votre village qui ont les cheveux de cette couleur aujourd'hui ?*

B : Non. Il y a des gens qui ont la même couleur de cheveux que moi et il y a des gens avec des cheveux de la couleur du coucher de soleil. (Voulait-il dire roux ?) Parfois quand les bébés viennent juste de naître, leurs cheveux sont de la couleur du blé, mais généralement ils deviennent de la couleur du coucher de soleil.

D : *Mais alors, d'une certaine manière, pendant les nombreuses années ou siècles qui se sont écoulés, la peau et les cheveux des habitants ont changé de couleur.*

Ce problème de génétique m'ennuyait. Si les Anciens étaient clairs de peau, d'où provenaient les couleurs plus foncées ?

D : *Existe-t-il des légendes qui disent pourquoi votre peuple est physiquement différent aujourd'hui de ce qu'il était à cette époque?*

B : Je ne suis pas sûr. Il y a juste des rumeurs de légendes. On dit que les gens du navire se sentaient lourds ici. Je ne comprends pas pourquoi. Et il est aussi dit qu'ils se sentaient très… souffrants. Ils ne pouvaient pas comprendre la lune, pour une raison que j'ignore. Ils ont donné beaucoup d'importance à la lune. Ils en parlaient comme si c'était quelque chose de vraiment unique. Pour moi, la lune, c'est la plus belle. Mais les Anciens parlaient du fait que la lune soit si grosse. Et des légendes antérieures disent qu'ils étaient stupéfaits de voir la lune. Elle affectait aussi les femmes. Ils disaient que la lune était « différente ». Certaines des histoires que nous racontons aux enfants, vous vous en rendrez compte, ont sans aucun doute été enjolivées. Mais elles disent que les Anciens venaient d'un endroit où il n'y avait pas de lune. Puis quand ils ont atterri ici, ils ont cru que la lune était une autre Terre, jusqu'à ce qu'ils la regardent et réalisent qu'elle était très belle. Ils réalisèrent que la Terre est la mère et que la lune est spéciale. Ils étaient par conséquent heureux d'être arrivés sur la Terre et pas sur la lune. Il est dit dans les légendes, particulièrement celles que l'on raconte aux enfants, que les Anciens ont aussi été très étonnés de la force du soleil. Ils trouvaient que le soleil était très vif, comme un fort guerrier. Ils disaient que le soleil était extrêmement intense, qu'il y avait énormément de lumière ici. Ils avaient le sentiment que la planète était un lieu magnifique, très clair.

D : *C'est peut-être pour ça que les plantes poussaient différemment.*

B : Pourquoi en serait-il ainsi ? La lumière, c'est la lumière.

D : *Certaines personnes disent que le soleil et la lumière affectent la croissance des plantes.*

B : Ça les rend vertes ; ça les fait grandir. Je ne sais pas pourquoi ça changerait les choses. Je pense que c'est juste une légende. Je vois que, vous aussi, vous avez des légendes.

D : *Oh oui, tout le monde a des légendes et des histoires.*

B : Il faut être prudent. Parfois, si on y croit trop, on peut être induit en erreur.

D : *Oh oui. Et c'est pour ça que j'aime entendre les histoires des autres personnes et voir en quoi nous sommes similaires ou différents. Mais c'est vrai, il faut veiller à ne pas trop croire, à les traiter comme des histoires. Avaient-ils certaines légendes concernant les lumières ?*

B : Je ne suis pas certain. Ils disaient que la Terre était un lieu clair, très lumineux.

D : *Qu'utilise votre peuple quand il fait noir ? Possédez-vous un quelconque moyen de fabriquer de la lumière ?*

B : Oui, nous avons des lampes. Parfois nous utilisons la graisse des animaux que j'ai chassés. Parfois nous utilisons certaines plantes qui, une fois pressées, offrent un liquide clair comme de la graisse fondue. Et ça brûle en quelque sorte. Mais le plus souvent nous allons dormir quand la nuit tombe.

D : *Et vous avez aussi les feux qui produisent de la lumière. Y a-t-il des légendes parlant d'autres systèmes utilisés par les Anciens pour produire de la lumière ?*

B : Ils n'avaient pas besoin de la lumière comme nous. On dit que les Anciens pouvaient très bien voir dans l'obscurité. Quand ils avaient vraiment besoin de lumière, ils avaient une lampe, mais ils n'en faisaient pas l'usage que nous en faisons. On dit que la lampe était comme la marmite qui cuisait sans feu, mais c'est juste une légende. Si c'était vrai, la vie serait vraiment simple. On raconte aussi que certains des Anciens pouvaient tuer un animal bien au-delà de la portée d'un arc.

D : *Comment faisaient-ils cela ?*

B : Ça va vous sembler bizarre, mais voici ce que dit la légende. Ils ont estimé qu'ils se feraient aider du soleil pour chasser et utiliseraient la lance du soleil pour tuer l'animal, puisque c'était un guerrier très fort. Ils créèrent donc un outil extraordinaire qui permettait d'emprunter la lance du soleil. Et ils l'envoyaient sur l'animal. Si rien ne se tenait sur le chemin, l'animal était tué et il y avait un petit trou à l'endroit où la lance était entrée. (Elle montra de ses mains un trou de la taille d'une phalange.) Apparemment la lance du soleil était très chaude, comme le soleil, et la viande était en partie cuite autour de l'impact. Et ils modifiaient la lance et utilisaient les rayons du soleil pour cuire la viande ou la sécher. Ils étaient vraiment très impressionnés par la force du soleil.

D : *Ne serait-ce pas merveilleux si vous pouviez chasser de cette manière ?*

B : Peut-être, mais dans ce cas, je serais peut-être trop loin pour m'excuser correctement auprès de l'animal.

D : *Ils possédaient de nombreux objets extraordinaires. Vous dites que le sage raconte parfois ces légendes durant une nuit entière ?*

B : Et bien plus, oui.

D : *Ça vous dérange de me les raconter ?*

B : Non, ça ne me dérange pas. Parfois c'est difficile pour moi de me les rappeler. Je n'ai pas l'habitude de les raconter ; j'écoute juste. Ceux qui les racontent s'en souviennent mieux.

D : *Mais vous les avez entendues de si nombreuses fois que vous les avez en mémoire.*

B : J'ai l'impression d'en oublier beaucoup cependant. Nous-même nous ne connaissons pas toute l'histoire. Parfois on a l'impression qu'il y a des parties manquantes. Peut-être qu'un sage est mort avant de les transmettre. On se souvient de ce dont on peut, et c'est pour ça que le sage essaie de les garder intactes pour qu'il n'y ait plus d'oublis. (Fièrement) Nous avons survécu. Nous sommes le peuple.

Chapitre 5
Les Natifs

UN PHENOMENE ETRANGE SE PRODUIT quand je voyage dans le temps et quand je discute avec des gens vivant dans le passé. La personnalité du sujet, dont les informations proviennent, disparaît totalement. À ce moment-là, ils n'ont accès qu'aux souvenirs de l'entité vivant il y a des centaines, et dans ce cas, des milliers d'années. J'ai observé ce basculement se produire de nombreuses fois.

Par conséquent, je devais parler à Tuin d'une manière qu'il comprenait, afin de gagner sa confiance. C'était l'unique moyen d'obtenir des informations concernant les légendes. Il ne semblait pas méfiant, mais j'ai toujours le sentiment qu'obtenir la confiance de l'individu est essentiel lors de ces régressions.

D : Vous souvenez-vous m'avoir parlé de vos légendes ?
B : Oui. Vous êtes comme un enfant ; vous ne les connaissez pas.
D : Je suis très curieuse, et l'une des missions qui m'a été donnée est d'enregistrer l'histoire de votre peuple.
B : Enregistrer ? Qu'est-ce que vous voulez dire ?
D : Eh bien, vous savez ce qu'est l'écriture ?
B : Le sage écrit.
D : C'est une des missions que j'ai reçue : écrire le récit et les légendes.
B : Serez-vous capable de vous souvenir de tout ça et de tout écrire ?
D : C'est pour ça qu'on m'a donné cette mission, parce que je peux m'en souvenir. Chacun a sa mission. C'est pour ça que je vous pose autant de questions. Ils ne veulent pas que l'histoire soit perdue.
B : Non, cette histoire, les légendes, ne doivent pas être perdues. La connaissance doit être transmise.
D : C'est ce qu'on m'a dit.

Puisqu'il m'avait informée que les légendes étaient racontées pendant les festivals, je pensais que c'était un bon point de départ. Je pouvais lui faire revivre la cérémonie, mais il me dit qu'elles étaient très longues et duraient souvent toute la nuit. Ça pouvait être fait de cette manière, mais il devrait répéter mot pour mot chaque chose qu'il entendrait. J'ai plutôt décidé de me fier à ses souvenirs des légendes. Ils devraient être assez précis s'il les avait entendues toute sa vie.

D : *Quand vous célébrez la nuit la plus longue, quelle partie des légendes le sage choisit-il de raconter ?*

B : Durant la nuit la plus longue, nous nous rassemblons et il nous parle des légendes qui concernent le voyage des Anciens.

D : *Pouvez-vous m'en raconter des parties ?*

B : On raconte deux ou trois versions différentes qui expliquent pourquoi les Anciens ont dû quitter leurs terres et traverser le vide. La première dit que leur peuple n'était plus en harmonie avec leur terre depuis longtemps, que leur terre était en train de mourir et qu'ils durent partir. Une autre version explique que leur soleil n'était plus en harmonie et qu'il mourait. Et il existe un autre ensemble de légendes racontant qu'ils faisaient partie d'un grand peuple, que les Anciens les ont mis en colère et qu'ils ont dû partir. Dans tous les cas, ils sont partis à bord de leur vaisseau.

D : *Peut-être que toutes ces explications font partie de la raison.*

B : Peut-être. Ils ont construit leur bateau en métal. C'est très extravagant et ça ne flotte pas bien.

D : *Non, en effet. Ils devaient avoir des secrets.*

B : Bien sûr. Les Anciens sont synonymes de secrets. Ils sont partis sur leur navire et ont voyagé à travers le vide. J'en ai déduit en écoutant les légendes qu'ils n'avaient pas prévu d'arriver ici.

D : *C'était un accident ?*

B : Oui. Le bateau a été endommagé. Je suppose qu'il était sur le point de couler. Et ils ont atterri ici dans la vallée, bien que les légendes disent qu'ils se sont écrasés.

D : *Vous ne savez pas où ils allaient quand ils atterrirent ici ?*

B : Non, je ne sais pas. Et ils ne pouvaient pas voyager plus loin. Après avoir voyagé à travers le vide, ils étaient épuisés. Ils voulaient s'arrêter et se reposer ; peut-être réparer leur navire et ensuite reprendre leur voyage. Ils se sont arrêtés un moment. Je ne sais pas combien de saisons. Cette partie a été perdue. Mais, certaines légendes disent qu'ils étaient si fatigués et qu'il y avait tellement de malades, qu'ils ne souhaitèrent pas reprendre le voyage. Ils voulaient rester ici sur la Terre. Les légendes ajoutent qu'ils avaient aussi, à cette époque, oublié comment voyager.

D : *Peut-être que beaucoup de temps s'était écoulé.*

B : Peut-être. Ils restèrent donc ici et petit à petit... En fait, au début, quand ils arrivèrent, ils n'étaient pas en harmonie avec la Terre, et ça a pris un long moment.

D : *Que voulez-vous dire ?*

B : Eh bien, ils n'étaient pas en harmonie. C'était comme si le chant de leur vie, le chant de leur corps, ne concordait pas avec le chant de la Terre. Par conséquent, très peu de bébés naissaient. Leurs cultures ne poussaient pas bien car ils ne savaient pas chanter en harmonie avec la Terre. Mais la Terre a été patiente et a continué à travailler avec eux. Puis petit à petit, elle a transformé les chants de leur vie et les chants de leurs cultures pour qu'ils s'accordent avec le sien.

D : *C'est beau ! Est-ce que ces gens vivaient longtemps à cette époque ou beaucoup sont-ils morts à cette période ?*

B : Ils se sont sentis longtemps très malades parce qu'ils n'étaient pas en harmonie. Ils faisaient des choses désaccordées. Ils œuvraient la nuit et restaient à l'intérieur le jour, car ils disaient que le soleil était trop vif. Apparemment, ils se sentaient malades à chaque fois qu'ils étaient au soleil. Ils disaient qu'il était trop puissant. Il les mettait à terre. Apparemment, ils possédaient une excellente vision la nuit. Ils disaient aussi que la lune était très brillante. Ils étaient impressionnés par la lune. Ils n'avaient rien vu de tel auparavant. Ils parlaient en permanence de sa beauté. Elle est très belle. Elle brillera ce soir.

D : *Oh ? Il y aura une pleine lune ce soir ?*

B : Non, ce n'est pas la pleine lune. Trois quarts. La lune était pleine il y a environ quatre nuits, et elle était très belle. Les Anciens étudiaient la lune comme j'étudie les animaux. On dit qu'ils avaient des yeux magiques. Ils pouvaient regarder sa face et la voir de très près. On dit que certains des Anciens ont même vu que d'autres Anciens avaient... Eh bien, c'est ce que dit la légende... Ça n'a aucun sens... Mais on dit parfois que quand les Anciens regardaient la lune avec leurs yeux magiques, ils pouvaient voir qu'un autre groupe d'Anciens, qui n'appartenait pas à leur peuple, avait séjourné sur la lune et y avait campé. Je ne sais pas comment ils faisaient ça. C'est ce que disent les légendes. Mais de toute façon, la plupart des légendes n'ont pas de sens.

D : *Mais elles sont intéressantes. Avaient-ils un quelconque moyen de leur parler ?*

B : Je ne sais pas. Je crois que les autres Anciens n'y étaient pas au même moment, mais avaient juste laissé derrière eux des signes montrant qu'ils y avaient vécu. Certaines des légendes disent que d'où provenaient les Anciens quand ils ont commencé leur voyage, il n'y avait pas de lune – bon maintenant je ne sais pas d'où ils pourraient provenir pour que cette information soit vraie, mais c'est ce que disent les légendes. Aujourd'hui, la lune est là pour tous et visible par tous. Elle est très belle. Elle m'a aidé à de nombreuses reprises.

D : *Peut-être que d'où ils venaient, ils ne pouvaient pas la voir.*

B : En fait, certaines des informations léguées par les légendes disent que quand ils ont commencé leur voyage, il n'y avait pas de lune, et qu'ils repéraient les saisons de l'année grâce à la position du soleil et des étoiles. Quand ils arrivèrent ici, selon les légendes, ils adorèrent la lune parce qu'elle leur permettait de repérer les saisons bien plus facilement. La légende dit qu'ils vivaient bien plus longtemps que nous. Mais ce n'est important, car nous avons de nombreuses années de vie. Petit à petit, ils s'harmonisèrent avec la Terre, apprirent à cultiver les champs et apprirent les habitudes de leurs petits frères et petites sœurs, les plantes et les animaux. Ils apprirent à s'harmoniser avec eux afin de pouvoir survivre. Et ils eurent des enfants, et leurs enfants eurent des enfants, et ainsi de suite, et nous sommes leurs descendants.

D : *Et c'est ainsi que tout a commencé. Y a-t-il quelque chose dans les légendes qui parle d'autres personnes qui seraient venues dans la vallée ?*

B : Non. Les légendes disent que quand les Anciens arrivèrent ici, il y avait un autre peuple qui vivait dans la vallée. Pas très nombreux, mais quelques habitants.

Je m'interrogeais toujours sur cette incohérence génétique. Il s'agissait peut-être de la réponse.

D : *Quel type de personnes était-ce ?*

B : D'après les légendes, elles avaient un physique assez semblable au mien.

D : *Oh, mais il m'a semblé que vous aviez dit que quand les Anciens sont arrivés dans cette vallée, il n'y avait personne d'autre, qu'ils étaient tout seuls.*

B : Il n'y en avait pas beaucoup mais c'étaient les seules personnes. Nous sommes les seuls : il n'y a personne d'autre.

D : *Dans quels types de maisons vivaient les habitants déjà présents, quand les Anciens se sont écrasés ? Est-ce que les légendes le disent ?*

B : Non, les légendes ne le disent pas. Mais elles disent qu'ils étaient profondément en harmonie avec la Terre. Et qu'au début ils ont eu peur. Comme les Anciens étaient inharmonieux, c'était douloureux pour le premier peuple de se trouver à proximité d'eux. À mesure que les Anciens s'harmonisèrent, ils furent capables de se mélanger davantage, jusqu'à finalement ne plus former qu'un seul et même peuple.

D : *Je n'ai pas cessé de me questionner sur ce point. Vous m'avez dit que les Anciens avaient la peau très claire et les cheveux de la couleur du blé, et qu'aujourd'hui votre peuple ne possédait pas la même couleur de peau et de cheveux. Je n'ai pas pu comprendre cette différence. Cela serait semblable aux animaux quand ils se reproduisent, ils ont des couleurs métissées. Cela pourrait être l'explication. Le peuple natif avait les cheveux foncés comme toi, n'est-ce pas ?*

B : Les gens qui vivaient ici, oui. Ils étaient aussi plus petits que nous.

D : *Mais vous ne possédez rien dans vos légendes qui disent comment ils vivaient ?*

B : Non, parce que nos légendes viennent des Anciens et le peuple natif évitait les Anciens.

D : *Pensez-vous que ce sont les Anciens qui ont découvert comment fabriquer du tissu ?*

B : Ils savaient fabriquer du tissu, mais les Natifs savaient le faire aussi. Ainsi notre fabrication de textile vient des deux groupes.

D : *Je suppose qu'ensemble les Anciens et les Natifs ont pu découvrir comment faire des étoffes. Pensez-vous que les Natifs leur ont appris à faire les vêtements ?*

B : Non, ils avaient des vêtements quand ils sont arrivés. Mais les Natifs leur ont enseigné comment travailler les peaux et le cuir.

Quand les vêtements des Anciens ont été enterrés avec eux, notre peuple a commencé à se vêtir comme le peuple natif. La manière dont on s'habille aujourd'hui est la même que la leur.

D : Ainsi les Natifs ont partagé leurs connaissances avec les Anciens.

B : Pas au départ, parce que c'était trop douloureux.

D : En avaient-ils peur ?

B : Ils n'en avaient pas peur ; c'était juste douloureux. Les Anciens n'étaient pas en harmonie avec la Terre. Les Natifs eux étaient parfaitement en accord avec la Terre et la différence entre les deux peuples était douloureuse.

D : Je suppose qu'ils devaient faire pousser un certain type de nourriture ici.

B : Certaines céréales, quelques légumes. Les Anciens ont apporté des aliments avec eux. Certains ont poussé et d'autres non. Et ainsi, je suppose que nous avons aujourd'hui les deux types.

D : Savez-vous si certaines de vos plantes sont celles que les Anciens ont apporté ?

B : Les Anciens ont apporté les plantes avec lesquelles nous tissons. Les légendes disent que les Anciens concevaient les plantes. Ils les faisaient pousser comme on fabriquerait un lot de vêtements. Cette plante était faite, non pas pour se nourrir, mais pour produire les fibres pour nos tissus. (Sceptique) Aujourd'hui, les plantes poussent comme elles poussent. Je ne comprends pas ce point, mais c'est ce que dit la légende.

D : Comment pourrait-on créer une plante de la manière que l'on souhaite ?

B : Peut-être que les Anciens avaient le pouvoir de modifier le chant de la vie.

D : Ce serait une idée intéressante. Savez-vous autre chose concernant des plantes qu'ils ont apportées avec eux ?

B : Ce sont eux qui ont apporté une partie de nos céréales, dit-on. Les Natifs avaient aussi certaines céréales. C'est donc difficile de dire lesquelles sont lesquelles.

D : Elles ont pu se mélanger.

B : C'est vrai. C'est possible.

D : Vous m'avez parlé de certains types de légumes cultivés. Je parle de racines et de choses comme ça.

B : Oui. La plupart d'entre eux furent apportés par les Anciens.

D : À quoi ressemblent-t-ils ?

B : Je peux vous dire à quoi ils ressemblent aujourd'hui. Il est possible qu'ils aient changé, comme les animaux. Il y a une plante qui fait des racines que vous pouvez tenir parfaitement dans votre main, et ces racines sont de la couleur du soleil couchant. Elles sont bonnes. Une autre racine est jaune et elle a une saveur différente en fonction de sa maturité au moment de la récolte. Elle a plutôt une forme arrondie. Tandis que l'autre est pointue au bout et un peu arrondie au milieu.

D : *Y a-t-il autre chose de ce genre ?*

B : Pas que je me souvienne. Nous mangeons d'autres aliments, mais les légendes ne disent pas particulièrement d'où ils viennent. Pour certains des arbres fruitiers, on dit que leurs graines ont été amenées. L'un d'eux en particulier a des fruits un peu jaunes et très juteux. C'est très sucré et il y a un gros noyau au centre. Les paysans doivent être très méticuleux quand ils les cultivent, parce qu'ils peuvent être facilement endommagés par le froid. Ils chouchoutent ces arbres. Les fermiers ne les laissent pas pousser très haut, parce qu'ils ne peuvent supporter le froid que si on les a bien enveloppés. C'est un des secrets de cette culture. Je ne sais pas. Je suis un chasseur. Il y a un type de fruit qui pousse sur une plante grimpante. Il est long, un peu pointu au bout, avec une chair un peu jaune et de nombreuses graines éparpillées à l'intérieur. Il tient facilement dans la main. On a juste à les saisir pour les ramasser. Un autre fruit provient d'un arbre. Il est de couleur rouge brun et a aussi de nombreuses graines à l'intérieur de sa chair. Il est vraiment excellent à la fin de l'automne.

D : *Est-ce que certains d'entre eux proviennent des Anciens ?*

B : On n'en est pas certain. Quelques-uns poussent dans les forêts, mais la plupart d'entre eux sont plantés.

D : *Il est possible que certains se soient répandus dans la forêt, il y a longtemps.*

B : Oui. Parfois ils marquent l'emplacement d'une ancienne maison.

D : *J'ai pensé que peut-être toute votre nourriture provenait des Anciens.*

B : Oh non. Les légendes disent que la plupart de notre nourriture vient d'eux. Le peuple qui vivait déjà ici chassait principalement. C'est de là que proviennent mes connaissances de la chasse, car du fait de leur harmonie avec la Terre, ils pouvaient entendre les animaux. Les Anciens pouvaient entendre les animaux aussi, mais c'était trop pénible pour les chasseurs. Les animaux suppliaient, imploraient, et disaient « ne me tue pas ». Mais je vous ai déjà raconté ça.

D : Oui, vous m'avez déjà parlé de ça. Vous avez dit qu'à un moment, les esprits ont changé ça afin qu'ils ne puissent plus entendre les animaux.

B : C'est exact. Vous vous en souvenez.

D : C'était plus compatissant.

B : En tout cas pour le chasseur.

D : Dans vos légendes, y a-t-il d'autres événements importants qui seraient arrivés aux Anciens après leur arrivée ici ?

B : Un fait important mentionné est le moment où ils sont entrés en contact avec le peuple natif déjà présent ici. Sans ce contact, ils seraient morts. Les Natifs ont aidé les Anciens à entrer en harmonie avec la Terre.

D : Mais ils n'ont pas essayé de les blesser, n'est-ce pas ?

B : Non, non. C'était juste que les chants des Anciens étaient si peu harmonieux, vu que leurs esprits fonctionnaient si différemment, que c'était pénible pour les Natifs d'être près d'eux. Puis ils furent capables de modifier leurs pensées pour s'accorder avec la Terre et ainsi ils ont pu travailler ensemble et apprendre comment vivre en harmonie pour survivre.

D : Vous dites que certains des premiers enfants des Anciens n'ont pas survécu ou qu'ils avaient des malformations, des maladies. S'est-il écoulé longtemps avant qu'ils puissent finalement avoir des enfants viables ?

B : Ils ont continué à essayer d'avoir des enfants, et la plupart d'entre eux mouraient ou ne pouvaient pas avoir d'enfants eux-mêmes. Mais un petit nombre a réussi à survivre, était normal, et a pu engendrer. Ils ont été si peu nombreux pendant si longtemps qu'il a fallu beaucoup de générations, trois ou quatre générations, pour que tout fonctionne bien pour eux.

D : Pensez-vous que beaucoup des Anciens sont morts avant d'avoir eu des enfants ?

B : Je ne sais pas. Je pense qu'ils ont essayé d'avoir des enfants et que les enfants avaient des difficultés à vivre. Puisque la plupart de leurs enfants mouraient, ils n'étaient pas très nombreux. Le peu qui restait en vie essayait d'avoir des enfants, et beaucoup d'entre eux moururent, mais quelques-uns survécurent. À ce moment-là, les Natifs avaient commencé à les aider. Et, petit à petit, ils sont devenus forts et se sont accordés avec la Terre.

D : *Est-ce que les légendes disent ce qui n'allait pas avec les enfants?*

B : Leur corps n'était pas en harmonie, ni avec eux-mêmes, ni avec la Terre. Parfois des parties de leur corps étaient mal placées ou manquantes. Des pans entiers du corps étaient soit radicalement différents de ce qu'ils auraient dû être, soit complètement absents.

D : *Ainsi il y a eu beaucoup de malformations et c'est pour ça qu'ils ne pouvaient pas vivre. Est-ce que les légendes parlent d'autres événements importants survenus pendant leur période ?*

B : Pendant l'époque des Anciens ? C'était le point principal. Les Anciens semblaient penser que d'être ici sur la Terre Mère était important. Je ne comprends pas où ils auraient pu être d'autre.

D : *Est-ce que les Anciens ont essayé de partir ?*

B : Où seraient-ils allés ?

D : *Je ne sais pas. C'est pour ça que je me dis que ça serait important s'ils avaient essayé.*

B : Ils aimaient la vie ici. C'est beau ici. Pourquoi seraient-ils partis ? C'est chez nous.

D : *Pouvez-vous penser à d'autres choses importantes mentionnées dans ces récits ?*

B : Un autre point important est qu'ils ont réussi à cultiver les céréales en harmonie avec la Terre, et ainsi la nourriture a commencé à devenir plus abondante. Cela leur a demandé beaucoup de travail. On dit que cela a pris des années. Ce fut très difficile au départ. On dit qu'ils ont organisé une grande célébration quand ils ont récolté en grande quantité pour la première fois. Ce fut très important, parce qu'à partir de ce moment, ils ont su qu'ils auraient de grandes quantités de nourriture pour vivre. Tout était question d'être en harmonie avec la Terre. Quand les plants des cultures ont commencé à vivre et que leurs enfants ont commencé à vivre, ils ont été très heureux parce qu'ils ont su qu'ils allaient survivre.

D : *Alors ils vécurent là, vieillirent et moururent, et leur sang coule dans celui de votre peuple. Est-ce que les Natifs les ont aidés avec leurs cultures ?*

B : Je pense. Je ne suis pas sûr. Les Natifs ont parlé aux Anciens des glands et des noix que l'on trouve dans les pins, et ils leur ont appris à s'harmoniser pour pouvoir chasser. Ils leur ont enseigné comment planter et récolter ce dont on a besoin pour vivre.

D : *Leur ont-ils dit ce qu'ils pouvaient manger dans les bois en toute sécurité ?*

B : Oui, et ce qui était médicinal. On dit que les Anciens possédaient leurs propres remèdes, mais qu'ils n'en avaient pas beaucoup et ne savaient pas comment en faire davantage. Ce qui est étrange. Les herbes médicinales sont les herbes médicinales. Vous allez dans les bois et c'est là qu'elles poussent.

D : *Peut-être que les herbes qu'ils utilisaient ne poussaient pas ici.*

B : Oui, peut-être. Elles devaient provenir de très loin.

D : *Savez-vous dans quels buts ils utilisaient leurs remèdes ?*

B : Dans les mêmes buts que nous : pour soigner les fièvres, les toux et des choses comme ça.

D : *Si les Natifs n'avaient pas été là pour leur montrer ces différentes choses, les Anciens seraient probablement morts rapidement. Les Natifs auraient pu en avoir peur et ne pas vouloir les aider.*

B : C'est vrai.

D : *Pensez-vous à autre chose d'important provenant des légendes ?*

B : Une des légendes dit que les Anciens communiquaient avec d'autres Anciens. Il y avait un rocher magique. Ils parlaient à ce rocher et le rocher répondait. On dit qu'ils parlaient à d'autres Anciens de l'espace. Mais c'est juste une légende. Je ne crois pas qu'il y ait d'autres personnes. Je ne connais aucune légende provenant d'autres peuples. Les légendes disent que ce rocher était extraordinaire à contempler. Il ressemblait à du quartz transparent dont on pouvait voir les veines dorées s'écouler. Ce rocher était limpide à ce point. On dit qu'on pouvait voir des veines de différentes couleurs couler à travers. Et ses différentes couleurs palpitaient quand le rocher était utilisé pour parler. On dit qu'il était très grand. Si on le regardait du dessus, d'un bord à l'autre, il mesurait la longueur de deux mains. Il était anguleux, mais les légendes ne mentionnent pas une forme régulière, bien que certaines disent qu'il était en quelque sorte grumeleux.

D : *Grumeleux ? (Je pouvais comprendre anguleux mais pas grumeleux). Quand ils parlaient aux autres Anciens à travers le vide, est-ce que certains d'entre eux sont venus les chercher ?*

B : Ils ont essayé mais n'ont pas réussi, et ne sont donc pas venus.

D : *Savez-vous ce qui est arrivé à ce rocher ?*

B : Non, je ne sais pas. Je ne l'ai jamais vu. Il est peut-être chez le sage. Il possède d'autres objets des Anciens.

D : *Bien sûr il ne saurait pas l'utiliser.*

B : Peut-être que si. Un sage possède le savoir qui est transmis de sage en sage.

D : *Ont-ils mentionné d'où venait la source d'énergie permettant d'utiliser leurs merveilleux objets ?*

B : On dit que les Anciens considéraient que le soleil était si puissant qu'ils utilisaient sa lumière. Que la lance du soleil perçait le rocher et lui permettait de s'animer. (On aurait dit qu'il récitait de mémoire.)

D : *S'agit-il de la même lance que celle qui était utilisée pour tuer les animaux ?*

B : Ils avaient différents… outils pour ça.

D : *Ainsi, chaque outil était utilisé dans un but différent.*

B : Il y a une autre légende qui dit que parfois les Anciens parlaient à un mur, et que le mur répondait.

D : *Un mur ?*

B : Comme le mur d'une pièce. Et le mur répondait, comme si un des Anciens se tenait debout de l'autre côté du mur et parlait. Certaines légendes mentionnent qu'ils touchaient un morceau particulier de ce mur et qu'il s'allumait. Je ne connais aucun détail. Il est possible que, auparavant, il y ait eu des détails et que cette partie de l'histoire ait été perdue. Par le passé, certaines connaissances ont été égarées, bien que nous ayons essayé de les conserver.

D : *Évidemment, si les informations sont uniquement transmises de bouche-à-oreille, elles se perdent. Mais quand le mur s'éclairait, est-ce qu'ils voyaient des choses ou est-ce qu'ils pouvaient seulement parler au mur ?*

B : Je ne sais pas vraiment. Il a été dit qu'ils pouvaient voir des scènes qui se passaient loin d'ici. Certaines personnes qui étudient les légendes disent que ces scènes se produisaient de l'autre côté du vide. Je ne sais pas.

D : *Est-ce que le mur était dans leur maison ou dans le bateau ?*

B : Dans le bateau. Mais il est possible qu'il y ait eu plus d'un mur comme celui-ci, parce que la légende dit qu'ils allaient dans une pièce et parlaient à un mur. Je ne sais pas si c'était une pièce et un mur, ou s'il y avait un mur comme ça dans chaque pièce. Je ne sais pas. Je suis un chasseur.

D : *C'est la raison pour laquelle j'aime écouter vos légendes, parce que c'est intéressant d'essayer de deviner ce qu'étaient ces objets.*

Je dus faire une pause pour tourner la cassette.

D : *Ça m'a donné un moment pour le noter. J'écris très vite.*
B : Très certainement. Serez-vous capable de le relire?
D : *Oui je peux le faire. C'est pour ça que je pose tant de questions. J'essaie de comprendre aussi et de deviner d'où ils venaient et qui ils étaient.*
B : Oui. Mais si vous êtes capable de le deviner, vous êtes meilleure que moi.
D : *C'est important que vous conserviez vos récits vivants. Pensez-vous qu'il y a eu beaucoup de générations entre leur époque et la vôtre ?*
B : Oui. Les légendes disent qu'il y en a eu beaucoup, beaucoup.

Chapitre 6
Quand la lune suivait une trajectoire différente

PENDANT UNE SEANCE, Tuin était en pleine chasse quand je lui demandai de m'en dire plus sur les légendes.

B : Il a été dit que dans le passé, la lune possédait parfois une trajectoire autre que celle d'aujourd'hui. C'est une des légendes. À l'époque des Anciens, on dit que... (Essayant de se souvenir) La trajectoire que suivait la lune et la trajectoire que suivait le soleil étaient plus harmonieuses qu'actuellement, tout comme celle des étoiles. En effet, à une époque, un certain nombre de cycles de la lune coïncidait toujours parfaitement avec un certain nombre de cycles du soleil. J'essaie de me souvenir des chiffres qui ont été donnés. Je ne suis pas très fort avec les chiffres. Donnez-moi un instant. (Pause) OK. On dit qu'il y avait exactement toujours 12 cycles de la lune par année, chaque année. Et que l'art de suivre la trajectoire des étoiles, du soleil et de la lune n'était pas aussi compliqué qu'aujourd'hui. Puisque chaque année, quand certaines étoiles apparaissaient, c'était toujours à un moment exact d'un nombre précis des cycles de la lune, à partir du solstice ou de l'équinoxe, en fonction du moment à partir duquel vous souhaitiez compter. Et puis, un jour, quelque chose s'est produit. Il y a eu des lumières vives dans le ciel et la terre a tremblé. Ça a été une époque vraiment terrible. Les cultures n'ont pas poussé cette année. De nombreuses personnes sont mortes et c'est pendant cette période que la plupart de nos connaissances ont été perdues. Ceux qui ont survécu savaient qu'ils devaient conserver les connaissances qu'ils possédaient encore, même si elles n'étaient plus aussi complètes que ce que notre peuple possédait auparavant. Et il a fallu de nombreuses générations pour que les trajectoires de la lune, des étoiles et du soleil se stabilisent à nouveau. Après deux ou trois générations, les sages observèrent les trajectoires et essayèrent de comprendre ce qui s'était produit. Ils réalisèrent qu'elles étaient dorénavant bien plus complexes. La trajectoire de la lune et celle du soleil ne coïncidaient plus.

D : *Ce n'était plus exactement 12 cycles lunaires ?*

B : C'était plutôt 13 cycles 1/4 ou quelque chose comme ça. Je ne sais pas, je suis un chasseur. Avant que ce changement ne se produise, tout un chacun pouvait suivre les trajectoires. C'était facile. Le sage et les aînés en connaissaient les raisons. Puis quand ce changement a eu lieu, tellement de personnes sont mortes, que très peu restèrent en mesure de l'expliquer. Ils ont fini par mourir, laissant le sage avec très peu de connaissances à sa portée. Et il essaya de deviner ce qui était arrivé aux trajectoires du soleil et de la lune.

D : *Quelque chose a vraiment dû se produire à cette époque. Vous dites qu'il y a eu des lumières vives dans le ciel et que la planète a tremblé. Est-ce que les légendes disent ce qui s'est produit d'autre à cette époque ?*

B : On dit qu'à un certain moment, la trajectoire des étoiles et du soleil se sont temporairement inversées, au point que le soleil se levait où il devait se coucher et se couchait où il devait se lever. Les légendes ne disent pas combien de temps cette inversion dura. Mais après la première fois où la terre trembla et où il y eut des lumières dans le ciel, le sage comprit que le soleil se levait où il était censé se coucher et se couchait où il était censé se lever. Plus personne ne pouvait garder le compte du temps qui passait, puisque tous les mouvements des étoiles et de la lune allaient à rebours. Comment pouvez-vous continuer à mesurer le temps qui passe ? Et puis, la légende ne dit pas combien de temps, mais après une période quelque chose d'autre se produisit. La Terre se remit à trembler et le soleil se remit à se lever où il devait se lever et à se coucher où il devait se coucher, tout comme aujourd'hui. Mais aujourd'hui, les trajectoires de la lune et des étoiles ne sont plus en accord avec celle du soleil. Et c'est devenu très compliqué de les suivre.

D : *J'imagine que ce fut quelque chose d'effrayant à voir.*

B : Oui. On dit que ça a été vraiment très, très surprenant et épouvantable.

D : *De quoi sont morts les gens pendant cette période ?*

B : Avec la terre qui tremblait tant et tant, le climat était très venteux. Les Anciens racontèrent que les vents protestaient et imploraient la Terre Mère. Ils soufflaient si fort qu'ils firent tomber des arbres, et beaucoup moururent des objets qui tombaient ou volaient dans le ciel.

D : *Avant que ceci ne se produise, les saisons étaient-elles différentes ? La saison chaude et la saison froide étaient-elles différentes de ce qu'elles sont maintenant ?*

B : (Pensif) La durée... Elles étaient un petit peu plus courtes que maintenant et elles coïncidaient toujours avec les cycles de la lune. L'année semble s'être un peu allongée après cet incident, mais pas de beaucoup. Aujourd'hui, la période de croissance de la végétation coïncide toujours avec les cycles de la lune, mais les saisons précises selon les solstices et les équinoxes ne coïncident plus avec les cycles lunaires. On dit aussi que le climat était différent. Le vent d'hiver venait d'une autre direction, et l'été était un peu plus long, mais pas si différent d'aujourd'hui. La différence principale était la direction des vents d'hiver auxquels ils ont dû s'adapter.

D : *Savez-vous de quelle direction il s'agissait ?*

B : Non. Les légendes disent qu'il faisait plus chaud. Il ne faisait pas aussi froid. La vie était plus facile, puisque les étés étaient plus chauds et les hivers n'étaient pas aussi rigoureux. Il n'y avait pas autant de neige ou de pluie. Ça a été très difficile quand la Terre a changé de trajectoire et que l'année s'est allongée.

D : *Est-ce que la durée des journées a été modifiée ?*

B : Les journées étaient un petit peu plus courtes, mais pas de beaucoup. Les années surtout étaient plus courtes.

D : *Mais, vous avez dit qu'en plein été, les journées sont très longues.*

B : C'est ainsi aujourd'hui.

D : *Ce n'était pas pareil à cette époque ?*

B : Pas autant. Les journées étaient toujours très longues au cœur de l'été, mais il y avait des nuits. Et au milieu de l'hiver, les nuits étaient très longues, mais il y avait toujours un peu de lumière pendant la journée. C'est plus extrême aujourd'hui. Il ne faisait pas aussi froid, il y avait plus de pluie et moins de neige que ce que nous connaissons maintenant.

D : *Je me demande à quoi ressemblait cette lumière dans le ciel ?*

B : Eh bien, il y en a plusieurs descriptions et elles semblent contradictoires. Certaines des lumières ressemblaient aux lumières d'hiver, mais étaient exceptionnelles. De part les couleurs qu'elles prenaient : rouge, bleu, vert et blanc. Et il y en avait vraiment beaucoup, si bien que l'on pouvait aussi les voir pendant la journée. Normalement on ne les voit qu'en hiver et que pendant la nuit.

J'avais le sentiment qu'il parlait des lumières du nord ou aurores boréales.

D : *Mais pendant cette période, il y en a eu davantage ?*
B : Oui. Et on les voyait aussi pendant la journée, aujourd'hui on n'en voit jamais pendant la journée. C'est souvent la nuit. Il semble aussi qu'il y ait eu une comète dans le ciel à cette époque, et qu'elle se soit écrasée sur Terre. On dit que le sage qui a traduit ce récit pense que les Anciens ne l'ont pas vu s'écraser sur Terre, mais qu'elle se dirigeait vers la Terre Mère. Puis quand la Terre a commencé à trembler et les choses à mal tourner, la comète n'était plus en vue.

D : *Pensez-vous qu'elle ait pu heurter la Terre ?*
B : Les légendes disent que c'est probable. Mais les comètes semblent si petites dans le ciel. Vous savez, vous pouvez les recouvrir de toute part avec vos mains et vos doigts en fonction de la distance à laquelle elles sont.

D : *Voyez-vous beaucoup de comètes ?*
B : Pas beaucoup. Une ou deux. Quand vous les voyez au début, elles sont très petites, et vous pouvez les recouvrir avec une phalange de votre petit doigt. Puis par la suite, elles semblent grandir et s'élargir et elles recouvrent une partie plus importante du ciel, jusqu'à ce qu'elles passent et rapetissent. Puis, une nuit, le soleil se couche, et vous ne les voyez plus.

D : *Est-ce que ça se produit en hiver ou en été ?*
B : Les comètes ? Les deux, ce n'est pas lié. Ces comètes apparaissent quand elles apparaissent.

D : *Est-ce que vos légendes disent ce que pourrait être une comète ?*
B : Non. C'est juste une étoile qui suit une trajectoire plus rapide.

D : *En voilà une bonne description ! Vous m'avez dit qu'il y avait un groupe d'étoiles en particulier qui intéressait les Anciens. Est-ce* que ces étoiles ont aussi changé de position dans le ciel à cette époque ? (Les Anciens s'intéressaient aux Pléiades. Voir chapitre 9.)

B : En fait, toutes les étoiles se sont déplacées, pas seulement celles-ci. Les étoiles en elles-mêmes sont restées à la même position. Il semble que c'est nous qui avons changé de position, ou alors elles ont toutes bougé ensemble. Vous souviendrez-vous de ces choses dont je vous parle ?

D : *Oui. Je vais aider à ce qu'elles ne soient pas perdues. Avez-vous attrapé de nombreux animaux ?*

B : Pendant que je vous parle ? Non, pas vraiment. J'ai juste pris du plaisir à vous raconter ces histoires concernant les lumières d'hiver. Elles sont très belles. J'ai tout de même suivi quelques biches. Je devrais être capable d'en attraper tout en vous parlant.

D : *Je n'ai jamais vu ces lumières. Elles doivent être très belles.*

B : Elles le sont. Parfois les femmes tissent un morceau de tissu qui pend sur le mur. Les lumières leur ressemblent lorsque le vent souffle. (Il faisait des ondulations avec ses mains.) Mais vous pouvez voir le ciel au travers et vous pouvez voir qu'elles sont de couleurs différentes.

D : *(Je n'étais pas sûre de comprendre ce dont il parlait.) Oh, vous voulez dire que le tissu est très fin ?*

B : Non. Les lumières dans le ciel.

D : *Mais vous venez de dire qu'elles tissent une étoffe ?*

B : J'ai utilisé cette image pour décrire les lumières dans le ciel. Mais vous pourrez les voir cet hiver dans le ciel. Allez les voir.

D : *Je n'ai probablement pas regardé au bon moment ou je ne suis pas sortie quand elles sont apparues.*

B : Eh bien, il fait froid en hiver.

D : *Oui c'est probablement la raison pour laquelle je ne les ai pas vues. Voyez-vous parfois ces lumières à d'autres périodes de l'année ?*

B : Eh bien, parfois dans l'obscurité de la nuit, nous les voyons. Mais pendant l'été, la lumière éclaire une partie de la nuit, donc on ne les voit pas très bien. La lumière du soleil les surpasse. Ainsi, on les associe principalement à l'hiver, parce qu'on les voit si bien dans l'obscurité de cette période.

D : *Et pendant l'automne et le printemps ?*

B : En fait, c'est proportionnel à l'obscurité.

Il me vint à l'esprit de tenter de vérifier si les légendes mentionnaient des dinosaures ou des espèces éteintes. Cet élément m'aiderait à dater l'époque des Anciens.

D : *Possédez-vous des légendes concernant des animaux qui auraient existé mais qui étaient différents de ceux que vous connaissez maintenant ?*
B : Il y a de nombreuses légendes concernant les animaux. La plupart sont racontées aux enfants.
D : *Oui. Mais y a-t-il une époque où les animaux étaient différents ?*
B : Oui. Je ne suis pas très au fait des détails. Mais il semble, si vous écoutez les légendes, que tous les animaux étaient différents dans une certaine mesure. Ils ont changé. Il ne s'agit pas de grandes différences, juste de petites, par-ci par-là. Ce qui fait que, si l'un d'entre nous se retrouvait dans les bois avec des animaux de cette époque, il n'y verrait que de subtiles différences. Il ne les remarquerait pas immédiatement. Certains animaux seraient un tout petit peu plus grand ou un tout petit peu plus petit. Leur pelage serait un petit peu différent, ou certains auraient un nombre de doigts différents sur leurs pattes. Comme je viens de le dire, des différences subtiles. Et certaines légendes disent qu'il y avait des animaux qui ressemblaient à un mélange d'espèces que nous connaissons aujourd'hui. Une des légendes parle d'un animal dont la progéniture pouvait être soit très grande soit très petite. Les grands devenaient des ours et les petits devenaient des ratons laveurs.

Cela ressemblait à un des récits pour enfants de Tuin.

B : C'est une des légendes. C'est vrai que le raton laveur est le petit frère de l'ours et qu'ils se ressemblent beaucoup. Mais il aurait fallu une drôle de combinaison de parents pour créer des enfants si différents.
D : *Mais le raton laveur n'a-t-il pas une couleur différente ?*
B : Pas si différente. De plus, les couleurs ne signifient pas grand-chose, parce que la couleur de la robe peut changer avec les saisons. C'est la structure, les os, qui comptent.

D : *Mais, le raton laveur n'a-t-il pas des marques différentes de l'ours ?*
B : Si, en quelque sorte. Les marques du visage sont différentes. Mais qui sait, peut-être que lorsque l'ours avait une longue queue, elle possédait aussi des stries colorées. (Je ris.) On ne sait pas, maintenant que sa queue est trop courte pour pouvoir porter ces marques.
D : *Y a-t-il des animaux dont le pelage change ?*
B : Oui certains. L'animal qui bondit et l'animal qui rétracte ses griffes ont des pelages changeants. Je ne suis pas sûr pour les ours. Parfois il me semble que leur couleur change, et parfois je me demande s'il s'agit de deux ours différents. Habituellement les ours sont noirs ou marrons, et parfois principalement l'hiver lorsqu'il neige, je vois des ours blancs. Ça pourrait être le marron ou le noir dont le pelage aurait changé de couleur, comme pour d'autres animaux, ou ça pourrait être un ours différent. Il me semble qu'ils ont l'air un petit peu différents. Je n'ai pas vraiment réussi à éclaircir ce point. On ne les voit que dans les profondeurs de l'hiver quand il y a beaucoup de neige. C'est toujours par accident. Donc je ne sais pas exactement où ils vivent.
D : *Possédez-vous d'autres légendes concernant différentes sortes d'animaux à l'époque des Anciens ?*
B : Laissez-moi réfléchir... Certains oiseaux étaient différents. Il semble que leurs couleurs aient changé. Selon les légendes, ces changements ont été graduels. Certaines de leurs huppes avaient des formes légèrement différentes. Pas radicalement, juste légèrement, elles ont été un peu modifiées. La plupart des légendes concernant les oiseaux sont pour les enfants, comme celle qui explique comment les merles apparurent.
D : *Oui, vous me l'avez racontée celle-ci. (Voir chapitre 9.)*
B : Je ne parviens pas à trouver un autre animal qui ait changé.
D : *Je me demande s'il y avait d'autres espèces d'animaux qui n'existent plus. Possédez-vous des légendes concernant des espèces disparues ?*
B : Il existe une légende concernant une créature étrange ; je ne sais pas ce dont il s'agit. Cette créature était prétendument toute petite et pouvait voler comme un oiseau, mais elle piquait comme une ortie. On dit que cette créature aimait chanter et qu'elle fredonnait

toujours très aigu. Il n'y a rien de comparable à cela ici. Je ne sais pas ce dont il peut s'agir.

Au début je pensais qu'il parlait d'une chauve-souris, mais le chant ne correspondait pas à cette description, à moins que Tuin ait la capacité d'entendre des sons en dehors de l'étendue normale.

D : Comment pouvait-elle piquer ?
B : On dit qu'elle vous mordait et qu'elle suçait votre sang, en laissant une marque derrière elle. Elles étaient connues pour démanger beaucoup. Il y avait d'autres types de petites créatures volantes. Elles fredonnaient, bourdonnaient ou produisaient des sortes de chants. Mais nous n'en avons plus aujourd'hui.

J'essayais de deviner ce que cette étrange créature pouvait être.

D : Ça devait être une créature vraiment bizarre puisqu'un oiseau ne peut pas mordre.
B : On dit que ce n'était pas plus grand que le bout d'un doigt. C'est très petit pour posséder des ailes.

Il fit des mouvements pour me montrer la taille. Et à ce moment-là, j'étais très confuse. Ça ne pouvait pas être un oiseau ou une chauve-souris comme je l'avais imaginé. Seuls des insectes pouvaient être aussi petits.

D : Y a-t-il des insectes où vous vivez ? (Il eut l'air désorienté par ce mot) Des petites bêtes ? (Il semblait toujours aussi confus) Je sais que vous connaissez les abeilles puisque vous avez parlé de miel.
B : Oui, nous avons des abeilles mais pas beaucoup d'autres... Il y a quelques créatures dans les bois, qui semblent assez proches des abeilles... Quel est leur nom ?... Des guêpes ?... Est-ce que ça existe ?
D : Oui. C'est une autre sorte. Elles ne font pas de miel mais c'est un peu comme les abeilles.
B : Oui et il y a d'autres petites bêtes qui vivent dans le sol et que les ours adorent manger. Mais je n'y prête pas attention. (Peut-être des larves.)

D : *Celui dont vous parliez, qui était aussi petit que le bout de votre doigt, pourrait-il ressembler à quelque chose de ce genre ?*

B : Ah... Pas une abeille, pas une guêpe. On dit que les légendes décrivent aussi les abeilles, mais que leur description est différente. Apparemment ces autres créatures étaient plus petites. Je ne sais pas comment, je n'ai jamais rien vu de tel.

D : *Je pensais que ça pouvait être quelque chose de cette nature, plutôt qu'un animal.*

B : Eh bien, les abeilles sont des animaux aussi.

D : *D'une certaine façon. Oui, je suppose qu'elles en sont. Ça dépend de la catégorie dans laquelle vous voulez les placer.*

B : Elles n'ont pas de racines ni de feuilles comme les plantes. Elles ne restent pas tranquilles au soleil. Elles se déplacent comme des animaux.

D : *Eh bien, j'ai toujours pensé qu'un animal avait une fourrure.*

B : C'est une sorte d'animal. Certains animaux ont des nageoires aussi, vous savez.

D : *Vous voulez dire des poissons ? Nous plaçons toujours ceux qui vivent dans l'eau et ont des nageoires dans une catégorie à part.*

B : Oh, mais c'est stupide. Ils dansent tous la danse de la vie et chantent tous le chant de la Terre.

D : *Nous mettons aussi les oiseaux à part.*

B : Vous êtes étranges.

D : *Quand je pense animaux, je vois des animaux assez grands avec une fourrure. Maintenant je comprends votre vocabulaire et la manière dont vous les voyez.*

Il était inutile de discuter de ses croyances et de son lexique. Sa logique semblait souvent avoir plus de sens que la nôtre. Quand je lui posai la question sur les espèces éteintes, je pensais aux dinosaures et autres. Je ne m'attendais pas à ce qu'il me donne la description de quelque chose d'aussi petit qu'un moustique, ce dont il s'agissait probablement. Ses réponses étaient souvent amusantes et très souvent instructives.

D : *Y a-t-il des légendes concernant de plus grands animaux qui auraient disparus ?*

B : Il y en a une. Je ne suis pas sûr de son nom. Je peux le décrire. On dit qu'il était aussi grand qu'une maison. Il avait des cornes

comme un bœuf et de grandes oreilles. Et son nez ne pouvait pas se différencier d'une queue. Il avait une longue fourrure, très dense. Je ne sais pas ce que ça pouvait être. Ça avait l'air d'être assez féroce pour les chasseurs. Je n'aurais pas aimé devoir le chasser ; ça devait être difficile. Il fournissait beaucoup de viande cependant. On dit qu'il avait bon goût.
D : *Où étaient situées ses cornes ?*
B : Devant. Les légendes ne sont pas très claires sur le fait qu'il s'agissait de cornes ou de longues dents. Elles les décrivent des deux manières.
D : *Peut-être qu'il y avait deux animaux différents ?*
B : Je ne pense pas. Je pense que c'est juste quelque chose qui s'est glissé dans les légendes.
D : *Est-ce que les cornes avaient une forme particulière ?*
B : Elles étaient courbées. Elles sortaient d'abord tout droit puis se courbaient et s'enroulaient.

Elle fit des mouvements de ses mains. Il était évident qu'elle décrivait un mastodonte ou un mammouth.

B : D'après les légendes, ils étaient très dangereux.
D : *Quand ont-ils disparu ?*
B : Quand la Terre a changé sa trajectoire.
D : *Y a-t-il des légendes concernant d'autres animaux de cette taille?*
B : Pas que je puisse me souvenir. On dit que les chats étaient plus grands. Ils sont déjà bien assez grands à vrai dire.
D : *Est-ce que les légendes parlaient de serpents ?*
B : Les légendes mentionnent les serpents. Parfois nous en voyons un ou deux, mais nous n'en avons vraiment pas beaucoup. On dit que quand la Terre a changé de trajectoire, les serpents n'ont pas aimé ce bouleversement et ils sont partis. Les poissons ont changé. Apparemment, les eaux étaient plus chaudes, et les poissons qui aimaient les eaux froides sont davantage restés. C'est tout.

Puisque les Anciens n'avaient aucune légende concernant les dinosaures, ils avaient dû atterrir après leur époque, mais avant une période de grand cataclysme.

J'ai trouvé qu'il y a eu quatre glaciations majeures pendant la période glaciaire, entre lesquelles il y avait des périodes interglaciaires avec des fontes de glace importantes. La dernière couche de glace a disparu d'Amérique du Nord il y a environ 10 000 ou 15 000 ans. Avec le retrait de la glace, de nombreuses espèces ont disparu pour être remplacées par les animaux modernes. Parmi ceux qui ont disparu, figurent les mammouths. En 1989, un squelette quasiment complet de mammouth a été trouvé à près de 3000m d'altitude, dans une montagne au centre de l'Utah, fixant un record d'altitude pour le mammifère éteint. On pense que le mammouth s'est enlisé dans un marécage, en bordure d'un glacier, il y a 10 000 ou 15 000 ans. Cette information historique nous donne une date approximative pour l'accident des Anciens. La catastrophe, dont les légendes parlent, est-elle en lien avec un d'événement majeur de l'ère glaciaire ?

APRÈS S'ÊTRE RÉVEILLÉE de sa transe profonde, il restait à Beth quelques souvenirs d'une scène qu'elle avait vue. Cela arrive souvent, même avec ce type de sujet hypnotique. Il se peut qu'ils ne se souviennent pas de beaucoup d'éléments de la séance et de l'histoire qu'ils ont racontée, mais ils vont se souvenir de petites bribes, et peut-être d'une scène précise. C'est très semblable à la manière dont on se souvient de parties de nos rêves le matin au réveil. Elle me les décrivit.

B : Je me souviens d'un sentiment de froid intense et piquant, comme dans les profondeurs de l'hiver et je me souviens avoir vu des lumières du Nord, des aurores boréales. La chose curieuse c'est que je n'en ai jamais vu dans ma vie réelle.

D : Moi non plus. Il dit qu'elles sont plus remarquables en hiver.
B : C'est vrai, mais il faut aller bien plus au nord qu'ici [en Arkansas] pour les voir.
D : Et elles étaient fréquentes où Tuin vivait.
B : J'ai entendu dire que dans certaines parties du pays, au cœur de l'hiver, à certaines heures, on en voit des traces si on regarde vers le nord, parfois pendant les pluies de météorites ou les éruptions solaires. Mais ça n'arrive pas très souvent. Là, je me souviens les avoir vu vraiment clairement pendant la séance. Elles ont lieu la nuit. Elles ressemblent à … (Elle avait du mal à trouver ses mots) Presque à des feux d'artifice. Elles ressemblent à des ondes d'énergie. (Elle fit une sorte de ronronnement : rrrrrr.)
D : Tourbillonnant ?

B : C'est difficile à décrire. Par exemple, sa ligne principale, sa base en quelque sorte, serait un peu comme une ligne ondulée. Mais il y aurait une série de points extrêmement lumineux, qui laisseraient s'échapper de l'énergie vers le haut, comme un rideau d'énergie.

Tuin avait essayé de les décrire. Il avait mentionné quelque chose concernant un rideau et je n'avais pas pu voir le lien. Je ne comprenais pas ce qu'il voulait dire, un rideau de traînées ou quelque chose du genre ?

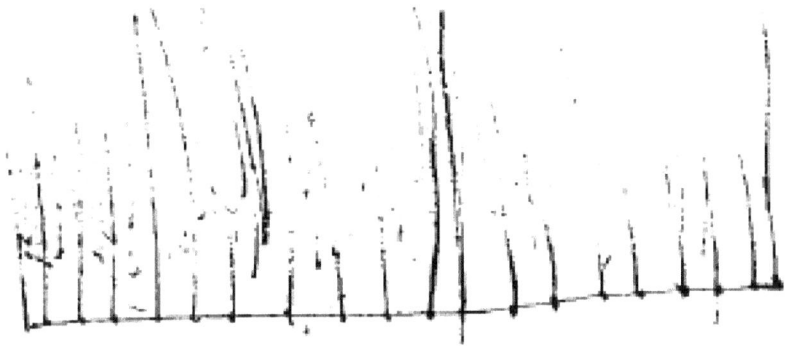

Puis elle me dessina un schéma de l'aurore boréale comme elle se souvenait l'avoir vu. Elle pensait que ce serait plus facile que d'essayer de décrire le phénomène.

B : Elles étaient de différentes couleurs. Il y avait surtout des rouges, ou des bleus, ou des violets, ou des verts intenses.
D : *J'en ai entendu parler mais je n'en ai jamais vu.*
B : C'est pareil pour moi. Et la vision que me procure la scène me semble associée à un climat froid.

J'ai consulté l'encyclopédie Collier pour obtenir des informations sur les aurores boréales. Tuin avait raison de les décrire comme ressemblant à un rideau. On les appelle aussi « rideau de lumière » et elles apparaissent souvent comme des draperies.

Le spectacle commence généralement par ce qui est l'une des formes les plus communes : un arc homogène (des parties identiques et uniformes) qui n'a pas la structure de rayons.

La luminosité peut être plus ou moins constante dans le temps, ou montrer des pulsations prononcées de moins d'une minute. Si la luminosité s'accroît, la forme homogène se disloque souvent en rayons, en arcs de rayons, en draperies, ou en couronne dans laquelle les rayons semblent converger. Les « flammes » sont des vagues puissantes de lumière qui s'élèvent rapidement et sont souvent suivies de la formation d'une couronne.

Bien que la cause des aurores échappe aux scientifiques, on pense qu'elles sont liées à l'activité des éruptions solaires à la surface de l'astre.

Dans le monde, les zones d'occurrences fréquentes des aurores semblent s'étendre de l'Alaska, au Grand lac de l'Ours, à travers la baie d'Hudson, au sud du Groenland et de l'Islande, au nord de la Norvège et de la Sibérie. Les terres principales où le phénomène peut être vu sont l'Alaska, le Canada et la Norvège. Ces informations permettent de préciser la localisation du village de Tuin.

À l'époque actuelle, le pic de fréquence des aurores boréales a lieu au moment des équinoxes, de printemps et d'automne (Mars–avril et septembre–octobre). Tuin a dit qu'elles se produisaient pendant l'hiver. Ceci pourrait-il signifier que Tuin vivait il y a si longtemps que les saisons étaient différentes ? Ou que les aurores avaient lieu à des périodes différentes de l'année ?

Les aurores de faible intensité apparaissent blanches. Les couleurs observées à l'heure actuelle sont vert jaunâtre, et parfois violet et rouge. Les couleurs sont causées par l'azote et l'oxygène de notre haute atmosphère. Les atomes d'oxygène sont responsables des rayons vert–jaunes et rouges des aurores. Les fortes radiations des atomes d'azote créent des couleurs rouges et violettes aux extrémités des arcs et des draperies. Tuin voyait des rouges intenses, des bleus, des violets, des verts et des blancs quand il regardait les aurores. C'est légère différence de couleur (le bleu par exemple) peut indiquer que la composition moléculaire de la haute atmosphère de cette époque contenait des concentrations plus forte de certains éléments. Cela pourrait aussi signifier que la vue de Tuin percevait différemment le spectre des couleurs.

Les remarques de Tuin concernant la durée des jours et des nuits aux solstices indiquent qu'il se situait très au nord de l'hémisphère nord. Au nord du degré 66.112 (le cercle arctique), le 21 décembre la nuit dure 24 heures et le 21 juin le jour dure 24 heures. Puisque dans le cas de Tuin l'obscurité et la lumière n'étaient pas totales à ces dates, j'en déduis qu'il vivait légèrement au sud du cercle polaire. Cette information, combinée à ses récits sur les aurores boréales, localise une fois encore la région Alaska-Canada. Certaines parties de la Sibérie pourraient correspondre à cette description, mais les divers détails sur les animaux et autres facteurs identifiants, me poussent à croire qu'il vivait dans l'Extrême Nord nord-américain.

Chapitre 7
Le motif sur la couverture

UN AUTRE MOYEN D'APPRENDRE à connaître le peuple de Tuin était de poser des questions sur leurs vêtements. Certains styles et matériaux sont spécifiques à certaines périodes ou pays.

D : Où trouvez-vous les matériaux pour fabriquer vos vêtements ?
B : Je ne suis pas sûr. En général, je chasse. On utilise beaucoup de peaux. Et les femmes utilisent une plante. Elles en prennent les tiges, je crois qu'elles les laissent tremper dans l'eau et les frappent parfois entre des pierres. Mais je ne suis vraiment pas sûr de l'ordre dans lequel elles le font. Après les avoir trempées et battues pour séparer les fibres, elles les étendent au soleil.
D : Les fibres ne sont-elles pas très courtes ?
B : Eh bien, elles les entortillent entre elles pour les rendre plus longues. (Mouvement de mains) Elles récupèrent aussi les poils des chèvres. C'est doux et ça fait de bons tissus, mais les poils des chèvres sont courts, donc j'imagine qu'il en faut beaucoup. Les femmes possèdent des objets sur lesquels elles tissent. Cependant, je ne sais pas comment ça marche. C'est très mystérieux pour moi.
D : Votre chasse est probablement mystérieuse pour elles aussi.
B : Je pense que vous avez raison. Une fois, je leur ai fait une suggestion, quand elles n'avaient presque plus de fibres, je leur ai montré que les écorces des arbres en possédaient aussi. Pourquoi ne pas essayer avec ça ? Elles admirent qu'il y avait bien des fibres, mais elles ne savaient pas comment transformer l'écorce en fibres. Elles estimèrent que ce serait trop de travail. Je suis juste un chasseur, pourquoi m'écouteraient-elles ? Mais je leur ai dit qu'il fallait peut-être garder ça en tête.

Tuin décrivit la plante qui était généralement utilisée pour les fibres. Elle arrivait à peu près à mi-cuisse et consistait en une tige centrale avec de larges feuilles plates et pointues. Ces feuilles faisaient à peu près 4 cm de large et s'écartaient de la tige des quatre côtés en spirale. La fleur, en haut ou au sommet de la plante, était une petite fleur bleu-violet au cœur jaune, entourée d'un amas de feuilles. Les meilleures fibres pour le tissu étaient dans la tige. Cette description correspond au lin qui est cultivé depuis des temps préhistoriques pour produire fibres et tissus.

Il raconta qu'il existait plusieurs sortes de métiers à tisser. L'un, avec un large cadre, était utilisé pour les couvertures. Il utilisa ses mains pour me montrer que les femmes entouraient les fibres autour de sortes de bâtons qui étaient avancés et reculés. Son explication montrait qu'il avait apparemment regardé le procédé, mais ne l'avait pas compris. Certaines femmes pouvaient tisser assez rapidement. L'autre, avec un cadre plus petit, était utilisé pour faire des bandes de tissu, telles que celles employées pour les jupes, les ceintures ou des choses semblables. Le métier était accroché à un mur, avec l'autre extrémité accrochée à leur tissage. Elles le tiraient en arrière pour étirer l'étoffe.

D : *Fabriquez-vous vos propres vêtements ?*
B : Oui en général, sauf quand une fille ou une femme du village veut être en meilleurs termes avec moi (avec un petit sourire entendu).
D : *(Rires) Comment cousez-vous les peaux ensemble ?*
B : Il y a des fibres à l'intérieur du corps des animaux que nous pouvons utiliser. Les fibres qui joignent les muscles et la viande. On peut utiliser ça ou alors on peut utiliser de fines lamelles de peau. Je perce des trous dans la peau et je les lace. Ce sont des peaux qui ont été séchées. D'abord, j'utilise mon couteau pour découper les formes dont j'ai besoin. Et je les lace ensemble avec de petites bandes de peaux ou de fibres animales.
D : *Qu'utilisez-vous pour perforer les peaux ?*
B : Oh, en général, j'ai un petit os. Certains petits os sont très aiguisés. Et si je n'ai pas de petit os sous la main, alors j'utilise la pointe de mon couteau.
D : *Très intelligent.*

Je fus surprise d'apprendre que Tuin appréciait aussi s'adonner à une sorte de tissage.

B : Ce sont les choses que j'aime faire en hiver. Les journées, ou plutôt les nuits devrais-je dire, sont très longues. Il faut s'occuper. Si vous restez juste assis là, les murs vous enferment. Et vous savez que je n'aime pas être sous un toit dans tous les cas. Alors une de mes activités est de nouer, de différentes manières, des cordons et des lanières et de créer des motifs avec les nœuds. Ça m'évite de trépigner et de m'attirer des soucis. Parfois je conserve ce que j'ai créé, parfois je le donne. Ça dépend de la forme que ça prend. Une femme en a pris un, elle l'a suspendu à une sorte de crochet et elle l'utilise comme un berceau. Une autre en a pris un, elle l'a accroché au plafond. Elle l'utilise comme séparation dans une de ses pièces.

Pendant une autre séance j'ai pu obtenir des informations concernant les plantes utilisées pour teindre le tissu.

B : J'ai passé la journée dans les bois à la chasse, mais cette fois pas pour des animaux, j'étais un peu feignant aujourd'hui. Je suis allé chercher certaines herbes et racines pour les femmes.
D : *Quelle sorte d'herbes vous ont-elles demandé de trouver ?*
B : Plusieurs sortes. Je les repère à leur senteur et à leur apparence. Certaines fleurs aussi. Il y a une fleur d'un lilas pâle avec un centre jaune qu'elles utilisent régulièrement. Je ne sais pas ce qu'elles en font. Et une petite fleur blanche avec quatre pétales. Et d'autres plantes de ce genre.
D : *Utilisent-elles seulement les fleurs ?*
B : Non, elles utilisent la plante entière. Je rapporte seulement quelques racines. Je laisse des racines pour que la plante puisse repousser. Mais elles aiment que je rapporte la plante entière. Il y en a une autre violet plus foncé qu'elles utilisent pour teinter leur laine afin d'en changer la couleur.
D : *Celle-ci n'est pas utilisée pour la médecine alors.*
B : Hum, si parfois, mais elles l'utilisent aussi pour colorer.
D : *Comment font-elles ça ?*
B : Elles mélangent les fleurs, et parfois les baies qu'elles ont sous la main, avec une certaine sorte d'écorce, en général de l'écorce de chêne. Puis elles les font bouillir dans l'eau, ce qui crée une mixture sombre. Elles y mettent à tremper les fibres qu'elles souhaitent teinter de cette couleur. Quand elles ressortent les fibres, la couleur est très foncée au départ, mais en séchant au soleil elle s'éclaircit.

D : Y a-t-il d'autres couleurs ?
B : Marron et un vert jaunâtre assez clair qui tire vers le jaune.
D : Et le blanc ? Est-ce qu'elles portent du blanc ?
B : Oh, parfois, mais les couleurs sont plus jolies. Et ce n'est pas le blanc des nuages, c'est plutôt comme le blanc de la paille.

Il y a plusieurs pistes à explorer quand on essaie d'établir la localisation et l'identité d'un peuple inconnu. Un ami, spécialiste des Amérindiens, m'a conseillé de chercher les motifs utilisés comme décoration par les habitants. Puisque ce type d'éléments est souvent transmis de génération en génération, cela permet parfois d'établir un lien avec une tribu particulière. Beaucoup de motifs sont communs et largement utilisés par plusieurs peuples, mais il y en a aussi qui sont uniques et propres à certaines régions. J'essayai de suivre cette piste pour mon enquête.

Tuin avait déjà décrit les étranges motifs de la coiffe blanche que le sage portait pour le festival d'été. Je lui demandai s'il existait d'autres types de dessins utilisés sur leurs vêtements ou ustensiles ménagers. Il répondit que les femmes appréciaient les paniers et les couvertures tissées et qu'elles créaient souvent des motifs dessus.

D : Vous avez dit qu'elles fabriquaient des objets à partir d'une sorte d'argile ? Y ajoutent-elles de quelconques dessins ?
B : Oh oui, toujours. Souvent elles représentent tout autour des motifs qui ressemblent à des éclairs (mouvements des mains).
D : De haut en bas ? Des sortes de dents ?
B : Oui. Et certaines dessinent des pieds de vigne et des feuilles ouvertes ; elles font ça tout autour du pot. Certaines dessinent des animaux. Vous pouvez utiliser tous les motifs qui vous plaisent. Le dessin vous aide aussi à identifier que c'est votre objet. Vous transmettez à vos enfants les motifs tels qu'ils sont créés traditionnellement, puis vous leur montrez qu'ils peuvent les changer et en faire ce qu'ils aiment. Vous leur montrez certains des objets que vous avez fabriqués. Et la personne qui apprend cet art à vos côtés apprend les motifs traditionnels et commence à créer ses propres dessins. Et ils transmettent à leur tour les deux possibilités.
D : À quoi ressemblent les motifs traditionnels ?

B : Certains dessins ressemblent à des amas de rochers, certains à des branchages de différentes espèces d'arbres, parfois à des feuilles ou parfois à des motifs imaginés.

D : Des éléments de la nature donc.

B : Ou de votre esprit. Parfois une des tisseuses verra la forme d'une montagne qu'elle apprécie particulièrement et elle créera un motif basé sur cette forme. Il y a un motif particulier que les femmes ont sur leurs couvertures et qui est appelé « le vaisseau des Anciens ». C'est très fourni, et je les soupçonne d'avoir ajouté des petits détails à chaque génération. Mais elles le transmettent comme un motif traditionnel, même si elles y ont ajouté des éléments.

Cette information suscita mon intérêt. S'ils possédaient un motif appelé « le vaisseau des Anciens », ce dernier pouvait nous donner des informations sur l'apparence du vaisseau spatial. Il ne parvint pas à trouver les mots pour le décrire, mais il accepta de le dessiner pour moi. Normalement, je suis préparée à l'éventualité de faire dessiner ou écrire un sujet sous hypnose. Mais cette fois-ci, je fus prise de court, je tentais alors de faire la conversation avec Tuin pendant que je farfouillais dans mon sac pour trouver du papier et un stylo.

B : C'est le motif le plus complexe tissé par les femmes. Il est possible que je ne sois pas capable de le reproduire exactement. Je vous l'ai mentionné parce que vous semblez intéressée par les légendes des Anciens. Les couleurs d'une grande partie du dessin varient en fonction de la lumière et d'autres sont toujours identiques.

J'avais finalement trouvé tout le matériel. Je fis ouvrir les yeux à Beth et lui tendis le papier et le crayon. Elle réagit de la même manière que de nombreux sujets qui vivent à une époque lointaine. Bien que le papier et les stylos soient des objets familiers dans le monde moderne de Beth, ils étaient complètement étrangers pour Tuin. Elle sentit le papier comme pour essayer de deviner en quelle substance il était. Puis elle examina le stylo comme pour essayer de comprendre dans quel sens le tenir. Elle fit remarquer combien ces objets étaient étranges. Je dus lui montrer comment le tenir. Il était évident que Tuin était en présence d'un objet qu'il n'avait jamais vu auparavant. Il fit prudemment quelques marques en haut de la page et remarqua, « Il est noir. Je ne vais pas pouvoir représenter les bonnes couleurs ». Je l'encourageai à dessiner néanmoins et voir s'il pouvait déjà réaliser le motif pour moi. Après avoir commencé à dessiner, il s'accoutuma rapidement à l'utilisation du stylo. Il se soucia de le dessiner correctement parce que les femmes, dit-il, le faisait symétrique quand elles le tissaient sur la couverture. Il commença en bas de l'image et commenta à mesure qu'il dessinait. Cela prit plusieurs minutes pour le finir parce qu'il s'avérait être compliqué.

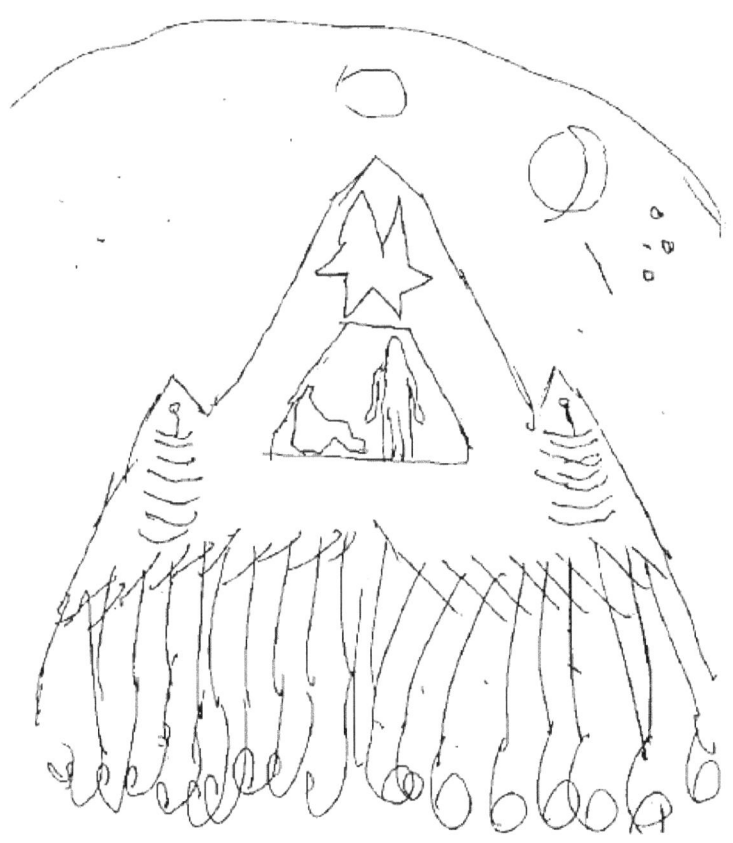

B : Cette partie en bas ici est toujours représentée en orange ou jaune. C'est probablement du feu. Et c'est pareil sur ce côté aussi. C'est une partie du motif qui est toujours représentée avec les couleurs traditionnelles. Et de ce côté-là, on trouve parfois des enjolivures. Parfois elles font ces décors argentés et cette partie en haut ici est dorée. (Il parlait de la partie basse qui représentait le feu et la fumée sortant du bas du vaisseau). C'est ici que leur imagination produit des éléments bizarres. Parfois elles mettent des petites lignes vers le haut ici. Comme je l'ai dit, le dessin est plutôt fourni. (Il parlait de la partie du corps du vaisseau qui ressemblait à des réacteurs). Parfois elles rajoutent une porte, mais pas une porte comme on les connaît. (Il voulait probablement dire que la porte était trop haute par rapport au sol. Elle avait aussi une forme étrange). Elles dessinent parfois dessus des motifs fantaisistes, en fonction de leurs envies. Vous pouvez vraiment utiliser votre imagination. Des fois, elles vont dessiner des accessoires avec des enjolivures ou elles vont ajouter des images fantaisistes des Anciens. Généralement, elles les représentent très grands, très minces et souvent argentés. Parfois elles vont représenter une chaise typique des Anciens. On dit qu'elle bougeait et qu'on pouvait y appuyer sa tête. Et en haut ici, elles ajoutent toujours des étoiles argentées. (Il dessina une étoile au-dessus de la porte d'entrée). Sauf que c'est symétrique. Mon étoile n'est pas symétrique. Je suis un chasseur.

D : *Est-ce que ce motif est répété en boucle ?*

B : En général, il est représenté sur la partie centrale de la couverture ou de l'objet. Les décors autour sont répétés en continu, mais il n'y a qu'un seul vaisseau des Anciens. Il n'est représenté qu'une fois. Et puis sur certaines couvertures, cette partie (le feu et la fumée) est étendue en des décors très fournis. On y trouve différentes couleurs en fonction du motif répété. Puis sur le reste (le ciel), on trouve un soleil, mais parfois elles n'en représentent qu'une partie avec des étoiles et la lune.

D : *Cette partie (le ciel) est de couleur sombre ?*

B : En fait, ça dépend de la couleur qu'elles souhaitent utiliser. Les étoiles, elles les font comme ça (il fit de petits cercles), mais de couleurs différentes. Et parfois elles les représentent comme sont les étoiles. (Mentionnait-il la forme des constellations ?) Certaines sont davantage détaillées en fonction de la manière dont la tisseuse souhaite les représenter.

Il avait terminé. Je pris le bloc-notes et le stylo de ses mains, elle ferma les yeux et se détendit à nouveau. C'est toujours un phénomène fascinant à observer. C'est toujours si artificiel, si peu naturel comparé à ce que ferait un sujet s'il était éveillé. Comme si la personne était un robot avec des yeux vitreux obéissant à une commande ; dans ce cas, à la commande de dessiner, ce qui n'était pas naturel pour Tuin. Quand l'action est terminée et que je récupère le matériel, c'est comme si un basculement se produisait et ils retournent immédiatement à leur état de transe antérieur. Je me suis souvent demandée ce que penserait l'autre personnalité si elle venait à prendre conscience de ma présence ou de quelque chose d'autre dans la pièce. Est-ce que ça les surprendrait ou les effraierait de se retrouver dans cet environnement étrange en ouvrant leurs yeux ? Mais ceci ne s'est jamais produit. Pour une raison inexplicable, quand ils ouvrent leurs yeux pour dessiner, écrire ou regarder des livres ou des images pour moi, ils ne remarquent rien à l'exception de ce qui est nécessaire pour effectuer la tâche demandée. C'est une bonne chose parce j'ai déjà bien assez de difficultés à leur expliquer le matériel d'écriture, sans avoir en plus à me soucier de leur expliquer ce qui les entoure. Une fois qu'ils sont à nouveau détendus, l'autre personnalité reprend sa vie au sein de son environnement sans laisser apparaître qu'un événement hors de l'ordinaire se soit produit.

Le dessin semblait définitivement suggérer un vaisseau spatial avec du feu et de la fumée sortant du bas de ses réacteurs. Je complimentai Tuin pour son dessin. Il ne fut pas impressionné.

B : Il n'est pas beau. Ne dites à aucune femme que j'ai dessiné ça. Elles ne me parleront plus pendant une saison.

D : *(Rires) Non, je ne le ferai pas. Ce qui se passe ici reste entre nous. Personne d'autre n'a besoin de savoir. Ce vaisseau, est-ce que c'est la forme qu'il est censé avoir ? Pointu comme ça ?*

B : Eh bien, c'est ce qui est dit. Je ne sais pas. Il a probablement été modifié au fil des années.

D : *Parce qu'il ressemble vraiment à la forme d'une montagne, n'est-ce pas ?*

B : Oui en effet. Selon les légendes il était probablement plus longiligne, mais c'est ainsi qu'il est représenté.

D : *Ainsi à mesure que les femmes créent des dessins, elles les modifient ?*

B : Oui. Peut-être qu'elles ne le font pas volontairement.

D : *Mais c'est naturel. J'avais entendu parler de certains vaisseaux complètement ronds.*

B : Comment les guiderait-on ?

D : *Je ne sais pas. Je n'ai pas encore répondu à cette question. Et bien entendu, vous ne savez pas non plus comment on conduisait celui-ci ?*
B : Non.
D : *Vous m'avez fourni de nombreuses informations, et je suis en train de les enregistrer et de les écrire. Personne ne le saura à part nous. Les femmes n'ont pas besoin de le savoir.*
B : Elles le savent. Je vous raconte seulement ce que tout le monde sait. Juste ne leur dites pas que j'ai reproduit certains de leurs motifs. Je ne veux pas que les femmes amicales se mettent en colère.
D : *Ce que vous me dites ne les concerne pas. C'est juste intéressant pour moi. J'aime venir vous rendre visite.*
B : Vous êtes venue quelques fois déjà. Nous avons beaucoup discuté.
D : *Mais ça ne vous dérange pas, n'est-ce pas ?*
B : Non, sinon je ne serais pas ici. Je chasserais.
D : *Je crois que c'est une très bonne chose que nous préservions cette histoire. Ainsi de nombreuses personnes connaîtront toujours ce qui est arrivé à votre peuple. Puis-je revenir à d'autres moments et vous parler à nouveau ?*
B : Si vous voulez. Juste ne dites rien concernant les dessins.
D : *Non, non. Je vous promets, je ne dirai rien. C'est juste entre vous et moi. Et je les inclurai dans cette histoire. Je peux le montrer dans mes écrits.*
B : Est-ce que les femmes le verront ?
D : *Non, elles ne les verront pas. J'aimerais pouvoir revenir si je pense à d'autres questions.*
B : Vous n'avez pas d'autres questions ?
D : *Eh bien, pour le moment, je n'en ai pas d'autres.*

C'était le seul point qui semblait perturber Tuin : il avait peur que les femmes découvrent qu'il avait reproduit leurs dessins. Pendant les semaines où nous avons travaillé sur cette régression, il souleva plusieurs fois cette question, afin de s'assurer que je ne mentionne pas aux femmes ce qu'il avait fait.

Un autre élément fut évoqué un peu plus tard concernant la forme de l'étoile qu'il avait dessinée sur le vaisseau spatial. Elle possède six pointes, mais n'a pas la forme de l'étoile de David. Elle semble tenir sur deux jambes. Je fis en sorte de ne pas oublier de lui en demander plus à ce sujet une prochaine fois.

Chapitre 8

Les outils du chasseur et les animaux

CERTAINES TRIBUS peuvent être identifiées grâce aux pointes de leurs flèches et à leurs outils. Par conséquent, je questionnai Tuin sur son équipement de chasseur.

D : *Vous m'avez dit une fois que vous utilisiez un arc et des flèches pour chasser. Qu'utilisez-vous au bout de vos flèches ?*
B : Il existe une roche particulière qu'on peut frapper avec un autre caillou et façonner avec des bords très fins. Cette roche est généralement blanche à l'extérieur et quand on retire la couche blanche, elle est grise, noire ou vert foncé à l'intérieur. Un peu brillant. Et elle est très simple à façonner. Il faut être très prudent cependant ; la roche peut se briser. Mais une fois qu'elle a la bonne forme, elle ne peut plus se casser. On donne à la pointe une forme différente, en fonction de l'utilisation de la flèche.

Un spécialiste des Amérindiens me demanda d'essayer d'obtenir des dessins des pointes de flèches. Cela aiderait à identifier ce peuple. Je pris à nouveau un bloc-notes et un stylo puis je fis ouvrir les yeux à Beth. Quand je les lui tendis, elle s'en émerveilla à nouveau et essaya de comprendre dans quel sens utiliser le stylo. Je patientai pendant qu'elle commençait à dessiner. Elle esquissa plusieurs pointes de formes différentes. La première possédait ce qui semblait être deux crochets, un de chaque côté. Il m'expliqua qu'elle était faite ainsi pour être fixée sur le manche. Elle ne semblait pas très pointue.

B : Elle n'a pas besoin d'être pointue. Les côtés sont tranchants comme un couteau pour qu'elle transperce la chair. (Il en dessina une qui semblait être pointue aux deux extrémités). On en attache une partie au manche, comme ça. (Il dessina l'attache au-dessus de l'extrémité). Celles-ci sont petites, elles sont pour les plus petits animaux et le manche est très petit et léger. Elle est faite pour glisser dans le corps de l'animal et généralement ça le tue immédiatement. Certains des paysans les utilisent aussi comme jeu d'adresse sur les poissons.

D : *Est-ce que les pointes à chaque extrémité permettent de la fixer plus facilement ?*

B : Quand on taille la pierre pour en faire une flèche, il arrive qu'elle se taille ainsi. Quand on se retrouve avec ce type de pointe, c'est juste plus facile de continuer et de la rendre plus pointue à cette extrémité aussi. (Il dessina celle avec un crochet sur un seul côté.) Le tailleur de pierre me dit que celle-ci est la plus difficile à réaliser, parce qu'elle peut se briser facilement si vous n'êtes pas très méticuleux. Il la façonne avec un côté très fin et un crochet à l'arrière de la lame. J'utilise celle-ci pour les plus grands animaux qui peuvent s'enfuir en courant après avoir été touchés. Pendant qu'ils courent, la pointe continue de s'enfoncer dans leur corps et la flèche ne peut pas tomber. Celle avec les deux pointes est utilisée pour les chasses quotidiennes. Elle possède des bords tranchants et pénètre donc facilement. Ceci permet de s'assurer qu'elle entre directement dans le corps de l'animal et n'en sorte pas jusqu'à ce que je la retire moi-même.

D : *Je vois. Est-ce que vous fabriquez vos flèches vous-même ?*

B : Seulement en cas d'urgence. Il y a un vieil homme au village qui les fait très bien. Ce vieil homme a un apprenti. Il lui enseigne comment façonner ces pierres. Chacun dans le village a une tâche pour que tout soit fait.

D : *Je pensais que peut-être vous fabriquiez ces pointes à partir des pièces de métal.*

B : Parfois. Mais le métal est trop précieux et souvent les flèches sont perdues. Alors si on a besoin de bords tranchants pour un outil qui risque d'être perdu, on utilise un matériau facile à se procurer, comme une roche, et on réserve le métal pour les couteaux.

D : *Oui. Si vous manquez l'animal, vous ne pouvez pas retrouver la flèche.*

B : (Fièrement) Je ne les manque pas. Je suis un chasseur. Mais parfois les animaux s'enfuient.

D : *Vous connaissez votre travail.*

B : Eh bien, tout le monde devrait.

D : *Est-ce que vous utilisez parfois des flèches plus grandes ? (Je pensais à des lances.) Ou est-ce le seul type que vous utilisez ?*
B : Elles sont suffisantes. J'ai besoin d'un outil supplémentaire, plus large, pour les ours. Parfois il est crocheté, parfois non, mais il est plus large. Je vais continuer à dessiner pour vous montrer celui qui est crocheté. (Il dessina celui qui ressemblait à une lance). En général ce n'est pas vraiment une flèche, c'est plutôt un bâton que l'on peut lancer.
D : *Est-ce que les côtés sont tranchants ?*
B : C'est mieux si c'est le cas. Mais il n'est pas aussi aiguisé que celui-ci (celui avec les deux crochets) dont les bords sont vraiment aiguisés et qui est très tranchant.
D : *Avez-vous quelque chose pour ranger vos flèches ?*
B : J'utilise souvent une sorte de sac. (Il fait un mouvement des mains pour me montrer quelque chose autour de sa taille.) Je l'attache à ma ceinture.
D : *Et votre couteau ? À quoi ressemble-t-il ?*
B : Il va falloir que je le dessine plus petit qu'il n'est vraiment. (Il dessina le couteau). Le manche est assez long pour la main, et la lame fait à peu près cette longueur (environ 30 cm de long). Certains sont plus longs, comme ça (quelques centimètres de plus) et plus lourds. Des tailles différentes en fonction des utilisations. Ceux qui préparent la viande utilisent des couteaux. Ceux qui préparent les peaux en utilisent aussi, mais ils peuvent aussi utiliser des pierres. Certains couteaux ont juste un côté tranchant et d'autres ont les deux côtés tranchants. Ceux qui n'ont qu'un côté tranchant sont généralement munis d'un morceau spécial en cuir que l'on peut mettre ici, comme ça, pour protéger sa main pour gratter les peaux. (Il dessina le morceau de cuir sur le côté du couteau). Vous l'entourez juste ici quand vous en avez besoin.
D : *Et ce couteau a été fabriqué à partir du métal du vaisseau des Anciens ?*
B : Oui.
D : *Est-ce que ce sont là toutes les sortes d'outils que vous utilisez ?*
B : Oui. Et puis parfois, on utilise un objet pour jeter des pierres quand on n'a pas de flèches sous la main. C'est une lanière en peau qui permet de lancer les pierres plus facilement.

Je repris le bloc-notes et elle ferma les yeux à nouveau.

D : Ces outils semblent largement suffisants. Vous pouvez tout faire avec.
B : Oui. Ils permettent de faire tout ce que nous avons à faire.

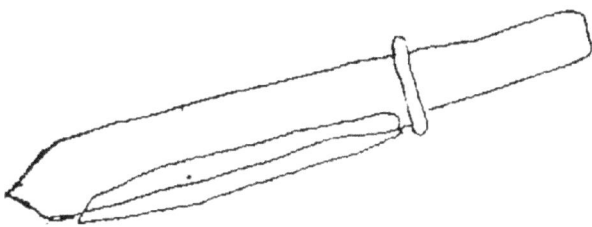

Les flèches et têtes de lance utilisées par Tuin semblaient grandes comparées à celles trouvées normalement chez les Indiens. Puis, je tombai sur un article paru dans le National Geographic en octobre 1988. C'était l'histoire de la découverte des fameuses pointes de Clovis. Ces pointes de lance étaient faites en chert (une sorte de silex) et en calcédoine (un quartz translucide). Elles furent retrouvées dans le verger d'un fermier du centre de l'État de Washington. On les connaît pour être les plus anciens artefacts jamais trouvés dans le Nouveau Monde. Les archéologues pensent qu'elles sont l'œuvre du peuple de Clovis, un groupe de chasseurs qui poursuivaient les mammouths et autres animaux de cette région, à l'âge de glace, il y a environ 12 000 ans. La plus grande tête de lance trouvée mesurait environ 20 cm. Il semblerait donc que l'équipement de chasse de Tuin était de nature semblable.

Je pensai que je pourrais peut-être découvrir où se trouvait le village de Tuin en identifiant les animaux et les plantes originaires de cette région. Au moins, cela aiderait à se concentrer sur la bonne partie du monde.

D : Vous disiez qu'il y avait des bœufs là-bas ? Y a-t-il d'autres animaux domestiqués ?
B : Ah oui. Il y a un autre animal qu'un villageois garde pour fournir du lait aux enfants quand leur mère ne peut plus en donner. Il ressemble aux chèvres qui vivent en haut dans les montagnes mais il est un peu plus petit et possède de petites cornes. Nous aimerions réussir à garder certaines des chèvres des montagnes dans le village, mais elles ne cessent de s'échapper. Toutes les

femmes disent que leurs poils feraient de merveilleuses couvertures. Ils sont épais et nombreux. Mais elles sont difficiles à attraper et ne sont pas du tout aimables. Les mâles ont des cornes très épaisses, très dures et striées. Elles s'enroulent comme ça. (Il montra avec ses mains des cornes qui s'enroulaient vers l'arrière comme celles du mouflon d'Amérique). Quand une chèvre est tuée, quand un animal est tué, tout est utilisé : les sabots, les os, les cornes, la peau.

D : *Ainsi rien n'est gaspillé.*

B : Les chèvres de montagne sont très agiles et elles sont parfaitement développées pour escalader les montagnes. Cette chèvre plus petite, que possède ce villageois, ne peut pas gambader en montagne. Il lui arrive toujours des problèmes.

D : *(Rires) N'en a-t-il qu'une ou en possède-t-il plusieurs ?*

B : Je ne sais pas combien.

D : *Alors il les trait ?*

B : C'est comme ça que vous dites ? Je me demandais. Je savais qu'il obtenait le lait des femelles. Mais je suis généralement en chasse quand il s'occupe de ses chèvres.

D : *Obtenez-vous du lait d'autres animaux ?*

B : Des bœufs femelles, mais il n'est pas vraiment utilisé, excepté parfois pour faire du fromage pour l'hiver.

D : *Est-ce que vous mangez parfois la viande des bœufs ?*

B : (Il m'interrompit, catégorique...) Non ! Ce serait stupide. Il n'y en a pas assez pour les tuer. Les fermiers ne pourraient pas cultiver la terre sans eux. Si les réserves de viande diminuent alors je sors dans la neige et j'essaie de trouver un animal, ou alors nous ne mangeons que des légumes pendant un temps.

D : *À quoi servent les bœufs ?*

B : Les paysans utilisent les bœufs pour tracter des choses. Quand ils ont besoin de retirer un rocher, une souche ou quelque chose qui entrave le chemin, ils utilisent les bœufs pour les aider à le tirer si besoin et pour le traîner jusque dans un champ. Les bœufs sont plus forts que les hommes.

D : *Ont-ils des cornes ?*

B : Oui. Elles sont quasiment droites. (Il fit un geste des mains.) Imaginez que je suis un bœuf, deux cornes de chaque côté qui sortent comme ça.

Il mit ses mains sur les côtés de son visage, aussi loin qu'il pouvait. Ça donnait l'impression de grandes cornes très droites dirigées vers l'extérieur.

D : *Est-ce que les mâles et les femelles possèdent ses longues cornes ?*
B : Oui.

Cela me fit penser à un yack puisque les cornes ne ressemblaient pas à celles d'un buffle d'eau.

D : *Ont-ils une longue fourrure aussi ?*
B : En hiver.
D : *Vous m'avez dit que vous pensiez que les bœufs pouvaient avoir été amenés par les Anciens.*
B : C'est ce que disent les légendes.
D : *Ça devait être un grand vaisseau pour transporter autant de choses.*
B : On dit qu'il était grand.
D : *Savez-vous d'où peuvent provenir les petites chèvres ?*
B : Je ne suis pas certain. Je ne sais pas. Il les a peut-être ramenées de la montagne. Mais elles ne ressemblent pas à celles des montagnes. On peut dire que les deux sont des chèvres, mais de deux espèces différentes. Celles-ci sont plus petites et bien moins touffues.
D : *Peut-être qu'il y a très longtemps, ils en ont attrapées et les ont domestiquées.*
B : Peut-être. Je ne sais pas.
D : *Est-ce que les habitants de votre village ont déjà pensé à domestiquer certains des animaux sauvages pour qu'ils puissent les aider ?*
B : Les aider ? Que voulez-vous dire ?
D : *Eh bien, vous utilisez les bœufs pour différents travaux. Ont-ils déjà essayé de domestiquer d'autres animaux pour les aider de cette manière ?*
B : On en parle. Ça n'a jamais vraiment été fait. Le villageois qui possède les chèvres a suggéré d'essayer d'utiliser ses chèvres, mais elles sont plutôt stupides et têtues. De toute façon, on en parle mais on n'a jamais envisagé de le faire vraiment.
D : *Avez-vous déjà pensé à domestiquer un animal sauvage ?*

B : Un ours pourrait être utile ; ils sont forts. Mais ce serait trop difficile à faire.

D : *Parfois ça simplifie votre tâche, si vous utilisez un animal pour vous aider.*

B : Oui... Mais quel impact cela aurait-il sur la chasse ?

D : *Que voulez-vous dire ?*

B : Eh bien si on domestique les animaux et qu'on les utilise pour nous aider, alors que va-t-on chasser ? Que va-t-on manger ?

D : *Mais vous ne les domestiqueriez pas tous, juste quelques-uns.*

B : Oh.

D : *Les bœufs sont déjà domestiqués, n'est-ce pas ?*

B : Eh bien, il faut les entraîner quand ils sont jeunes. Mais oui, ils ne sont pas comme les bêtes sauvages.

D : *Sont-ils difficiles à domestiquer ?*

B : Pas si vous savez vous y prendre, mais je ne sais pas le faire. Je suis le chasseur.

J'essayai de trouver d'autres animaux domestiques qu'ils pourraient posséder.

D : *Connaissez-vous les poules ? (Il fit non de la tête) C'est une sorte d'oiseau domestique élevé pour sa viande et dont certains mangent les œufs.*

B : Les œufs des oiseaux sont si petits. Pourquoi les manger ?

D : *Mangez-vous des oiseaux ?*

B : Pas souvent. Ils sont si petits, il n'y a pas beaucoup de viande.

D : *Dans certains endroits du monde, il y a des oiseaux plus grands, qui pondent de plus grands œufs. C'est pourquoi je me demandais si vous en aviez, là où vous vivez.*

B : Non, juste les oiseaux qui sont dans les arbres. Certains sont un tout petit peu plus grands que des faucons, mais nous ne les mangeons pas. Ils vivent en hauteur sur les rochers. Ils sont difficiles à attraper. Le cerf est plus facile à chasser quand vous avez besoin de viande.

D : *Et les gloutons ? (Il avait mentionné cet animal plus tôt).*

B : Les gloutons ne... Leur fourrure est utile mais leur viande n'est pas aussi bonne que celle du cerf. Mais quand on a besoin de viande, on a besoin de viande.

D : *Peu importe d'où elle provient.*

B : Oui. Le cerf est meilleur. L'ours est bon.
D : Y a-t-il d'autres animaux que vous tuez pour leur viande ?
B : Ah, un petit animal. Je ne suis pas sûr de son nom. Il y a de longues oreilles étroites et porte une fourrure. Il a un puissant arrière-train. Il a tendance à bondir ou sauter au lieu de marcher. Il a une petite queue avec beaucoup de poils dessus. Ils sont petits mais leur viande est bonne.

Il était évident que ceci ne sortait pas de l'esprit de Beth, parce qu'elle aurait certainement identifié un lapin.

D : *Oh oui. J'en ai vu. Ils sont bons mais ne permettent pas de nourrir beaucoup de personnes.*
B : En général c'est moi qui en mange, quand je chasse. Nous mangeons tout ce que nous trouvons, mais principalement du cerf et de l'ours.
D : *Est-ce qu'il arrive que certains de ces animaux descendent au village et attaquent les habitants ?*
B : Parfois au printemps quand les ours se réveillent en premier et qu'ils ont faim, ils vont errer. Mais les ours ne sont pas dangereux. Ils aiment les baies plus que tout autre chose. Si vous restez en harmonie avec la Terre, alors vous êtes en harmonie avec les animaux et les animaux avec vous. Et ils ne viennent pas, puisqu'ils savent que vous êtes en harmonie et qu'il n'y a rien pour eux ici.
D : *Mais vous avez dit auparavant que votre peuple bâtissait des petits abris en hauteur dans les maisons pour que les enfants puissent dormir et pour maintenir les animaux à l'extérieur.*
B : Il s'agit souvent de l'ours. S'il y a une porte ouverte et que l'ours sent quelque chose qu'il aime, comme des baies ou autre, il va entrer pour les trouver. Les ours sont toujours affamés.
D : *Est-ce que les ours sont grands ?*
B : Bah, ils sont de la taille des ours.
D : *(Rires) Aussi grands que vous ?*
B : Quand ils se tiennent sur leurs pattes arrières, ils sont plus grands que moi. Quand ils sont sur leurs quatre pattes, ils m'arrivent environ ici (à la taille). Mais les ours sont gentils. Si vous savez comment les traiter, vous n'avez pas à vous en inquiéter.
D : *Vous mangez les ours ?*

B : Oui. Particulièrement en hiver. Il faut les préparer avec soin, bien sûr, mais globalement l'ours est un animal propre. Et la peau des ours est très pratique pour fabriquer des objets.

D : *J'ai entendu parler d'animaux qui dorment durant l'hiver.*

B : C'est vrai. On en voit parfois, mais rarement.

D : *Est-ce la raison pour laquelle il est difficile de trouver de la viande en hiver ?*

B : Oui. Mais il y a une autre raison, c'est que personne n'a envie de sortir. Il fait trop froid.

D : *Y a-t-il beaucoup d'animaux rampants ?*

B : Principalement en bas, à la rivière, mais on ne les voit qu'en plein été. Dans l'eau, parfois sur les berges, on trouve des anguilles, des salamandres, ou des animaux de ce genre.

D : *Avez-vous ce qu'on appelle des « serpents » ?*

B : Oui, en général ils sont noirs.

D : *Y en a-t-il qui blessent les habitants ?*

B : Quand vous êtes en harmonie avec la Terre, vous n'avez pas à vous en soucier.

Toutes ces réponses autour de l'harmonie commençaient à sonner comme un vieux disque rayé.

D : *Mais ce que je me demande, c'est s'ils vous blessent en vous mordant ?*

B : Une espèce, en effet, celle qui fait du bruit avec sa queue. Mais généralement il n'y en a pas beaucoup. Et quand il commence à faire froid, ils peuvent difficilement bouger.

D : *Mais ça ne vous inquiète pas, même si vous courez à proximité pieds nus ?*

B : Ils sont si petits et ils ne bougent pas très vite. Ils sont vraiment inoffensifs.

D : *Tortue. Connaissez-vous ce mot ? Elles ont une carapace rigide ?*

B : Oh oui. C'est celle qui transporte sa maison avec elle.

D : *(Je ris à sa définition). Mangez-vous des tortues ?*

B : Non.

D : *Y a-t-il ce que j'appellerais des loups ?*

B : Oui. Ce sont de grands animaux, généralement qui nous arrivent à la hauteur de la taille. Ils ont des épaules puissantes. Je ne leur crée pas d'histoires. (Soit les loups étaient grands, soit les habitants étaient petits.) Ils se nourrissent des cerfs les plus faibles ou autres, en hiver.

D : *Avez-vous déjà eu à manger des loups ?*

B : Non, pas depuis que je suis chasseur.

D : *Quel type de taches possèdent-t-ils ?*

B : Ils sont généralement marron, avec des marques plus foncées le long de leur queue et en travers des épaules. D'autres accentuent leur visage et le bout de leurs oreilles. Sauf en hiver, ils sont blancs en hiver.

D : *Vous avez mentionné un sanglier une fois.*

B : Oui. Nous les trouvons dans les bois. (Avec dégoût) Le sanglier est bête et laid, bien qu'il chante aussi le chant de la terre. Il nous arrive en général juste au-dessus du genou. Il a le poil piquant et une courte queue. Des oreilles qui ressemblent à une sorte de cuillère, et des petits yeux rouges. Et ses deux dents du bas dépassent généralement de son museau.

D : *Hmm. Sont-ils dangereux ?*

B : (Avec insistance) Oui ! Ils ont un sale caractère. Mais vous pouvez les entendre et les sentir, donc ils sont faciles à éviter. On peut les manger, leur viande est très goûteuse, mais il faut la cuisiner prudemment. Les légendes disent que si vous ne la cuisez pas avec attention, elle peut interrompre le chant de votre corps et produire une disharmonie.

D : *Je me demande pourquoi la viande d'un animal serait différente de celle des autres ?*

B : La plupart des animaux mangent soit des plantes soit d'autres animaux, et nous mangeons les animaux qui mangent les plantes. Mais le sanglier mange des deux sans se soucier. Il mange n'importe quoi. C'est pour ça qu'on dit que sa viande doit être préparée avec précaution, tout comme celle des autres animaux carnivores. Ils doivent aussi être préparés avec attention. Ils n'ont pas aussi bon goût. Je ne suis pas sûr de savoir pourquoi. Les légendes nous aident.

D : *Avez-vous déjà mangé de la viande de mouton ?*

B : Oh oui. C'est de la bonne viande. Les animaux herbivores produisent la meilleure viande. La viande des carnivores est trop forte. Elle peut s'abîmer facilement.

D : *Elle se gâte en d'autres mots ?*

B : Elle se gâte ?

D : C'est un mot que j'utilise. Ça signifie s'abîmer.
B : Oui, certains animaux, même s'ils sont fraîchement tués, ont le goût de viande qui s'est abîmée.
D : Quels animaux sont ces carnivores ?
B : Il y en a différentes sortes. Les animaux avec les griffes qui se rétractent. Nous n'en mangeons pas.

Ses remarques concernant leurs habitudes liées à la viande me semblaient étranges, jusqu'à ce que je commence à réfléchir aux nôtres. Nous ne mangeons aussi que des animaux herbivores. Il y a aussi, à notre époque, certains types de viandes qui doivent être préparées avec précaution : le porc, par exemple. S'il n'est pas correctement cuit, il peut causer de graves maladies. Je n'y avais jamais pensé auparavant. Peut-être qu'il y a une raison de santé pour laquelle nous ne mangeons pas d'animaux carnivores. Cela correspond aussi aux lois alimentaires mentionnées dans la Bible. J'ai toujours pensé que c'était la raison pour laquelle on interdisait aux juifs de manger du porc. Ces dangers sont connus depuis la nuit des temps, mais les raisons auraient été trop compliquées à expliquer au peuple avant la découverte des bactéries et des microbes. C'était plus simple de dire aux gens que la viande de certains animaux était impure et d'en interdire la consommation.

D : Je me souviens de la fois où vous m'avez parlé d'un étrange animal, que vous avez tué. Vous avez dit que sa viande était comestible, n'est-ce pas ?
B : Elle avait un goût particulier. Nous l'avons cuisiné avec beaucoup d'attention. Nous ne savions pas si c'était un mangeur de plante ou d'animal. Nous avons préféré supposer que c'était un carnivore, pour notre sécurité. Nous l'avons cuisiné avec précaution et personne n'est mort après en avoir mangé. Il avait juste un goût très particulier. On ne pouvait pas dire s'il s'agissait de la viande d'un animal qui marchait ou qui rampait. Certains animaux, qui rampent au lieu de marcher, ont des goûts différents. Mais les animaux qui marchent sur leurs quatre pattes ont le goût qu'ils ont. Et avec cet animal, on ne pouvait pas dire si c'était un marcheur, un rampant, ou un nageur.

D : *Quand vous avez trouvé cet animal, étiez-vous guidé vers lui par le même sentiment dans votre tête que celui que vous m'avez décrit un jour ?*
B : Oui en effet. Mais les sentiments étaient différents cette fois. Au lieu de se trouver là comme ça (au milieu de son front), ils semblaient se trouver plutôt là (il montra ses tempes au lieu du centre). Et je savais que ce serait probablement une sorte d'animal différent, mais je pensais pouvoir le reconnaître. Je fus surpris de ne pas savoir ce que c'était.
D : *Avez-vous déjà vu un autre animal de cette espèce depuis ?*
B : Jamais.
D : *Vous avez eu de la chance qu'il ne soit pas en colère. Vous avez dit qu'il avait des griffes et des crocs impressionnants.*
B : Eh bien, j'étais calme et harmonieux. Il ne savait pas que j'étais à proximité.
D : *J'ai parfois entendu parler d'animaux déformés. Ils viennent d'une étrange association, il n'y en a qu'un de cette sorte. Voyez-vous de quoi je parle ?*
B : Oui, comme le fermier avec ses chèvres. Un jour, un des agneaux est né avec une jambe mal formée. J'ai parfois vu des bizarreries sur certains animaux, mais on peut toujours reconnaître l'animal. Même s'il a deux parents différents, on peut toujours dire quels sont les parents. Un jour j'en ai vu un parmi les créatures de montagne... L'une de ces créatures carnivores avec les griffes qui peuvent se rétracter si besoin. Ils ont généralement des yeux jaunes, de petites oreilles et une longue queue.
D : *Oui, je pense connaître cet animal.*

Il était évident qu'il mentionnait une sorte de félin.

B : Il en existe deux sortes différentes et un jour j'en ai vu un qui était la combinaison des deux, donc j'ai su que ses parents appartenaient à chacune des deux espèces.
D : *À quoi ressemblent ces deux espèces ?*
B : L'une des espèces est tachetée, couleur fauve. Comment puis-je la décrire ? C'est une couleur un peu dorée, avec du brun doré plus foncé sur sa queue, où les couleurs se mêlent. Et parfois il a des oreilles plus foncées. Il m'arrive à peu près aux genoux et il est long et très gracieux. L'autre espèce a une apparence différente.

Ils sont généralement gris bleuté. Ils deviennent blancs en hiver. Parfois on peut en voir un quasiment noir, mais généralement ils sont gris.

D : *Sont-ils aussi grands que ceux de l'autre espèce ?*

B : Plus compacts, plus gros. Peut-être un tout petit peu plus grands et pas aussi longs, mais ils sont tout aussi gracieux. Ils semblent plus puissamment musclés. Les dorés ont des muscles fins qui leur donnent cette allure particulière. Les gris sont plus trapus. Ils sont gracieux aussi, mais d'une manière plus massive.

D : *Ils ne sont pas aussi grands qu'un cerf ?*

B : Non, ils ne sont pas aussi grands qu'un cerf, mais ils sont bien assez forts pour en mettre un à terre.

D : *Comment avez-vous su que cet animal était un mélange des deux espèces ?*

B : Grâce à ce que j'ai vu ; il arrivait seulement à hauteur de genoux et avait un corps élancé. Il avait une fourrure grise, mais parsemée de tâches argentées. Ça, et sa queue qui devenait graduellement noire. Ces détails m'ont indiqué qu'il s'agissait d'une combinaison des deux, parce qu'il avait l'ossature de l'un et la couleur typique de l'autre, avec les tâches du premier.

D : *Je vois. Est-ce que vous tuez parfois ces animaux pour les manger ?*

B : Seulement en hiver si on en a besoin. Il n'y en a pas autant que de cerfs. J'ai peur que si je les tue, les cerfs deviennent trop nombreux et qu'ils meurent de faim.

D : *Oui, laisser la nature faire les choses.*

B : Être en harmonie.

D : *Je pensais que peut-être l'étrange animal que vous avez vu, avec la corne au centre de sa tête, pouvait être lui aussi une sorte de bizarrerie, une nouvelle combinaison.*

B : Non. Pardonnez-moi, s'il vous plaît, mais non. J'y ai pensé, mais je n'ai pas pu trouver la moindre combinaison parmi les animaux que je connais qui permettrait de créer celui-ci. Et de plus, avec ce sentiment dans ma tête qui était différent, l'animal n'était pas en harmonie avec la Terre. Je pense que peut-être l'animal… Eh bien, il y a une légende qui dit que cette Terre n'est pas la seule. Il y en a plusieurs, ici même, et parfois nous pouvons passer de l'une à l'autre sans même le savoir. Et j'ai le sentiment qu'en ce jour d'hiver, où il faisait nuit noire, je suis allé par inadvertance sur l'autre Terre où vivent ces animaux, parce que tout semblait différent. Le paysage était le même mais l'harmonie était différente. Même le vent chantait différemment. Mais j'avais besoin d'un animal pour le village. Puis, en rentrant au village, j'ai senti les choses changer à nouveau et tout est redevenu normal.

D : *Peut-être que ce fut possible parce que vous aviez besoin de viande.*

B : Peut-être oui. L'un des anciens du village pense que ceci se produit relativement souvent, sans que nous nous en rendions compte, car certaines Terres sont plus proches de la nôtre que d'autres.

D : *On ne sait jamais ; tout est possible. Peut-être que ce ne sont pas juste des légendes.*

B : Peut-être en effet. C'est ce que j'ai tendance à croire. Mais si je me balade en disant ça à n'importe qui, ils vont penser que mes promenades dans les bois m'affectent. Il est possible qu'ils le disent déjà dans tous les cas.

D : *(Rires) C'est vrai. Mais le sage a compris que c'était quelque chose de différent.*

B : Oui. Je ne l'avais jamais vu réagir de cette manière à une de mes chasses auparavant.

D : *C'était donc quelque chose qu'aucun d'entre vous n'avait vu. Mais vos pressentiments semblent exacts. C'est possible.*

B : Vous êtes très diplomate.

J'avais accumulé de nombreuses connaissances concernant la vie de Tuin et son environnement. J'ai estimé qu'il était donc temps de présenter mes travaux à un professionnel. J'ai demandé à mon ami, Richard Quick, un zoologiste à la retraite, de lire mes notes et de me donner son avis. Voici ce qu'il écrivit :

Note sur « La légende tombée des étoiles »

En lisant le manuscrit, j'ai essayé de compiler toutes les caractéristiques concernant l'environnement et la culture, telles que rapportées par le sujet. Ces caractéristiques pourraient ensuite être utilisées pour essayer de déterminer la période historique de ces événements et peut-être aussi, par élimination, la localisation géographique.

J'ai trouvé les points suivants évoquant la culture du peuple en question : l'agriculture était présente, intégrant l'utilisation des céréales, ainsi que des légumes, des racines, du blé, des haricots et des herbes. Les pêches, les abricots et les glands étaient cueillis dans les arbres. Du pain était fabriqué à partir des grains. Les cultures étaient plantées avant le 21 mars et les champs étaient labourés.

Le peuple fabriquait des pots en argile, tissait et possédait un langage écrit. L'unique métal utilisé provenait d'un temps plus ancien.

Leurs maisons étaient en bois avec un toit végétal, des fenêtres et des volets, et le village possédait une auberge avec une enseigne au-dessus de la porte.

En ce qui concerne les animaux domestiques, ils ne possédaient pas de chiens, mais ils connaissaient les moutons, les bœufs (attelés) et les chèvres.

Concernant la biodiversité, ils connaissaient les abeilles, les moustiques, les cerfs, les gloutons, les sangliers, les ours (pas les Grizzlis), les écureuils, les écureuils volants, deux sortes de félins, et un loup qui changeait de couleur en fonction des saisons*, les tortues, les salamandres, les anguilles et les grenouilles. Les corbeaux, les cygnes et les merles bleus furent aussi mentionnés. Le sujet a correctement catégorisé les abeilles comme étant des « animaux ».

Parmi les arbres environnants, on trouvait des chênes, des pins (deux sortes), des noyers blancs, des épicéas et des cèdres.

Leurs vêtements consistaient en des pantalons en laine, un tissu entourant leur taille, une veste en cuir, une casquette en cuir avec un bord, une chemise qui s'entourait, et des amulettes. Ils étaient familiers de l'or et des pierres.

Ils dormaient dans des lits à pieds et sur des peaux de cerfs tendues. Ils utilisaient des tables et des bancs.

Les sommets des montagnes alentours étaient couverts de neige éternelle. Pendant la plus longue journée de l'année, la nuit n'était que crépuscule.

Il semblait évident que le groupe vivait dans l'hémisphère nord. Les nombreux éléments, qui ne semblent pas concorder avec ce que nous connaissons de la culture des Natifs du nord-ouest de l'Amérique du Nord, peuvent s'expliquer par l'influence des voyageurs de l'espace dans un passé lointain : les animaux domestiques, le langage écrit, les lits, la culture des céréales et l'utilisation du métal.

L'étrange animal avec une corne, mentionné dans le texte, n'a aucun équivalent connu dans le monde biologique connu à ce jour.

(*Richard Quick, 1er novembre 1988*)

Chapitre 9
Les histoires pour enfants

D : Il me semble que vous m'avez dit une fois que les étoiles jouent un rôle important dans votre culture, dans votre vie. Est-ce que le sage est l'unique personne à savoir observer les étoiles ?
B : En fait, tout le monde connaît la forme des étoiles et leur nom. Le sage nous raconte des choses concernant les étoiles qui semblent a priori n'avoir aucun sens. Mais il dit que les Anciens avaient connaissance de ces choses grâce à leurs yeux magiques. Il dit par exemple que les étoiles ont toutes des couleurs différentes comme les fleurs des champs. Il est vrai en effet que certaines sont rouges, mais assez peu. La plupart d'entre elles sont de couleur blanc bleuté. Mais il dit qu'elles sont de couleurs différentes et je suppose qu'il dit vrai. Il raconte parfois que tout comme la Terre, les étoiles ont des nuages au-dessus d'elles ; les Anciens disaient que c'est ce qui cause les éclairs et les orages. Le soleil créerait des nuages à sa surface et, de ce fait, la Mère Terre formerait elle aussi des nuages par sympathie, et cela créerait les orages. Je n'ai jamais vu de nuages sur le soleil. Je pense qu'il fait trop chaud pour qu'il y ait des nuages là-bas.
D : Il semblerait pourtant. Est-ce que c'est ce qu'il veut dire ? Le soleil formerait des nuages ?
B : Eh bien, il y avait peut-être un autre mot pour ça, mais aujourd'hui il les compare à des nuages. Les légendes disent que ça assombrit une partie du soleil.
D : C'est difficile de voir le soleil assez précisément pour dire ces choses. Et ainsi, ce serait ce qui engendre la pluie sur Terre ?
B : Pas toujours, juste quand ça se produit sur le soleil. Ça se produit assez rarement. Mais quand cela arrive, alors oui, cela cause de la pluie sur la Terre aussi. Le sage dit que c'est ce que les Anciens disaient.
D : Que disaient-ils d'autre concernant les étoiles ?
B : Eh bien, vous savez, quand vous regardez le ciel, les choses bougent dans le ciel et le traversent. Quand elles passent sous

l'horizon, elles continuent à bouger même si on ne peut plus les voir et ainsi elles tournent autour de la Terre Mère. C'est ce que l'on perçoit quand on regarde le ciel. Mais le sage dit que ce n'est pas ainsi. Il dit que c'est la Terre Mère qui tourne en réalité autour du soleil. Et qu'il y a aussi d'autres Terres Mères qui tournent autour d'autres étoiles, mais qu'on ne peut pas les voir. Mais je ne suis pas d'accord avec le sage sur ce point. Je sais ce que je vois. Et je peux voir les choses tourner autour de la Terre Mère, suivant le cycle des saisons.

D : *Voyaient-ils autre chose avec leurs yeux magiques ?*

B : Eh bien, il y a les étoiles itinérantes : le soleil, la lune et trois ou quatre autres. Ça dépend du temps et du nombre que l'on peut observer. Les autres étoiles restent à la même place et elles tournent avec les saisons en formant un ensemble, mais les étoiles itinérantes, vous pouvez les voir bouger jour après jour. Une étoile itinérante traverse le ciel et change de position par rapport aux autres étoiles. Le sage dit qu'avec leurs yeux magiques, les Anciens pouvaient voir d'autres étoiles itinérantes que nous ne pouvons pas observer.

D : *Pouvaient-ils expliquer pourquoi ces étoiles erraient ainsi ?*

B : Je ne suis pas certain. Je crois avoir entendu le sage dire une fois qu'il y avait d'autres Terres Mères, comme notre Terre Mère, qui tournaient autour du soleil. Je ne sais pas. Elles sont trop éloignées pour voir si elles sont comme la nôtre ou non.

D : *Est-ce que les Anciens ont laissé d'autres légendes ou d'autres informations concernant les étoiles dans le ciel ?*

B : Oui, il y a différentes légendes à propos des étoiles. La légende la plus commune rapporte que les étoiles sont comme notre soleil, mais elles sont très éloignées. C'est comme lorsqu'on allume un feu et qu'on s'en éloigne, il devient plus petit. On dit que quand l'univers a entamé son chant et que les étoiles ont entamé leur chant, une partie de ce chant servait à créer d'autres Terres, comme cette Terre avec le soleil. Et donc le sage raconte, pour aller plus loin, que s'il y a des planètes qui chantent là-bas, il doit y avoir des peuples sur ces planètes en harmonie avec elles, puisque les Anciens sont arrivés ici. C'est une légende. C'est cohérent dans un sens, mais je ne comprends pas comment ça pourrait être ainsi.

D : *Qu'est-ce que vous ne comprenez pas ?*

B : Eh bien, le peuple est ici. Les étoiles sont dans le ciel. Je ne peux pas comprendre comment on pourrait aller de là-bas à ici ou d'ici à là-bas. Je ne peux pas comprendre comment ça pourrait être ainsi. Mais les étoiles sont en harmonie avec la Terre et tout est en harmonie.

D : *Ce serait difficile à imaginer. Une sorte de magie, peut-être. Mais bon, les légendes ne sont que des histoires intéressantes, pas vrai?*

B : Les légendes sont les connaissances anciennes.

D : *Est-ce que le sage sait comment observer les étoiles et lire des choses à partir de leurs positions ? (Je pensais à l'astrologie.)*

B : Tout le monde sait observer les étoiles. Que voulez-vous dire ?

D : *Eh bien, quelles informations obtenez-vous en les regardant ?*

B : En les combinant à la lune, les paysans peuvent déterminer quand planter et quand récolter. Les étoiles disent beaucoup de choses. Elles permettent de dire quand les festivals auront lieu. Le soleil, puisqu'il danse à travers les étoiles, nous permet de repérer le passage des saisons.

D : *Mais les autres étoiles, celles qui forment des ensembles, sont dans des parties différentes du ciel en fonction des saisons. Y a-t-il des étoiles ou des groupes d'étoiles en particulier que vous observez pour repérer les saisons ?*

En vérifiant la position de certaines étoiles connues, il serait peut-être possible de déterminer l'endroit où vivait ce peuple.

B : On regarde leur position par rapport aux montagnes autour du village. C'est ainsi qu'on se repère. Aussi, certaines étoiles apparaissent à certaines saisons puis s'en vont, ou en fonction de la légende à laquelle vous vous attachez, vont dormir pendant les autres saisons.

D : *Y a-t-il des étoiles dans le ciel qui se détachent plus que les autres? Qui sont plus remarquables ?*

B : Les étoiles suivent un grand cercle et il y a un point dans le ciel qui semble en être le centre.

D : *Y a-t-il une étoile plus lumineuse que les autres ?*

B : (Il hésita, comme pensif.) Il y a différentes luminosités. Différentes formes. C'est comme regarder les nuages et y voir des formes. On peut voir des formes en fonction de la manière dont les étoiles sont positionnées.

D : *Possédez-vous des noms pour ces groupes d'étoiles que vous observez tout le temps ?*
B : Non. Le sage possède des noms, mais généralement nous utilisons juste les descriptions et tout le monde sait desquels nous parlons.
D : *Quels types de descriptions ?*
B : Il y a les sept joyaux. On dit que les Anciens viennent de là. (Il fit un sourire en coin. Le ton de sa voix était sceptique.) Eh bien, en tout cas, on dit que les Anciens pensaient que ce groupe particulier d'étoiles était important. Il y en a sept, très proches les unes des autres, formant une petite tasse. Certains s'y réfèrent en parlant des sept joyaux, mais je trouve que ça ressemble plus à une tasse. Il y a trois formes de récipients dans le ciel. Il y a une grande tasse avec un long manche, et une plus petite avec un long manche. Et il y a cette petite tasse, celle qui était importante pour les Anciens.
D : *Sept petites étoiles agglutinées... (Il mentionnait évidemment les Pléiades.) Dans quelle direction se trouvent-elles quand vous regardez le ciel ?*
B : Ça dépend du moment de l'année. Elles voyagent en formant un grand cercle.
D : *D'accord, admettons que ce soit l'été.*
B : (Pause) En été, elles se trouvent... Quasiment exactement au-dessus de nos têtes.
D : *Je me demande pourquoi ce petit amas d'étoiles était important pour les Anciens ?*
B : Je ne sais pas. Le sage le saurait. Et puis il y a... Laissez-moi réfléchir, je ne mentionne jamais leur nom. Je les connais parce que je les observe mais je n'ai pas l'habitude de les nommer. Je vais devoir réfléchir une minute. Il y en a une, enfin un groupe d'étoiles devrais-je dire, qui se nomme l'oiseau. Il y a un autre groupement qui se nomme le poisson, parce qu'il semble sortir de la rivière d'étoiles qui court à travers le ciel.
D : *Oh, il y a quelque chose qui ressemble à une rivière d'étoiles ?*
B : Oui. Elles forment un bandeau qui traverse le ciel. (La Voie Lactée évidemment.)
D : *Est-ce que le poisson est présent dans le ciel à une période particulière de l'année ?*
B : À l'automne. On voit aussi un chasseur, il a blessé un animal et l'animal est à ses pieds. Et il est en train de tuer l'animal. Il possède aussi un carquois de flèche à sa ceinture.

D : Oui, je pense que j'ai vu ce groupe d'étoiles. (Orion a priori.) Je pense que nous voyons probablement le même ciel.

B : On dirait bien, en effet.

D : Donc vous regardez ces étoiles et quand elles sont à certaines positions, vous savez quand viendra l'été ou l'hiver. C'est bien ça?

B : C'est ça. Mais bien sûr, chacun connaît aussi le nombre de lunaisons. Les paysans en particulier doivent savoir quand les saisons débutent.

D : *Vous avez déjà décrit les casseroles.*

B : (Elle sembla confuse.) Casseroles ?

D : *L'avez-vous appelé comme ça ? Ou une grande cuillère ?*

B : Une cuillère ? (Pause) Il y a les deux qui ressemblent à des tasses avec des manches. Ces deux groupements d'étoiles me font aussi penser à un animal, comme un ours. Ah… Il y a le grand ours et le petit ours.

D : *Oui, ce doit être celles auxquelles je pense. Mais elles ont de longues queues, n'est-ce pas ?*

B : Eh bien, auparavant, les ours avaient de longues queues. C'est ce que dit la légende. Certains aujourd'hui n'ont plus qu'un morceau de queue, mais les légendes disent qu'ils avaient des queues magnifiques. Et qu'ils « se vantaient » en quelque sorte de leur queue. Il y a différentes légendes, différentes histoires qui racontent ce qui s'est produit. L'une d'elle raconte que pendant un hiver, un ours souhaitait manger du poisson. Il fit donc un trou dans la glace, ou plus exactement un renard fit un trou dans la glace. Le renard a une queue splendide, vous savez. Il en avait assez de voir l'ours posséder une si belle queue et s'en vanter tout le temps. Il saisit donc un large bâton et donna un coup sur la glace. Il dit à l'ours, « Tiens, tiens, je sais que tu as envie de poisson. Je sais comment tu peux attraper un poisson. » L'ours demanda, « Comment ?» Le renard lui répondit, « Mets-toi là, et enfonce ta queue dans ce trou de glace, et quand un poisson passera il te mordra la queue et tu pourras le tirer hors de l'eau. » Et l'ours répondit, « Très bien, ça me semble être une bonne idée. » C'était un ours idiot. Et il s'assit donc sur la glace, et pendant qu'il attendait, la glace gela. Pendant ce temps le renard s'en était allé et l'ours en eut assez d'attendre qu'un poisson vienne mordre sa queue. Il essaya de se lever et perdit sa queue.

D : *(Rires) Ça ressemble à une histoire pour enfants.*
B : C'en est une.
D : *Vous en avez d'autres comme celle-ci ?*
B : Oh oui. Il y en a une autre à propos d'un ours qui aimait tellement le miel qu'il aurait fait n'importe quoi pour en avoir. N'importe quoi pour avoir du miel. Un jour, il trouva une ruche dans un arbre. Il essaya et essaya, mais ne parvint pas à passer sa patte dans le trou pour récolter le miel. Mais sa queue, elle, pouvait entrer dans le trou. Alors il enfonça sa queue à l'intérieur pour obtenir du miel, puis la retira et lécha le miel. Mais les abeilles se mirent en colère. Elles réalisèrent que quelqu'un volait leur miel. Ainsi, lorsqu'il enfonça sa queue dans le trou une nouvelle fois, elles commencèrent à la piquer et elle enfla. Quand il tenta de s'enfuir, sa queue resta dans l'arbre.
D : *(Rires) Deux histoires différentes pour raconter comment l'ours a perdu sa queue… Je parie que les enfants adorent ces histoires. Racontez-m'en une autre. Pas nécessairement concernant les ours mais une autre histoire de ce genre.*
B : (Pause) Savez-vous comment les grenouilles sont apparues ?
D : *Non. Dites-moi.*
B : À une époque, il y avait un oiseau magnifique, une sorte de cygne. Un oiseau qui volait mais qui pouvait aussi nager sur l'eau. Et cet oiseau vit un poisson magnifique. Habituellement, cet oiseau se nourrissait de poissons. Mais ce poisson était si beau qu'il en tomba amoureux. Et le poisson vit combien l'oiseau était splendide, et il est en tomba amoureux. L'oiseau venait et nageait sur l'eau. Chaque jour il se posait là, nageant, et le poisson nageait en dessous et ils parlaient et passaient du temps ensemble. Puis ils décidèrent qu'ils voulaient rester ensemble pour le reste de leur vie. Ils se dirent, « Mais nous ne pouvons pas construire une maison ensemble. Toi, oiseau, tu voles dans les airs. Et moi, poisson, je nage dans les eaux. Nous devrons continuer à nous rencontrer comme ça. Mais nous essaierons d'avoir des enfants. » Et ils eurent des enfants. Ils pondirent des œufs, qui une fois éclos donnèrent naissance à une espèce qui était un mélange des deux. Les enfants pouvaient respirer dans l'air ou dans l'eau, comme leurs deux parents. Ils pouvaient nager comme le poisson. Et parallèlement, ils souhaitaient voler mais ils n'avaient pas d'ailes. Ainsi ils continuèrent à sauter et à sauter, essayant de s'envoler.

D : *(Rires) De cette manière, ils pouvaient aussi vivre sur la terre ferme. Je n'avais jamais envisagé les choses sous cet angle. Ce sont des histoires intéressantes.*
B : Oui, elles aident à passer les soirées d'hiver.
D : *Est-ce que ces histoires ont traversé de nombreuses générations ?*
B : Je suppose. Je me souviens les avoir entendues quand j'étais enfant.
D : *Y en a-t-il d'autres du même genre ?*
B : Laissez-moi réfléchir.
D : *Elles concernent principalement les animaux, n'est-ce pas ?*
B : Oh oui, oui... Il y a un oiseau noir, particulièrement bruyant. Il n'a de cesse de jacter et de gronder dès qu'il vous voit et jusqu'à ce que vous soyez hors de sa vue. Puis il continue à jacasser pendant un moment. Voici ce qui s'est passé : il y a de nombreuses et de nombreuses saisons, vivait un homme qui était bon. Mais il avait cette compagne, qui vivait avec lui. Elle le critiquait constamment, et le réprimandait de faire ci et de faire ça. C'était vraiment un brave homme. Il travaillait dur, cependant elle n'était jamais satisfaite de ce qu'il faisait. Elle avait un nez pointu et elle le fronçait en disant, « Tu ne fais pas ci et tu ne fais pas ça. » Cet homme était vraiment dans une situation fâcheuse. Ainsi, un jour, il finit par sortir dans les bois et il entonna un chant pour ses esprits guides. Il chanta très sincèrement la vie qu'il avait à la maison. Il ne se plaignait pas ; il disait juste que c'était difficile. Un esprit dit, « Nous devons faire quelque chose pour lui. C'est un homme gentil. » Ils décidèrent donc, « Nous allons faire changer sa femme. » Ils souhaitaient un changement positif et ils firent changer cette femme. Elle était censée devenir une bonne épouse, ne plus l'embêter autant et ne plus parler autant. Mais elle était si tenace et critique que le changement ne s'opéra pas correctement. Elle commença à faire de plus en plus de réflexions, et de manière plus virulente. Elle le fit tant et tant qu'elle cessa de manger, parce qu'elle passait ses journées à le critiquer sans cesse. Alors elle commença à rapetisser car elle ne mangeait plus. Et comme elle rapetissait, ses cheveux prenaient de plus en plus de place sur son corps, car elle avait beaucoup de cheveux. À tel point que ses cheveux couvrirent son corps et se changèrent en plumes. Et elle s'envola, le critiquant tout au long du chemin.

D : *(Rires) Ils la transformèrent en oiseau. J'adore les histoires que vous racontez.*
B : Merci. Vous êtes comme un enfant. Vous posez des questions.
D : *(Rires) Pouvez-vous penser à une autre légende concernant les animaux ?*
B : Beaucoup, beaucoup… (Je ris.) Presque toutes les légendes impliquent les animaux.
D : *En avez-vous une préférée ?*
B : Laissez-moi réfléchir. (Pause) Avez-vous entendu parler de l'écureuil qui voulait être un oiseau ? Il adorait regarder les oiseaux voler et il était si jaloux car tout ce qu'il souhaitait, c'était voler. La seule chose qu'il pouvait faire était de grimper aux arbres comme n'importe quel autre écureuil. Il courrait jusqu'aux extrémités des branches et sautait, écartant ses bras et ses jambes, avançait, dégringolait et s'écrasait sur le sol. Sa mère, son père, sa famille et ses amis ne cessaient de lui dire qu'il était stupide, mais il n'écoutait pas. Finalement, une nuit, il alla se coucher et l'esprit de l'arbre se présenta à lui et dit, « Tu veux voler, n'est-ce pas ? » Et l'écureuil répondit, « Oui, plus que toute autre chose. » Alors l'esprit de l'arbre lui dit, « Très bien, tu n'as pas peur de ne plus ressembler aux autres ? » Et l'écureuil lui répondit, « Non, ça m'est égal. J'ai déjà l'air différent de toute façon parce que je passe mon temps à m'écraser au sol, ce qu'aucun écureuil digne de ce nom ne doit faire. » Et l'arbre lui dit, « Au matin quand tu te réveilleras, tu pourras voler. Cours jusqu'au bout d'une branche et saute comme tu le fais d'habitude. Étends tes bras et tes jambes comme tu le fais d'habitude, et tu verras ce qui se produit. » Alors le matin suivant, l'écureuil se réveilla et sans prendre le temps d'observer et de regarder ce qui se passait, il courut immédiatement à l'extrémité d'une branche et sauta. Il écarta ses bras et ses jambes comme il le faisait habituellement. Mais au lieu de tomber directement au sol, il se mit à planer et parvint à atteindre l'arbre suivant. Il fut si surpris qu'il s'écrasa contre l'arbre. Et il baissa les yeux pour voir pourquoi il était subitement capable de voler. Il avait désormais des morceaux de peau entre les bras et les jambes. Et c'est ainsi que naquit l'écureuil volant.
D : *Oh, j'adore cette histoire. (Rires) Je parie que les enfants adorent celle-ci.*

B : Oui. On raconte généralement cette histoire quand on récolte les glands.

D : *En avez-vous une autre préférée ?*

B : Je n'en trouve aucune immédiatement. Mais il y en a tant.

D : *J'adore ces histoires. Il y a beaucoup d'animaux étranges où vous vivez.*

B : Oh, les animaux sont les animaux. En quoi est-ce étrange ?

D : *Ils ne vous semblent pas étranges parce que vous les voyez tout le temps.*

B : Oui. Ils sont seulement étranges pour les enfants qui posent beaucoup de questions.

D : *(Je me mis à rire car je me rendis compte qu'il se moquait de moi.) Vous dites que quand les Anciens sont arrivés, certains animaux leur paraissaient étranges aussi, n'est-ce pas ?*

B : C'est ce qu'on dit.

D : *Est-ce que les Anciens possédaient des légendes concernant les animaux originaires du lieu d'où ils venaient ?*

B : On dit qu'ils en avaient, mais ces légendes n'ont pas survécu. Les connaissances ont été perdues petit à petit lorsqu'un sage mourait accidentellement par exemple, tombait malade ou quelque chose comme ça, avant d'avoir eu la chance de transmettre tout ce qu'il savait. Ça a dû se produire car il y a beaucoup de parties manquantes dans les légendes. Mais c'est la vie.

Chapitre 10
Les Légendes de la Création

B : C'est au travers des légendes que nous parvenons à conserver l'identité de notre peuple. Nous transmettons aux enfants la sagesse de nos ancêtres et les choses que nous avons découvertes. Nous les racontons sous forme de légendes pour les aider à apprendre ces choses plus facilement.

D : *Possédez-vous des légendes concernant la formation de la Terre, et comment tout a commencé au début des temps ?*

B : Oui. Il y a des légendes concernant le commencement. Et je suppose qu'on pourrait dire qu'il y a deux ou trois histoires différentes. Si on les regarde juste comme ça, elles semblent parfois être en contradiction les unes avec les autres. Mais si on garde à l'esprit ce que l'on sait des Anciens et des choses miraculeuses qu'ils pouvaient faire, alors elles prennent du sens.

D : *Vous m'avez raconté comment votre peuple était né. Pouvez-vous me raconter ces récits qui disent comment tout a commencé ?*

B : L'une de ces histoires est nommée « histoire de la création ». Mais je pense personnellement qu'elle est plus proche des légendes qui racontent comment les Anciens sont arrivés ici. C'est ce genre d'histoire, même si elle parle du commencement des temps.

D : *Pensez-vous qu'elles parlent de la même chose ?*

B : Oui, ou peut-être des temps situés entre le moment où toute chose fut créée et l'arrivée des Anciens. Je vais voir si je peux remettre mes pensées en ordre. Ça fait longtemps que je n'ai pas pensé à cette histoire et je veux vous la raconter correctement. Pour découvrir la vérité cachée des choses, il faut regarder ce qui vous entoure et voir comment les choses s'imbriquent entre elles. Par une nuit claire, quand vous regardez le ciel, vous voyez comme il est sombre et parsemé d'étoiles. Une légende dit que les étoiles existent vraiment ; qu'elles sont de vraies choses. Elles ne sont pas juste des points de lumière visibles. Et il y a un espace gigantesque inimaginable là-haut. On dit que les Anciens pouvaient traverser cet espace de la même manière que vous et moi pouvons traverser les bois à pied. Ce serait plus qu'extraordinaire. Ils pouvaient effectuer des distances incroyables à travers l'espace. Ils allaient habiter d'une étoile à une autre. Ils n'étaient pas uniquement limités au village dont ils venaient. Ils pouvaient vivre partout où ils le souhaitaient. Et on dit que lorsqu'ils s'approchèrent de notre soleil, le lieu où l'on vit leur apparut comme un joyau précieux suspendu dans le vide. Et que notre planète était ronde et belle. Ceci fait partie de ces choses que l'on doit juste accepter comme faisant partie de l'histoire. Je veux dire, je marche à travers les bois, et le sol me semble plat. Mais ils disaient que, quand on s'éloigne assez de la Terre, il s'avère qu'elle est ronde. C'est l'histoire dont je parlais qui se passe, je pense, entre les deux époques. Avant cette histoire, rien n'existait, tout était blanc. Vous savez juste comme avant que le soleil ne se lève et qu'il y ait de la lumière partout sans aucune ombre. C'est ainsi qu'était toute chose au commencement. Rien n'existait encore. Seulement la lumière. Et elle fut divisée en morceaux, et ces morceaux de lumière sont devenus le soleil, la lune et les étoiles. Une fois que les morceaux de lumière furent assemblés, cela créa l'obscurité entre ces lieux faits de lumière. Et c'est là que la Terre s'est formée, dans l'obscurité à partir de matériaux obscurs, tels que le métal, la poussière et les choses comme ça. Et à partir de l'interaction entre les lieux d'obscurité et les lieux de lumière, une énergie fut créée. C'est ainsi que la vie fut créée.

D : *Est-ce que les légendes disent comment c'est arrivé ?*

B : Elles ne sont pas claires sur ce point. Certaines d'entre elles disent juste : « Cela se produisit ». Et d'autres disent que quelque chose est venu affecter la lumière et engendrer sa division. Que, d'une quelconque façon, un son gigantesque fut produit dont on pouvait ressentir la vibration. Vous savez comme quand vous fredonnez et que vous en sentez la vibration dans votre poitrine. Eh bien, ce son fut si profond et si gigantesque, que si vous aviez été présente, vous auriez pu le ressentir à travers la plante de vos pieds. Vous l'auriez ressenti à travers tout votre corps. Vous l'auriez ressenti de partout. Et c'est la vibration de ce son qui a causé la division de la lumière en morceaux.

D : *Et ainsi cet événement a créé les matériaux pour former la Terre?*

B : (Soupir) Je ne suis pas certain de comment ça s'est produit. Et les légendes ne sont pas très claires. Après la division de la lumière, il y aurait eu, en quelque sorte, des éléments dispersés un peu partout au milieu de l'obscurité. Je pense que les morceaux de lumière ont absorbé toute la lumière. Je ne suis pas sûr. Et au milieu de ces endroits obscurs, il restait encore des particules. Ces particules sombres se sont agglutinées et ont formé la Terre, les arbres, les plantes, les animaux et toute chose. Il y a un ordre dans lequel tout a été créé, parce que tout d'abord, la matière de l'obscurité s'est assemblée pour former la Terre. Vous voyez, tout se crée en équilibre. Certains disent que c'est la raison pour laquelle l'univers est apparu, parce qu'il n'y avait que la lumière et que ce n'était pas en équilibre. Alors il a fallu que la lumière et l'obscurité s'équilibrent. Ainsi les matériaux qui étaient restés dans l'obscurité ont aussi commencé à se diviser et à s'équilibrer, parce que la vibration causée par le son a permis aux choses de continuer à changer. Par exemple, les particules des endroits sombres se sont rassemblées pour former la Terre, pour que les solides équilibrent le vide. Puis sur les parties solides, les choses ont continué à s'équilibrer, et c'est pour ça qu'il y a des parties solides et de l'eau. Les choses ont continué à changer pour créer l'équilibre, c'est ainsi que la vie et une variété de choses sont apparues, les animaux dans la mer, les animaux sur terre, les plantes et toute chose. C'était en quelque sorte pour équilibrer l'ensemble, et il s'agit d'un équilibre finement orchestré. C'est pour ça qu'il est si important de vivre en harmonie avec la Terre, pour ne pas perturber cet équilibre. Et nous pensons que, pendant que toute la partie sombre de l'univers se divisait et s'équilibrait pour créer la Terre et toute chose, la partie de lumière continuait elle aussi à se diviser et à s'équilibrer. Par conséquent, il y a la lumière que nous pouvons voir et celle que nous ne pouvons pas voir. Elle continue à se diviser et à s'équilibrer en d'autres formes de lumière et d'énergie. On dit qu'elle s'est équilibrée en autant de formes différentes de lumière qu'il y a de plantes, d'animaux et autres sur la Terre, car tout doit être en équilibre. Et puisque la partie sombre de l'univers, représentant la Terre ou la partie matérielle, ne cesse de s'équilibrer et de se diviser en de nombreuses formes diverses, la partie lumineuse en fait autant. Il y a donc de nombreuses sortes de lumière différentes, à de nombreux niveaux différents. Nous ne pouvons en voir qu'une petite partie. Il faut soit avoir des capacités spéciales pour voir le reste, soit être très avancé spirituellement pour comprendre ces autres sortes de lumière.

D : *Vous avez dit qu'il y avait deux ou trois versions différentes de cette histoire. Est-ce la principale ?*

B : Celle-ci est la plus complexe, la plus détaillée. Il y a une autre version que nous racontons d'abord aux jeunes enfants. C'est une version plus simple pour ne pas les dérouter. Comme vous le savez, quand les enfants grandissent et deviennent plus âgés, ils commencent à poser davantage de questions. Quand ils s'interrogent davantage, on leur raconte alors des versions plus complexes. On leur raconte la version simple sous forme d'histoire. On leur dit qu'au début il n'y avait que la lumière. Pas d'ombre, rien d'autre, juste cette lumière. Mais il y avait aussi les esprits. Et les esprits se réunirent et dirent, « Cette lumière est très belle, mais rien ne se passe jamais. On s'ennuie. On veut du changement. Voyons voir ce qui va se produire si on opère quelques changements. » Puis ils dirent, « Nous ferons ça sous forme de jeu, afin que l'on puisse apprendre davantage les uns des autres, se développer et s'amuser. » Et pour compléter le jeu, ils proposèrent « Nous devons créer un lieu pour jouer. » Alors ils séparèrent la lumière en lumière et en obscurité. Et ils créèrent la Terre parce dirent-ils « Il nous faut un lieu pour aller jouer à notre jeu. » Ainsi ils créèrent la Terre pour aller avec le soleil. Et ils continuèrent, « Nous avons besoin d'une lumière pour la nuit aussi ». Et ils créèrent la lune. Puis ils dirent, « Tout est prêt pour le jeu. Maintenant nous avons besoin d'établir les règles du jeu. Chaque joueur peut jouer autant de fois qu'il veut. Et s'il veut rester en retrait pour une ou deux parties, c'est possible aussi. » Ainsi chaque partie de jeu correspond à une vie ici sur Terre. Votre esprit joue au jeu ici. Puis quand vous mourez, c'est la fin de cette partie particulière. Si vous décidez de faire une autre partie, alors vous naissez à nouveau. Mais si vous voulez patienter une ou deux parties, vous le faites. Le temps passe, et plus tard si vous décidez de jouer à nouveau, vous renaissez. Mais quand on raconte cette histoire aux enfants, on ajoute des détails pour les intéresser. On leur parle par exemple de la façon dont les animaux aidèrent à décider comment la Terre devait être créée.

D : *Alors les animaux ont participé aussi ?*
B : Oui, définitivement, parce que les animaux font partie de la vie aussi. Toute la vie est importante. Nous racontons cette version aux enfants, comme une histoire qui fait peur. (Prenant une voix exagérément dramatique) Les ours décidèrent qu'ils voulaient des bois profonds et sombres afin de pouvoir grogner dans l'obscurité. Les oiseaux dirent qu'ils voulaient profiter de la lumière et reçurent donc la capacité de voler pour pouvoir atteindre les cimes des arbres, où se trouvait le soleil. Et les différents animaux décrivirent la sorte de monde qu'ils pensaient être idéal, et obtinrent ainsi les capacités spéciales nécessaires pour profiter de cet aspect particulier de la Terre. Et c'est ainsi que tout s'équilibre.
D : *Dans cette version pour les enfants, ont-ils dit comment les animaux furent créés ?*
B : Dans cette version, quand les esprits décidèrent qu'ils voulaient jouer au jeu, ils réalisèrent lors de la première partie que même s'ils avaient un lieu où jouer, ce n'était rien d'autre qu'une terre dépouillée. Ils dirent alors « Ce n'est pas un très bon jeu. Nous n'avons pas fini de l'inventer. Il faut apporter des changements. » Ils firent descendre les autres esprits qui dirent, « C'est incomplet. Que pourrions-nous faire ? » Ils répondirent, « Tout d'abord, il n'y a rien d'autre que de la terre ici. Nous avons besoin d'eau aussi ». Et ce fut entendu, « Vous avez raison, il faut de l'eau. » Et ainsi les rivières et les lacs furent formés. Mais un esprit dit, « Comment allons-nous réussir à garder l'eau ici ? À chaque fois que le soleil arrive, ces lacs commencent à rétrécir. » Un autre esprit proposa donc, « Pourquoi ne pas faire quelque chose de très sauvage. Faisons tomber de l'eau supplémentaire du ciel. » Ils décidèrent, « Et bien, d'accord, pourquoi pas ? »
D : *Oui, dans une histoire on peut tout créer.*
B : Exact. Puis ils dirent, « Nous avons de l'eau maintenant, mais c'est toujours désespérément calme ici. » Alors les esprits décidèrent, « Quand le vent souffle, s'il a quelque chose à travers lequel souffler, il produira des sons. Donc créons des plantes et des arbres, pour que vous puissiez entendre le vent souffler. » Et il fut décidé que c'était une bonne chose. Et un autre esprit dit, « Les plantes et les arbres sont jolis, mais il manque quelque chose. De quoi avons-nous besoin ? » Ils y pensèrent et y pensèrent. Quelque chose manquait définitivement, mais ils ne parvenaient pas à

trouver ce qu'ils voulaient ajouter au jeu, et qu'on appelle la vie. À partir de ce moment, les esprits sur Terre purent faire une nouvelle chose, en prenant de la terre ou de l'argile et en la modelant en une forme quelconque, ils pouvaient l'imprégner d'énergie afin que la forme bouge par elle-même.

D : *Oh ? La rendre vivante ?*

B : La plupart du temps, ils faisaient ça pour des petites choses et temporairement, juste pour passer le temps quand ils n'avaient rien d'autre à faire. Alors qu'ils essayaient de trouver ce dont ils avaient besoin pour compléter ce jeu, un des esprits en eut assez d'essayer de résoudre ce problème. Alors il prit de l'argile et le modela en petit animal. Il modela un écureuil et lui insuffla la vie. Et la première chose que fit écureuil fut de courir tout en haut d'un arbre. Il grimpa à une branche et commença à réprimander tout le monde. L'écureuil dit, « Quels idiots vous êtes ! Ne réalisez-vous donc pas ce que vous pouvez faire ? Faites beaucoup d'animaux. Faites beaucoup de petites choses comme moi qui bougent et qui s'amusent et qui vous maintiendront dans le droit chemin, puisque vous êtes trop stupides pour le faire par vous-mêmes. Créez une tonne de petits animaux pour vous maintenir sur la bonne voie. » Et ainsi tout le monde décida, « Ce n'est pas une mauvaise idée. Faisons tout un tas de petits animaux comme ça. » Et ils décidèrent qu'ils nommeraient ce premier animal un écureuil. Puis, ils commencèrent à créer les autres animaux. En général, à ce moment de l'histoire, un des enfants demande « Et pourquoi ont-ils créé les guêpes, les mouches et les choses comme ça ? » Et nous devons leur expliquer qu'auparavant à chaque fois qu'ils imprégnaient une forme d'argile avec la vie, cette vie n'était que temporaire. Et l'animal pouvait courir autour d'eux, faire quelques petites choses et mourait. Mais les esprits décidèrent que, pour jouer à ce jeu longtemps, ces petites choses vivantes devaient pouvoir vivre plus longtemps, sans qu'ils aient à les recréer en permanence. Par conséquent, lorsqu'ils les imprégnèrent d'énergie, ils firent en sorte que les créatures puissent vivre plus longtemps. Elles pourraient se nourrir pour rester en vie. Et généralement quelqu'un demande « Qu'est-ce que ça a à voir avec les mouches ? » Nous leur expliquons que les oiseaux devaient pouvoir manger quelque chose. Donc, ils durent créer des animaux suffisamment petits pour que les oiseaux se nourrissent, puisque leurs becs sont si petits. Et ils créèrent les insectes et les animaux comme ça.

D : *Je vois comment cela pouvait convenir à des enfants et les divertir aussi.*

B : Oui. On raconte ces histoires le soir, assis autour du feu de camp.

D : *Et alors, quelle est l'explication fournie dans la version des enfants concernant la manière dont les humains ont été créés ?*

B : Eh bien, les esprits sont globalement comme nous ; ils ont la même apparence que nous. Quand ils décidèrent de venir sur Terre pour jouer à leur jeu, ils devinrent en quelque sorte plus solides en s'approchant de la Terre. Si un enfant semble dérouté par cet élément, nous lui disons que nous lui expliquerons ceci plus en détails quand il grandira. Et alors nous pourrons lui donner la version plus complexe de l'histoire, nous lui expliquerons comment l'énergie se divise en toute chose pour de créer l'équilibre. Les esprits vivent là-haut dans l'espace, dans les endroits composés principalement de lumière et d'énergie. Mais en s'approchant de la Terre et de l'aspect plus physique de l'univers, la lumière se densifie en une forme physique solide.

D : *Ainsi, dans la version des enfants, personne n'a eu à créer les humains.*

B : Non. Notre existence est due aux esprits venus ici. Ils sont simplement devenus plus solides en s'approchant du monde physique. Et parce que nous sommes tous des esprits, nous appartenons tous vraiment aux plans supérieurs. Nous sommes juste ici temporairement pour jouer au jeu.

D : *Vous dites que les esprits décidèrent que les animaux avaient besoin de manger pour rester en vie. Ont-ils aussi imaginé que les humains devaient se nourrir ?*

B : Ils découvrirent au cours du jeu, que quand ils créaient des règles qui s'appliquaient aux animaux, celles-ci s'appliquaient aussi automatiquement à eux, qu'ils l'aient prévu ou non. La manière dont l'univers est construit fait que les choses sont en équilibre. Ainsi, d'une certaine façon, quand ils décidèrent comment les choses devaient être, par exemple « les animaux doivent manger pour rester en vie », cette loi s'est appliquée à tous les êtres vivants, pas seulement aux animaux. Quand les esprits réalisèrent ce phénomène, ils commencèrent à être bien plus prudents quant aux règles qu'ils établissaient. Parce qu'ils ne souhaitaient pas se retrouver trop limités et enfermés dans un tas de lois contraignantes.

D : *Ainsi chacune des règles qu'ils créèrent s'appliqua aussi à eux-mêmes. C'est ce que vous voulez dire ?*

B : Oui. Ils ne savaient pas que ça se produirait de cette manière. Ils avaient prévu que les animaux mangent et vivent, mais que les esprits puissent juste aller et revenir en volant, jouer à ce jeu et s'amuser. Mais ils découvrirent qu'en créant des règles pour le lieu du jeu, ici, sur la Terre, lorsqu'ils venaient jouer, ces lois s'appliquaient aussi à eux. Ils ne savaient pas que ça fonctionnerait ainsi.

D : *Ils devaient donc être plus vigilants. Est-ce que les légendes disent que ça a eu lieu avant l'arrivée des Anciens ?*

B : Oui. C'était avant l'arrivée des Anciens. Et certains des plus âgés du village disent que cette histoire d'esprits, ayant décidé de venir jouer sur la Terre, ne s'est peut-être pas nécessairement produite ici. Ils disent que d'autres légendes plus anciennes, qui ne sont quasiment plus racontées aujourd'hui, parlent de cela. Comment puis-je l'expliquer ? Pour garder les choses en équilibre, les lumières devaient se ressembler. Quand la lumière fut divisée en morceaux, chaque morceau de lumière était similaire aux autres morceaux de lumière.

D : *Vous voulez dire qu'ils ne pouvaient pas être différents, ils devaient être semblables.*

B : Oui. Pour que les choses restent en équilibre, elles devaient être semblables. Par conséquent, ils disent qu'il est raisonnable de penser que les étoiles, que nous voyons dans le ciel, sont semblables au soleil parce que les deux sont des amas de lumière. Et donc, si les étoiles sont semblables à notre soleil, et d'autres histoires mentionnent que les Anciens étaient capables de voyager à travers des distances incroyables, il serait raisonnable de penser qu'elles doivent être très éloignées pour nous apparaître ainsi.

D : *Oui, parce qu'elles ne paraissent pas aussi grosses que le soleil.*

B : Exactement. Le soir, quand vous allumez un feu de camp et que vous commencez à vous en éloigner en allant dans les bois, il devient de plus en plus petit. Plus vous en êtes éloigné et plus il y a d'arbres et autres entre vous et le feu, plus il devient petit et vacillant. C'est peut-être la raison pour laquelle le soleil nous semble si différent des étoiles. Si c'est vrai, alors quand les esprits commencèrent à jouer à leur jeu, il est possible que ce ne soit pas nécessairement ici, sur cette Terre, avec ce soleil. Ça aurait pu être n'importe où ailleurs. Ensuite, les histoires des Anciens parlent de l'époque où ils sont arrivés ici. C'est très étrange que vous acceptiez tout ça sans sourciller, parce que certains des membres les plus critiques de notre tribu ne prennent pas ces histoires au sérieux. Ils disent qu'on nous demande de croire à trop de choses qui ne sont pas cohérentes avec ce que nous voyons autour de nous.

D : *Vous parlez de la version plus compliquée ?*

B : Oui. Parce que certains dans notre tribu prennent les choses au sens propre. « Il n'est pas possible que les étoiles et le soleil soient semblables. N'importe qui avec deux yeux sur la tête peut dire qu'elles sont différentes juste en les regardant », disent-ils. Et ils ajoutent que les aînés de la tribu, qui essaient de transmettre ces informations et ces anciennes histoires, les déforment beaucoup trop pour tenter de prouver comment tout est créé en équilibre.

D : *Ils ne croient que ce qu'ils voient. C'est ce que vous voulez dire ?*

B : Oui. Je ne sais pas moi-même ce qu'il en est. C'est très compliqué, je suis complètement dérouté lorsque j'essaie de comprendre. Très souvent, quand je suis dans les bois à chasser, je vais dans des clairières la nuit pour camper. Et en période d'été, particulièrement si je sais que c'est un endroit sûr, je ne fais pas de feu. Je conserve l'obscurité afin de pouvoir bien observer les étoiles. Et c'est très simple de penser que peut-être les Anciens voyageaient dans l'espace. Parce que quand j'observe les étoiles suffisamment longtemps, je me sens un peu comme pris de vertige, j'ai le sentiment de voler. Et donc si je peux avoir ce sentiment juste en regardant les étoiles, qui peut remettre en question ce que les Anciens pouvaient faire. Ils pouvaient faire des choses vraiment miraculeuses.

D : *Ça semble possible.*

B : J'aime le penser, mais tout le monde ne pense pas comme moi.

D : *Vous avez dit que c'était intéressant que je puisse accepter ces idées. Je ne sais pas non plus, mais j'essaie de trouver des réponses. Je pense que vos histoires contiennent beaucoup de vérité.*

B : Je ne sais pas. Elles sont très compliquées. Les plus âgés, les plus sages, les rares qui ont étudié ces choses, disent que plus ils étudient et plus c'est complexe. Que c'est sans fin. Ils adorent étudier ces questions. Mais ça devient très compliqué, à chaque fois qu'ils essaient d'expliquer aux gens qui n'étudient pas. Ces choses leur semblent insensées parce qu'ils ne savent pas tout ce qu'il y a derrière.

D : *Et ils ne veulent pas apprendre.*

B : C'est ça. Ils ne veulent pas faire l'effort d'essayer de comprendre de nouveaux aspects plus compliqués.

D : *Pensez-vous que c'est la raison pour laquelle il est plus simple de raconter la version des enfants ?*

B : Oui, parce que tout le monde sait que c'est une histoire et donc personne ne la prend vraiment au sérieux. Mais l'autre version est juste assez compliquée pour que vous en preniez des parties au sérieux. Et ça suffit à vous mettre très mal à l'aise si vous ne voulez pas y croire.

D : *Ils doivent s'arrêter et penser, et ils n'aiment pas ça.*

B : Oui. C'est ça.

D : *C'est logique. Les histoires des enfants sont agréables à écouter et il n'y a pas besoin de les prendre au sérieux.*

B : Oui, c'est vrai.

D : *Est-ce que ce sont là les points importants des histoires de la création ?*

B : Oui. Je sais qu'il y en a plus, mais je ne suis pas très savant à ce sujet. Ce sont les plus âgés qui connaissent les versions plus complexes de cette histoire. Parce que, comme je l'ai dit, plus ils étudient et plus c'est compliqué. Mais je ne les ai pas étudiées très en détail.

D : *Il semble que très peu de personnes sont capables de les comprendre vraiment.*

B : Mais ça ne me dérange pas de vous les expliquer à vous. À force d'être dans les bois et de passer beaucoup de temps seul, j'ai du temps pour penser à ces choses et chercher à comprendre pourquoi les choses sont ainsi. Parfois quand j'essaie d'expliquer ces choses à certaines personnes du village, elles ne me prennent pas forcément au sérieux, parce qu'elles sont occupées avec leur petite vie et entourées de gens en permanence. Je ne vous connais pas, mais quand des étrangers se rencontrent, s'ils sont disposés à parler d'eux, d'où ils viennent et de ce qu'ils ont appris, il y a plus de chance pour qu'ils s'entendent bien.

Chapitre 11
La maison du sage

J'AI DÉCOUVERT que les informations concernant les Anciens ne se résumaient pas seulement à la répétition de légendes par le sage. Il y avait aussi des preuves physiques tangibles. Tuin avait mentionné qu'il était entré une fois à l'intérieur de la maison du sage et qu'il y avait vu beaucoup d'objets étranges totalement inconnus. Il supposait qu'ils avaient probablement appar-tenu aux Anciens, mais il savait aussi que le sage détenait beaucoup de secrets, ignorés du reste du village. Il avait beaucoup de respect pour le sage et ne lui posait jamais de questions sur ces points, parce qu'il estimait qu'il valait mieux ne pas paraître trop curieux. Il s'agissait d'objets qui n'avaient définitivement rien à faire dans un village primitif. J'ai pensé que si je pouvais obtenir des descriptions plus précises, je pourrais peut-être deviner ce dont il s'agissait. Tuin parlait de ces objets avec admiration. Il n'avait clairement aucune idée de ce qu'ils pouvaient être.

B : Je pense que je n'étais pas censé voir certains de ces objets. Le sage possède plus d'une table dans sa maison. Il a des tables de hauteur différentes pour poser les objets qu'il étudie et qu'il utilise en différentes occasions. Ça doit être en lien avec les connaissances qu'il possède et qui ne doivent pas être oubliées. Nous ne savons pas comment nous souvenir de certaines des choses qu'il sait.

D : *Il doit être très savant pour connaître toutes ces choses.*

B : C'est à ça que sert un sage. Il possède la connaissance transmise. Je ne sais pas comment il fait. Je ne sais pas s'il le sait lui-même d'ailleurs.

D : *Le sage essaie-t-il de léguer ce savoir à quelqu'un du village ?*

B : Oui. Il choisit ceux qui seront capables de maîtriser ces connaissances et les forme depuis leur plus jeune âge. Il en entraîne plus d'un pour être sûr que les traditions soient transmises.

D : *Oui, parce que si quelque chose devait lui arriver, ces enseignements seraient perdus.*
B : Et ça ne serait pas une bonne chose. Nous ne serions alors plus capables d'appeler les es-prits. Nous mourrions. Il demande régulièrement aux femmes d'aller récolter des herbes particulières pour lui. Il possède beaucoup d'herbes et de médicaments dans sa maison, ainsi si quelqu'un tombe malade et que les remèdes traditionnels ne fonctionnent pas, il peut en fabri-quer un autre. Il possède certaines choses sur ses tables. Je ne sais ni comment on les appelle, ni en quoi elles sont faites. C'est lisse et doux comme de l'eau, dur comme un rocher, mais c'est transparent comme l'air. Et je ne suis pas sûr de ce que c'est. (Cela semblait être une bonne des-cription du verre, par quelqu'un qui n'en aurait jamais vu.) Quand il y a une mare d'eau immobile en été, vous pouvez la toucher, et c'est lisse et doux. C'est lisse et doux comme ça, mais c'est dur comme un rocher et c'est transparent comme l'air. Il possède des objets de formes différentes faits en ce matériau. Je ne sais ni ce que c'est, ni à quoi ils servent.
D : *Mais on peut voir à travers ?*
B : Sauf s'il y a quelque chose à l'intérieur.
D : *Quelles formes ont-ils ?*
B : Ils ont des tailles variées, longs et grands. À peu près de cette largeur et… De différentes hau-teurs. (Environ aussi large que le cercle formé par son pouce et son index joints.) Ils sont posés sur la table et ils semblent fermés à une extrémité et ouverts à l'autre. Comme des tubes de feu fermés. (Ça ressemblait apparemment à la cheminée qu'il avait mentionnée précédemment.)
D : *Sont-ils attachés à quelque chose ?*
B : Eh bien, ils sont tous posés ensemble sur la table.
D : *Savez-vous ce qu'il fait avec ?*
B : Je ne sais pas. J'ai juste jeté un coup d'œil. Certains avaient un liquide à l'intérieur, comme de l'eau colorée, de couleurs différentes, certains étaient vert clair et d'autres étaient marron et transparents. Je ne sais pas à quoi ils servent.
D : *Avez-vous vu autre chose ?*
B : Oui. J'ai aperçu une autre chose, mais pas à côté de ces objets, à un autre endroit. Ça avait la même forme que le soleil. C'était tout rond. Peu importe d'où vous le regardiez, c'était rond. Je ne me

souviens pas si cet objet était transparent comme l'air ou non, mais il paraissait lisse et dur. Il était trop loin. Je ne pouvais pas aller jusque là-bas. Le sage aurait su que j'étais en train de fouiner et je ne veux pas qu'il soit mécontent.
D : Bien sûr. Vous devez être prudent même si vous êtes curieux. Est-ce que cet objet était très grand ?
B : Non, c'était petit. On peut le tenir facilement dans une main.
D : Y avait-t-il autre chose ? Je suis curieuse aussi.
B : Je ne me souviens pas de tout. Il y a tant de choses dans sa maison qu'il dit lui-même qu'il ne peut pas se souvenir de tout.

Je souhaitais en savoir davantage sur ces objets spéciaux de la maison du sage, mais l'exercice était assez difficile en se basant uniquement sur la mémoire de Tuin. La seule manière d'obtenir des informations réellement précises était qu'il me fasse un descriptif directement à partir de l'intérieur de la maison. Je décidai de faire une expérience.

D : *Je connais un moyen de vous aider, si vous voulez essayer.*
B : Dites-moi comment.
D : *Je peux compter jusqu'à trois et vous vous retrouverez dans sa maison sans qu'il le sache.*
B : (Surpris) Il ne le saura pas ?
D : *Non. Et ainsi, vous pourriez regarder et décrire ces objets.*
B : Ne percevrait-il pas mon chant là-bas ?
D : *Je ne pense pas, pas si nous le faisons correctement. Voudriez-vous essayer ? Je vous pro-mets que vous n'aurez aucun souci.*
B : Nous pouvons essayer.
D : *Très bien. Je vais compter jusqu'à trois et à trois vous vous retrouverez dans la maison du sage. Vous pourrez regarder autour et me dire en détail ce que vous voyez de ces objets exceptionnels. Un, deux, trois. Vous êtes à l'intérieur de la maison du sage. Il n'a aucun moyen de savoir que vous êtes là. Que voyez-vous quand vous regardez autour ?*
B : Je vois beaucoup de choses. Il y a de nombreux cadres avec des herbes suspendues. Il a… Oh, il y a le chaudron dont je vous ai parlé qui change de couleur. Il y a du feu en dessous et quelque chose à l'intérieur.
D : *Est-il en train de cuisiner quelque chose ?*

B : Oh, ça ne sent pas comme de la nourriture, pas du tout ! Probablement des médicaments. (Elle grimaça comme si cela sentait mauvais.)
D : Très bien, vous n'avez pas à sentir ça. Que voyez-vous d'autre autour ?
B : Je vois une autre pièce qui s'ouvre sur celle-ci. Il y a cette chose de forme étrange, oui, cette chose grise.

Ces mouvements me conduirent à penser qu'il parlait de l'objet qui ressemblait à un panneau de contrôle.

D : Vous l'avez mentionné auparavant. Vous avez dit que c'était comme un carré, mais pas tout à fait régulier.
B : (Mouvement de mains) Eh bien, de ce côté, il est carré, mais de ce côté il n'est pas complète-ment carré, il possède un angle découpé (le coin en haut, cf. dessin)
D : C'est l'objet en métal ?
B : Oui, une sorte de métal. C'est gris. Il y a des petites choses rondes et des objets fins qui dé-passent. Ils sont tous de couleurs différentes. Des couleurs vives comme on en voit sur les fleurs. Principalement rouge et jaune, avec un petit peu de noir.
D : Et vous ne savez pas à quoi ça sert ?
B : Non.
D : Je me demande si le sage le sait.
B : Je ne sais pas. C'est possible ou bien ça fait peut-être partie des connaissances qui ont été perdues.
D : N'aviez-vous pas dit qu'il y avait d'autres objets en métal dans cette pièce ?
B : Oui. Il y a une sorte de chapeau rond en métal avec une drôle d'apparence. Il y a des objets longilignes qui en dépassent. Il y a de la poussière dessus. Il ne doit pas savoir à quoi il sert.
D : Comme un chapeau qui irait sur votre tête ?
B : Un peu grand. Je le perdrais. Il me couvrirait les cheveux et les oreilles et me cacherait aussi les yeux.
D : Il vous cacherait les yeux ? Comment pourriez-vous voir si vous portiez un chapeau comme celui-là ?
B : Je ne sais pas à quoi ça sert. (Il avait des difficultés pour trouver les mots pour le décrire.) À l'intérieur il y a… Ça ressemble à des petits poils en métal, mais ils sont longs et fins (ses mou-vements

de main montrèrent qu'ils mesuraient environ 5 cm). Ils sont rigides mais doux. Si vous deviez mettre ce chapeau sur votre tête, ils seraient partout contre votre tête. Mais il me semble que ce ne serait pas douloureux.

D : *Sont-ils comme vos cheveux autour de votre tête ?*
B : Hum, peut-être.
D : *Y a-t-il un moyen de le maintenir sur votre tête ?*
B : Je ne sais pas. Je ne vois pas. Il est juste posé là. Peut-être que ce n'est pas un chapeau, mais je ne sais pas ce que ça pourrait être d'autre. On le place sur la tête. Peut-être que c'est en lien avec les Anciens.
D : *C'est possible, c'est possible. De quelle couleur est-il ?*
B : De toutes les couleurs. L'intérieur est noir et les poils argentés. L'extérieur est une sorte de couleur dorée et les objets longilignes qui dépassent sont généralement noirs ou argentés.
D : *Y a-t-il beaucoup de ces objets longilignes qui dépassent ?*
B : Eh bien ils font à peu près cette longueur (autour de 10 cm). Ils commencent gros comme ça à la base (environ la largeur de son petit doigt) et ils montent à la verticale en rétrécissant jusqu'à leur extrémité. Et il y a ... Oh, je dirais... Eh bien, les poils en métal à l'intérieur sont trop nom-breux pour les compter. Ici, on dirait qu'ils sont... Laissez-moi les compter...
D : *Pourriez-vous en faire un dessin ?*
B : Ce sera assez difficile, mais je peux essayer. Il y a environ deux ou trois vingtaines de ces pics. Deux ou trois vingtaines.

Je sortis le bloc-notes et le stylo. Je fis ouvrir les yeux à Beth et je les lui tendis. Une nouvelle fois, Tuin s'émerveilla devant le stylo en essayant de comprendre comment le tenir et l'utiliser.

B : Il est noir.
D : *Il est noir oui, il fait des marques. Pouvez-vous me dessiner une image du chapeau ?*
B : Je suis un chasseur.
D : *(Rires) C'est très bien. Vous aviez très bien réussi la dernière fois. J'ai adoré la dernière image que vous avez dessinée pour moi.*
B : (Il commença à dessiner le chapeau.) Si vous avez aimé cette image, votre peuple ne doit pas avoir de dessins.

D : *Eh bien, c'était très bien pour un chasseur. Quelques fois, c'est difficile de décrire les objets. C'est plus simple de les dessiner ; ça permet de mieux comprendre.*

B : Les pics sont difficiles à dessiner. Ils font à peu près la longueur d'un petit doigt. Deux ou trois vingtaines. Et il y en a partout sur l'objet. Je vais en dessiner quelques-uns autour afin que vous puissiez les voir. Ils sont proches les uns des autres, comme ceux que j'ai dessinés sur le haut, mais je ne suis pas un bon dessinateur et je ne vais pas en dessiner partout.

D : *C'est très bien, c'est juste pour que j'en aie une idée... Ils sont pointus ?*

B : Certains le sont et d'autres non. Les pointus sont plus faciles à dessiner. Certains sont plats et d'autres pointus. Et il y en a partout dessus.

Il finit son dessin et je redemandai à Beth de fermer ses yeux.

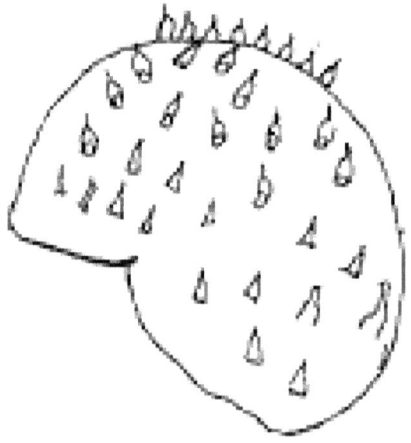

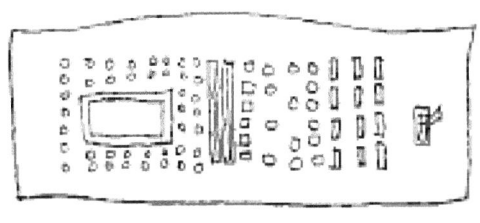

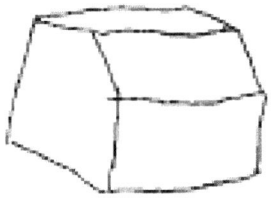

D : *Je pensais qu'ils étaient bien plus grands. Vous voyez, de cette manière, vous m'avez permis de comprendre.*
B : Ils ont la taille d'un petit doigt.
D : *Et ils recouvrent la surface entière du chapeau ? Et à l'intérieur, il y a ces petits poils qui sortent vers le bas, c'est bien ça ?*
B : Partout à l'intérieur.
D : *C'est intéressant. Pourriez-vous dessiner ce à quoi ressemble cet objet carré ? Vous avez parlé de petits objets dessus.*
B : Je peux essayer.
D : *J'apprécierais si vous pouviez me montrer où sont situés ces petits objets.*
B : Je suis un chasseur.

Une fois encore, je fis ouvrir les yeux à Beth pour qu'elle dessine ce grand objet carré. Je fis en sorte de l'empêcher de dessiner par-dessus la première image qui était sur la même page. Le croquis fut fastidieux et lui demanda un bon moment. Tuin fit des remarques telles que : « D'abord je vais dessiner une image de sa forme. Les petits objets sont ronds mais ils sont très alignés. Ils sont en lignes bien droites comme les céréales des fermiers. »

Quand il eut fini de dessiner la sorte de tableau de bord, je lui demandai à nouveau de fermer les yeux.

D : *Vous avez représenté beaucoup de détails. Vous êtes peut-être un chasseur, mais je pense que vous dessinez très bien.*

B : Certains feraient mieux.
D : *Probablement, mais je ne peux pas leur parler à eux.*
B : C'est étrange.
D : *Sur votre dessin, un des carrés semble plus grand que les autres. À quoi ressemblait-il ?*
B : (Il hésita.) Il est gris foncé. Il est lisse et dur.
D : *(Ça ressemblait à un ordinateur ou un écran de télévision.) Y a-t-il de la lumière ou autre chose provenant de cette partie ?*
B : Non, c'est juste posé là. Je n'en connais pas l'utilité.
D : *Ça a l'air compliqué. Pensez-vous que ce sont des objets qui appartenaient aux Anciens ?*
B : C'est ce qui est dit. Et autour, il y a d'autres pièces de métal. Le sage les utilise pour fabriquer les couteaux et autres. C'est un métal qui ne s'émousse jamais. Il est très important et précieux. Nous ne savons pas où en trouver d'autre.
D : *Est-ce que les autres morceaux de métal ont une forme particulière?*
B : Pas de forme particulière. Tout comme il y a de gros morceaux de rocher, ceux-là sont de gros morceaux de métal. Certains sont larges, d'autres sont plus petits.
D : *Savez-vous comment il les façonne pour fabriquer les outils ?*
B : Non, on dit que le chaudron a quelque chose à voir avec ça, mais c'est juste une rumeur.
D : *Il a beaucoup de secrets, n'est-ce pas ?*
B : Oui, c'est le sage.
D : *Il est le chef du village ?*
B : Le chef ? Oh, il nous guide quand nous en avons besoin. Mais quand on est en harmonie avec la Terre, on n'a pas besoin d'être guidé. Quand notre chant est en harmonie avec le chant de la Terre, il n'est pas nécessaire que quelqu'un d'autre nous dise comment chanter.

Chapitre 12
La vie de Tuin, le chasseur

AU FIL DES SEMAINES à travailler sur cette régression, j'obtins beaucoup d'informations con-cernant les Anciens ; mais aussi, de manière intriquée, concernant la vie de Tuin. Je fus en me-sure de découvrir son histoire en le ramenant à des moments importants de son existence. Comme sa vie était simple et ordinaire, ces moments étaient rares et espacés. Mais ils révélèrent l'image d'un homme pleinement satisfait de vivre une vie proche de la nature, au sein d'un peuple bienveillant.

D : Je vais compter jusqu'à trois et je veux que vous alliez à un jour important de votre futur. À trois, vous y serez. Un, deux, trois. C'est un jour important de votre vie. Que faites-vous ?

B : J'ai pris en charge un jeune apprenti chasseur. Aujourd'hui, c'est notre premier jour de chasse ensemble. J'ai montré à ce jeune garçon comment les animaux nous parlent. Les signes qu'ils laissent. Il va falloir un long moment avant qu'il apprenne tout ça. Mais il est vif ; il apprend bien.

D : Vous devez choisir le bon garçon pour ces activités.

B : Oui, et enfin il y en a un qui est né. Il est maintenant assez grand pour apprendre.

D : Vous ne voulez pas que votre connaissance soit perdue.

B : Elle ne peut pas se perdre. Elle ne doit pas se perdre. Le village a besoin de viande. Et chaque individu doit transmettre sa connaissance à celui qui sera le plus à même de l'apprendre. Ce n'est pas nécessairement votre propre enfant. Tout est important et nous devons conserver tous les savoirs.

D : Ainsi, il aura de nombreuses années pour apprendre toutes ces choses.

B : Oui, je veux qu'il les apprenne tant que je suis encore assez fort pour les lui enseigner correc-tement.

D : Et au bout d'un moment, cette connaissance devient naturellement une partie de vous.

B : Oui. Nous sommes dans les bois. Je lui montre les signes que font les animaux et ce qu'ils signifient. Je pense qu'il est capable d'entendre le chant des esprits dans le vent. Il semble mieux les entendre lorsque nous sommes au milieu des arbres. Il est encore jeune, mais sa ca-pacité va se développer. Je suis si content. J'étais devenu inquiet. J'avais peur qu'aucun enfant ne naisse avec cette capacité. Mais si on est patient, tout finit par arriver. Et je l'avais chanté aux esprits.

D : Et vous avez simplement su quand la bonne personne est arrivée.

B : Oui, les esprits m'ont aidé.

D : Est-ce que le sage a joué un rôle dans le choix de la personne qui vous aide ?

B : Oui. L'ensemble du village est généralement d'accord. Nous savons qui est fait pour quelle tâche. Le sage confirme seulement ce que nous avons observé. Et je suis allé le voir et lui ai dit que j'avais le sentiment que celui-ci, qui est maintenant mon apprenti, était en harmonie avec la Terre et pouvait entendre le vent. Il m'a répondu qu'il l'étudierait. Et après l'avoir observé, il fut d'accord avec moi.

D : C'est vraiment bien que vous ayez trouvé ce garçon. A-t-il un nom?

B : Il a son nom d'enfant Haork. [Je lui fis répéter. Haork (en phonétique). Les sons étaient collés.] Quand on a découvert ce que ferait l'enfant, si son nom ne correspond pas ou s'il n'est pas en harmonie avec les esprits, alors il en change.

Beth m'avait rapporté un étrange incident qui s'était produit chez elle après notre première séance. Elle était dehors et un oiseau chantait près de sa maison. Pendant un court instant, elle eut le sentiment étrange qu'il communiquait avec elle. Ceci dura un moment, avant que l'oiseau ne redevint un oiseau ordinaire. Pendant un court moment, elle s'est sentie en accord, en har-monie avec l'oiseau ; de la même manière que lorsque le vent communiqua avec elle dans le rêve qu'elle fit après cette session. Ceci peut être un report de la personnalité de Tuin. Elle décri-vit cette expérience comme agréable bien que curieuse.

Au cours d'une autre séance, je trouvai Tuin marchant le long de la rivière, descendant le courant.

B : Ça fait un moment que je n'ai pas été dans cette direction. La chasse devrait être bonne. J'alterne les lieux de chasse afin de ne pas épuiser le gibier d'un lieu en particulier pour qu'il y en ait en nombre. C'est une belle journée. Il est tôt. Le soleil vient juste de se lever. Un lever de soleil magnifique ; il se réfléchit sur la neige, sur les sommets.

D : *Combien de jours pensez-vous être parti ?*

B : Probablement trois, peut-être quatre. Je n'ai pas défini un temps précis, mais j'estime que je serai rentré dans quatre jours.

D : *Est-ce la durée habituelle de vos déplacements pour la chasse ?*

B : Oui. Généralement de quatre à ... Sept ou huit jours, parfois neuf. Parfois il s'agit d'un court déplacement et je pars juste une journée. Mais cette fois ce sera environ quatre jours.

D : *Et si vous trouvez du gibier avant ça, rentrerez-vous ?*

B : Ça dépend de la quantité de gibier et de l'époque de l'année. Si c'est en plein été quand il fait chaud, j'essaie de ramener la viande au village aussi vite que possible tant qu'elle est encore fraîche. Mais si c'est comme maintenant, s'il fait frais, je peux rester dehors plusieurs jours et la viande restera bonne. Si c'est une période fraîche et que le gibier est bon, il m'arrive d'en tuer plus que ce que je ne peux rapporter en une seule fois. Mais seulement les quantités néces-saires au village. J'en rapporte une partie et je demande à quelqu'un de venir m'aider à chercher le reste.

D : *Je me disais justement que ça devait être difficile à transporter, si vous en prenez beaucoup.*

B : Il faut être fort. Si j'attrape un ours, je dois immédiatement le découper en morceaux et le dé-pecer. Je mets les morceaux de viande dans la peau et je les suspends à un arbre. Cette partie est difficile. Je les mets dans un arbre, là où les autres animaux ne peuvent pas l'atteindre, et je retourne au village pour chercher des jeunes garçons qui m'aideront à le ramener.

D : *Je pensais que vous essayiez peut-être de transporter l'ours en une fois.*

B : Je ne suis pas stupide.

D : *(Rires) J'imaginais bien que toute cette viande était lourde. Vous n'êtes pas si fort.*

B : Non. J'essaie de ne pas tuer plus que ce dont je peux me charger, sauf si je suis assez proche du village et que je peux facilement recevoir de l'aide. Je fais du mieux que je peux. Je parviens à nourrir le village.

D : *Êtes-vous seul aujourd'hui ? Vous m'aviez parlé une fois de votre apprenti.*

B : Oui, l'apprenti étudie aujourd'hui. J'ai pensé que ce serait bien qu'il sache comment sont fa-briquées les pointes de flèches. Parfois quand chasse, il faut fabriquer des pointes en urgence. C'est bien de savoir le faire. Alors aujourd'hui, il est avec celui qui fabrique les pointes.

D : *Comment s'en sort-il ?*

B : Bien. Il apprend la patience.

D : *Est-ce que c'est la chose la plus difficile à apprendre ?*

B : Quand on est jeune. Vous savez, la patience est ce qui aide à rester calme et silencieux. Et ça vous aide à apprendre à être en harmonie. Il est déjà en harmonie. Il apprend à travailler avec l'harmonie.

D : *Que voulez-vous dire par être en harmonie ?*

B : Être capable de savoir comment pensent les animaux, être en harmonie avec la Terre, avec ses rythmes. Si vous n'êtes pas en harmonie, vous pouvez endommager la Terre. Ça ne serait pas bien. Elle est notre Mère à tous.

D : *Vous avez juste à la ressentir et vous savez où sont les animaux ?*

B : Les animaux vous disent où ils sont. Vous suivez… C'est difficile à décrire. Je le sens dans ma tête. (Il posa son doigt sur la région du chakra du troisième œil au milieu de son front.) Je sens ici où se trouve l'animal et je suis cette sensation. Plus je me tourne dans la direction de l'animal, plus cette sensation est forte, et je poursuis l'animal. Et puis, il y a les traces et les signes laissés par les animaux. Certaines personnes chassent en utilisant ces marques et ils s'en sortent bien. Mais la meilleure manière est de suivre les ressentis dans votre tête et vous trouverez l'animal qui est destiné à aider le village. Mon apprenti a besoin d'apprendre à suivre ce ressenti.

D : *Possède-t-il aussi ce ressenti ?*

B : Je crois que oui. Il n'a juste pas encore appris à s'y fier.

D : *J'ai entendu parler de peuples qui suivaient les traces et chassaient ainsi.*

B : C'est une méthode de chasse vraiment basique. Je regarde les traces sur le sol, s'il y a des branches qui ont été courbées ou cassées, ou des morceaux de fourrure. Ce sont des éléments physiques que vous pouvez trouver. Puis il y a ce sentiment dans ma tête qui m'aide. Et le vent, j'écoute le vent. Il me dit ce que j'ai besoin de savoir.

D : *Il vous dit où est l'animal ?*

B : Oui, ou le lieu où je dois être quand l'animal approchera.

D : *Mais n'y a-t-il pas des animaux qui dorment l'hiver et qui ne sortent pas ?*

B : Si. L'ours en est un.

D : *Ainsi vous recherchez juste ceux qui ne dorment pas pendant l'hiver ?*

B : Ça dépend des besoins du village. Si les réserves de nourriture sont suffisantes et que nous souhaitons juste un peu de viande fraîche pour une célébration ou pour compléter ce que nous avons, je vais chasser quelques petits animaux juste pour un peu de viande fraîche, pour ne pas se lasser de ce qu'on mange. Quand on mange la même chose encore et encore, peu importe si c'est bien cuisiné, on s'en lasse.

D : *Y a-t-il une personne qui cuisine pour tout le monde ?*

B : Non, les femmes se rassemblent et cuisinent différentes choses pour qu'il y ait un choix varié.

D : *Ainsi, les habitants ne mangent pas chacun dans leur propre maison ?*

B : Parfois s'il fait mauvais, ou si une femme a une vue sur un jeune homme en particulier. (Il fit un petit sourire entendu et je ris.) Les femmes sont sournoises, très sournoises. Elle donnera à un homme une raison valable pour qu'il vienne dans ce lieu particulier plutôt qu'avec tout le groupe. Et elle essaiera d'avoir quelques surprises dans son sac. (Avec un nouveau petit sourire, ce qu'il voulait dire était évident.)

D : *(Rires) Pourquoi, c'est ce qui s'est produit pour vous ?*

B : Non. Elles ont essayé. Mais je les ai vues venir.

D : *Ça n'a jamais marché avec vous ?*

B : Seulement si je le désirais. Parce que j'ai aussi plus d'un tour dans mon sac.

D : *(Rires) Quel genre ?*

B : Oh, des tours amusants. Le genre d'amusement dont deux personnes peuvent vouloir faire l'expérience. Bien sûr, elles ont aussi cette idée en tête et on s'en doute généralement.

D : *Elles ne vous demanderaient pas de venir dans leur maison, si elles n'avaient pas ça en tête ?*
B : Non ça n'arriverait pas. Cependant, il y a parfois une ou deux femmes qui le font parce qu'elles veulent quelque chose et elles vous utilisent. Ce n'est pas très fréquent. Et elles ne sont pas très populaires, donc elles n'y arrivent pas. Tout le monde les connaît. Des femmes amères.
D : *Malheureuses, vous voulez dire ?*
B : Je suppose. Elles n'ont pas autant d'amis qu'elles pourraient en avoir. Mais elles ne sont pas toutes si malheureuses ; elles ne sont juste pas aussi heureuses qu'elles pourraient l'être.
D : *Est-ce qu'elles ont des enfants ?*
B : Non, ce sont des grincheuses.
D : *C'est peut-être la raison pour laquelle elles sont malheureuses.*
B : Eh bien, elles en sont responsables.
D : *En se mettant les hommes à dos, c'est ça ?*
B : Oui, et pour une raison quelconque, elles ont tendance à être amères.
D : *Vous avez dit que vous n'aviez pas de femme juste à vous, n'est-ce pas ?*
B : Eh bien il y a une femme avec qui j'aime parler. Elle et moi, nous avons une bonne relation.
D : *Mais vous ne vivez pas avec elle tout le temps.*
B : Non, je lui rends juste visite. Et parfois quand il fait beau, elle me rejoint dans les bois. Elle dit qu'elle s'intéresse aux connaissances liées aux animaux. Mais les femmes sont sournoises, alors j'en doute.
D : *(Rires) Elle s'intéresse davantage à vous qu'aux animaux.*
B : Je crois.
D : *Avez-vous des enfants ?*
B : Hum, je pense. Je pense que j'en ai deux... De deux femmes différentes. Mais je ne me sou-cie pas d'eux. On s'occupe de tous les enfants. Et chacun fait ce qui doit être fait. Tout le monde s'en occupe, et on ne s'en soucie pas.
D : *C'est plus l'affaire du groupe.*
B : C'est ça. Les enfants savent toujours qui est leur mère et ils peuvent avoir une idée assez juste de qui est leur père. Mais il n'y a pas le lien du ventre comme avec la mère. Je veux dire, je pourrais dire n'importe quoi. Je pourrais être votre père, vous ne verriez jamais

la différence. Mais je ne pourrais pas vous dire qui est votre mère sans que vous ne voyiez la différence.
D : Eh bien, parfois ils peuvent le dire à la couleur des cheveux ou de la peau, non ?
B : Oh, parfois, mais quand vous avez une apparence ordinaire, c'est plus difficile. Il y a des pe-tites différences qui font qu'untel est untel. Peut-être que leur nez a une forme un peu différente, peut-être que leurs oreilles ont une courbure un peu différente. Il y a un vieil homme au village, les enfants l'adorent, il peut remuer ses oreilles. Ils trouvent ça drôle.
D : Il les amuse de cette manière.

Je décidai de le transporter à un autre moment important, plus tard dans sa vie d'adulte. Je comp-tai jusqu'à 3 et lui demandai où il se trouvait.

B : Nous sommes en fête. Nous sommes tous très heureux. Le sage a trouvé un garçon qui sera parfait pour se souvenir des légendes. On a remarqué que lorsqu'on lui disait quelque chose, il ne l'oubliait jamais. Et donc le sage a décidé de lui raconter tout ce qu'il connaît des légendes, afin que le garçon s'en souvienne jusqu'à ce qu'il soit vieux. Et nous sommes très heureux, parce que nous savons que les légendes seront préservées pour une autre génération.
D : Est-ce que ce garçon est âgé ?
B : Non, il n'a que huit saisons.
D : Est-ce que le sage est vieux ?
B : Oui. Il a les cheveux blancs.
D : Ainsi, c'était très important qu'il trouve quelqu'un avant de mourir.
B : Oui. Il y a quelqu'un d'autre qui apprend les traditions et le savoir pour devenir sage. Et il a été décidé que celui qui apprend serait un sage temporaire. Il est d'accord avec ça, puisque le jeune garçon est de toute évidence celui qui convient réellement. Ensemble, ils vont former le jeune garçon pour être sûrs que toute la connaissance soit mémorisée. Et donc ce garçon deviendra le sage quand il sera assez âgé pour endosser cette responsabilité.
D : Est-ce que beaucoup d'informations ont déjà été transmises à l'autre ?

B : Oh oui. Le sage lui a tout enseigné, mais sa mémoire n'est pas aussi bonne. Il a une mémoire ordinaire, alors que la mémoire du jeune garçon est extraordinaire. Mais il pourra aider le garçon quand celui-ci deviendra sage, et de cette manière ce sera bien.

D : *Il y a tant de légendes à lui transmettre. Ça doit prendre un long moment pour enseigner toutes ces choses.*

B : Oui, mais nous sommes heureux que ça se produise.

D : *Quel type de fête avez-vous organisée ?*

B : Ah… Des chansons, un festin. Les chansons que nous chantons appellent les esprits pour qu'ils protègent le garçon. Et certains des paysans sont en train de boire cette boisson.

D : *Très bien. Je vais compter jusqu'à trois à nouveau et nous allons avancer vers un autre mo-ment important de votre vie alors que vous vieillissez. Un, deux, trois. C'est un autre jour important de votre vie. Qu'êtes-vous en train de faire ?*

B : Mon apprenti devient un chasseur officiel aujourd'hui et je ne vais plus avoir à chasser autant. Je vieillis.

D : *Y a-t-il une cérémonie ou quelque chose de spécial pour cette occasion ?*

B : Oui. Dans la soirée, le village se rassemble autour d'un feu. Mon apprenti et moi nous tenons de chaque côté du sage. Je dis aux villageois que cet homme, mon apprenti, est maintenant un chasseur. Il sait ce que je sais. Aucune connaissance n'a été perdue. Il les possède toutes. Et il est en harmonie. Puis le sage explique aux villageois qu'il a aussi constaté que cet homme est en harmonie, parce qu'il est resté trois jours isolé à méditer. Le sage l'a observé et lui a donné des conseils. Il dit que cet homme est prêt à devenir chasseur officiel pour notre village. Dorénavant, le village possède deux chasseurs jusqu'à ce que je devienne trop vieux. Et donc, je vais pouvoir choisir si je souhaite continuer à chasser une partie du temps ou arrêter. Mais cet homme est chasseur officiel à partir de maintenant. Ils peuvent se fier à lui comme ils se sont fiés à moi. Puis, pour continuer la cérémonie, le sage met des choses dans le feu pour le faire s'embraser et la fumée se colore. Et il y a des chants. Nous voyons certains esprits venus ici et nous informons les esprits des animaux et des arbres autour que cet homme communiquera avec eux pour la chasse. Puis, mon apprenti dit aux villageois qu'il accepte cette responsabilité et qu'il l'assumera. On lui donne cette responsabilité et il s'y tiendra. Voici pour la partie solennelle, et ensuite vient le moment où tout le monde s'amuse. C'est généralement une excuse pour faire la fête toute la nuit. Parce que les villageois disent « Nous allons manger toute la nourriture ce soir afin que tu puisses aller travailler demain et que tu nous montres quel bon chasseur tu es. » (Je ris.) Et voilà. Voilà ce qui se passe.

D : *Pensez-vous qu'il a appris tout ce que vous savez ?*
B : Oui. Les seules choses qu'il ne sait pas, c'est simplement parce que j'ai chassé beaucoup plus longtemps. J'ai plus d'expérience.
D : *Mais vous pouvez toujours le conseiller.*
B : Oui, s'il veut des conseils. Il n'a plus à me demander de conseils maintenant, mais il le peut s'il souhaite. Il est en harmonie avec la Terre et il connaît les chants des animaux. Il sera capable de chasser.
D : *Trouvez-vous qu'il a été un bon élève ?*
B : Oui. Oui, il a bien appris.

Je sentais dans sa voix qu'il était fier de ce garçon. Il avait aussi le sentiment qu'il avait accompli sa mission en transmettant sa connaissance. Il savait combien c'était important pour la survie du village.

D : *C'est bien ! Ainsi vous n'êtes plus obligé de travailler si dur désormais.*
B : C'est vrai.
D : *Que pensez-vous que vous allez faire à présent ? Allez-vous rester au village ?*
B : (Catégoriquement) Non ! Pourquoi le ferais-je ? Je n'aime pas être sous un toit. Et il y a trop de monde avec les habitants autour. Je vais probablement aller explorer pour voir ce qu'il y a au-delà des zones de chasse.
D : *Vous n'avez jamais pu le faire, n'est-ce pas ?*
B : Non. Je vais plus loin que la plupart pour chasser, mais je me demande toujours ce qu'il y a derrière la montagne suivante. Peu importe la direction que vous prenez, il y a des montagnes. Donc je vais choisir le point le plus lointain où je suis allé dans chaque direction et j'irai au-delà.
D : *Avez-vous déjà voulu suivre la rivière ?*

B : Oui. Il est possible que je fasse ça aussi.

D : *Vous pouvez le faire dorénavant, parce que vous n'aurez pas à revenir au village, c'est bien ça ?*

B : Oui. Je vais préparer un paquet que je peux transporter. Et je partirai à une période agréable, en été. Je sais chasser pour ma viande. Il est même possible que j'aille loin.

D : *Et alors, reviendrez-vous pour dire aux autres ce que vous avez trouvé ?*

B : S'ils veulent savoir, je leur dirai. Ça fera une bonne histoire pour les soirs d'hiver autour du feu. Je pourrai partir au début de l'été et je rentrerai à la fin de l'été pour aider à fournir la viande nécessaire pour l'hiver.

D : *Pensez-vous que vous pourriez-vous perdre ?*

B : (Indigné) Non ! Moi me perdre ? Comment peut-on se perdre ? On sait où on est.

D : *Même si vous allez dans des lieux étranges où vous n'avez jamais été auparavant ?*

B : Mais ça ne change rien. On sait toujours où on est. On est toujours en harmonie avec la Terre et on peut toujours sentir les directions. Et vous savez dans quelle direction vous avez été et combien de temps vous avez voyagé. Et vous savez où vous êtes sur la Terre. Quand on est en harmonie avec la Terre, on peut ressentir les directions. Il est donc impossible de se perdre.

D : *Utilisez-vous les étoiles pour vous diriger ou savez-vous juste où vous êtes ?*

B : Oh, vous savez. C'est juste ici. (Il posa son doigt au centre de son front.) Les directions sont ici. Les étoiles aident. Mais ça, c'est plus fiable, parce qu'il peut y avoir des nuages la nuit.

D : *Oui, c'est vrai. Ou vous pourriez être dans une forêt épaisse et ne pas voir le ciel. Ainsi, vous savez toujours comment retourner au village en utilisant cette partie de votre tête. Certaines per-sonnes ne savent pas faire ça.*

B : Où ?

D : *Eh bien, n'avez-vous pas dit qu'il y a certains enfants qui n'étaient pas capables de faire ces choses ?*

B : Oui, c'est vrai, mais c'est si rare qu'on oublie.

Je fis un nouveau décompte pour l'emmener dans une autre journée importante plus tard dans sa vie et lui demandai ce qu'il s'y passait.

B : L'homme qui est désormais chasseur s'est marié. Il m'a demandé d'être le grand-père de son enfant. C'est un honneur, car je n'ai jamais vécu avec une femme ou élevé d'enfants. Je ne vou-lais pas vivre sous un toit. Donc cet homme dit qu'il veut être mon fils, il veut que je sois le grand-père de son enfant. Et ainsi ma lignée se poursuivra. Il peut le faire car il a appris la chasse de moi.

D : *Je croyais qu'il n'y avait pas de mariage dans votre peuple.*

B : En général, non, mais parfois quand quelqu'un est particulièrement attaché à une personne et qu'il souhaite vivre avec cette personne, ils l'annoncent au village. Et le sage dit, « Vous deux avez choisi de rester ensemble toute votre vie, vie dans laquelle vous sentez que vous êtes en harmonie l'un avec l'autre, dans laquelle vous devrez demeurer ensemble. Par conséquent, nous reconnaissons votre choix. » Le mot le plus proche que j'ai pu trouver est « le mariage », c'est un mot que vous avez utilisé une fois.

D : *Ce n'est pas normal de se marier, de rester avec une personne ?*

B : Non, ce n'est pas courant. Ça arrive, mais vraiment très rarement. C'est la première fois que ça se produit dans toute ma vie.

D : *Ainsi, la plupart du temps les habitants vivent juste avec qui ils veulent ?*

B : C'est ça. Et ça change à chaque fois que vous changez le cours de votre vie.

D : *Vous m'avez parlé une fois de cette femme que vous appréciiez. Est-elle encore là ?*

B : C'était il y a bien longtemps. Elle est encore là. Nous sommes toujours amis. Elle est proche d'un autre homme. Nous évoquons nos souvenirs parfois. Il y a une autre femme dont je suis proche.

D : *Chassez-vous toujours ?*

B : Pas souvent. Jamais en hiver, non. J'apprécie de rester au coin du feu en hiver. Le froid me transperce les os maintenant. En été, je dis que je vais chasser et je sors chasser. Mais tout le monde sait que je ne chasse pas vraiment. Je le dis juste. Je sors, afin de pouvoir entendre ce que le vent a à me chanter. Et je chante avec le vent, j'écoute ce que les arbres me disent. J'écoute l'harmonie de la Terre. Je n'aime toujours pas être sous un toit et je ne peux pas en-tendre aussi bien l'harmonie quand je suis au village.

D : *Mais vivez-vous sous un toit la plupart du temps maintenant ?*

B : Non, par beau temps, je suis dehors, je dors dehors. Il y a ce rocher tout particulier sur lequel j'aime dormir. Mais par mauvais temps, je rentre à l'intérieur à contre cœur. Je n'aime pas être sous un toit, mais mon corps me dit « Va à l'abri ». Mon corps ne coopère plus aussi bien. Je suppose que c'est ce qu'on appelle « vieillir ».

D : *Votre esprit voudrait toujours être à l'extérieur. Avez-vous voyagé pour voir ce qu'il y avait de l'autre côté des crêtes ?*

B : Oui. Il y avait des montagnes et encore des montagnes. J'ai descendu la rivière. Les gens du village disent que je vieillis et que j'invente des histoires pour divertir les enfants, que je veux pa-raître « aîné ». Mais j'ai descendu la rivière et j'ai trouvé d'autres personnes. (Parlant presque avec stupeur.) Mais ils étaient très différents de nous et ils ne semblaient pas être en harmonie. Je n'ai pas essayé d'entrer en contact avec eux, parce que ça me donnait mal à la tête d'être à proximité.

D : *Était-ce très loin ?*

B : Oui. À plusieurs jours d'ici. J'ai voyagé pendant deux lunaisons.

D : *En quoi semblaient-ils différents ? Avaient-ils une apparence différente ?*

B : Oui, ils étaient plus foncés. Ils avaient tous des cheveux noirs et une peau très sombre. Mais ce qui différait le plus, c'était… Je ne peux pas le décrire précisément. Dans notre village, chacun peut dire comment les autres se sentent sans qu'ils aient à dire ce qu'ils pensent ou ressentent, parce que nous sommes en harmonie les uns avec les autres. Mais pour ces personnes, leur harmonie était différente et je ne pouvais pas dire ce à quoi ils pensaient. Je n'ai pas voulu des-cendre dans leur village pour les rencontrer, parce que j'ai eu peur que si je le faisais, ils ne soient pas suffisamment en harmonie pour savoir que je ne leur voulais aucun mal. À cette époque, le village avait encore besoin de mon aide pour l'hiver, alors je les ai observés pendant un moment. Puis ce fut le moment pour moi de rejoindre le village, donc je suis parti.

D : *Vous ont-ils vu ?*

B : (Catégorique) Non ! Je me suis assuré qu'ils ne me voient pas.

D : *S'habillaient-ils différemment de votre peuple ?*

B : Oui. Certains. Ils semblaient avoir des coutumes différentes, mais je ne peux pas vous l'assurer puisque je n'ai parlé avec aucun d'entre eux. Ils utilisaient le cuir différemment de nous et leurs décorations étaient différentes aussi. C'était il y a tant d'années, c'est difficile de m'en souvenir. Ah… Leurs coiffures étaient différentes des nôtres. Dans notre village, les hommes gardent leurs cheveux courts, coupés au couteau. Et, comme vous le savez, les femmes entou-rent leurs cheveux derrière leur tête et y fixent des bâtons décorés en fonction de la tradition ou de ce qu'elles souhaitent. Dans ce village, les hommes aussi laissaient pousser leurs cheveux et les portaient tressés de différentes manières. Parfois, ils entouraient leurs tresses avec une bande en peau et parfois non. Et certains hommes du village se rasaient une partie de la tête et en laissaient pousser une autre partie. Ils avaient une drôle d'apparence. Je n'ai pas pu deviner ce que ça signifiait.

D : *Quelle partie rasaient-ils ?*

B : Eh bien généralement, les côtés étaient rasés et ils laissaient pousser une bande au centre de leur tête.

D : *Et ils avaient aussi des tresses ?*

B : En général non. Ils les laissaient juste pousser. Les femmes avaient fabriqué des ornements et autres, à partir de bandes de cuir et les portaient de différentes manières. Il semble aussi que les hommes du village ne laissaient pas les femmes faire autant de choses différentes que ce que font les femmes chez nous. Elles ne pouvaient pas être aussi franches.

D : *Avez-vous pu voir le type de maisons dans lesquelles ils vivaient?*

B : Elles avaient l'air semblable aux nôtres à quelques différences près. Rien de spécial. Ils avaient des bateaux différents. Comme c'était plus en contre bas de la rivière, la rivière était plus large à cet endroit. Ils possédaient des bateaux à fond plat qui flottaient très bien. Et ils avaient de longs bâtons spéciaux, je les ai entendus les appeler « pagaies ». Ils les utilisaient pour diriger les bateaux à travers la rivière. Ils pêchaient beaucoup. La plupart de la viande qu'ils mangeaient était des poissons. Et les seuls animaux qu'ils tuaient étaient les grands animaux pour leurs peaux. Ils mangeaient aussi cette viande, mais le poisson était leur première source de viande.

D : *Est-ce que les bateaux étaient assez larges pour se tenir debout dessus, comme vos bateaux ?*

B : Non. Ces bateaux étaient longs et étroits, incurvés à chaque extrémité et à fond plat. Il y avait généralement deux hommes pour diriger le bateau, trois au plus. Et ils étaient toujours agenouil-lés dans les bateaux.

D : *Vous souvenez-vous d'autres différences ?*

B : Eh bien, ils n'avaient pas de sage comme chez nous. Et il n'avait pas de métal. Leurs cou-teaux étaient faits en pierre, celle que nous utilisons pour nos pointes de flèches.

D : *Avaient-ils une sorte de chef ?*

B : Oui. Il y avait un chef qui avait les mêmes fonctions que notre sage, mais je peux vous dire qu'il n'avait pas la connaissance nécessaire pour être un sage.

D : *Je me demande si ces gens avaient le même type de croyances que votre peuple ?*

B : Je ne pense pas. Je n'en ai pas entendu un seul faire appel au moindre esprit pour quoi que ce soit. S'ils l'ont fait, ils avaient une manière différente de le faire. Et ils ne semblaient pas être conscients de choses dont ils devraient être conscients, telles que où se trouvent les animaux et les choses comme ça.

D : *Ils chassaient d'une façon différente de la vôtre ?*

B : Oui. Ils se fiaient davantage aux signes extérieurs plutôt qu'à leurs sentiments intérieurs.

D : *Les avez-vous entendus parler ?*

B : Oui. Mais je ne pouvais pas comprendre ce qu'ils disaient, alors je n'y ai pas prêté attention.

D : *Il s'agissait d'un groupe d'individus complètement différents. Vous êtes donc restés un moment et vous les avez juste observés?*

B : Pendant quelques jours.

D : *Quand vous êtes rentré au village et en avez parlé aux habitants, ils ne vous ont pas cru, n'est-ce pas ?*

B : Ils ont cru que j'inventais des choses pour divertir les enfants, pour leur parler de choses drôles que feraient d'autres gens en bas de la rivière. Et les habitants disaient, « Nous sommes le peuple. Nous sommes les seuls. Que veux-tu dire par « autre peuple » ? » Je sais ce que j'ai vu. Et les enfants trouvent que c'est drôle d'écouter les histoires que Tuin invente concernant un peuple qui fait ceci ou cela. Chacun sait que personne n'agit ainsi.

D : *Mais vous-même avant de voir ces personnes, vous pensiez en effet que vous étiez l'unique peuple ?*

B : Oui. Je ne savais pas qu'il y avait d'autres personnes. Je pensais que nous étions les seuls. Je descendais juste la rivière pour voir où elle allait. J'ai passé trois cascades et je suivais juste la rivière. Je fus surpris quand j'ai vu quelqu'un pour la première fois. Il était sur la rivière dans un de ces bateaux à fond plat. Ça m'a beaucoup étonné.

D : *Je me demande combien d'autres personnes il y a là-bas ?*

B : Je ne sais pas. À cette époque, c'était l'endroit le plus loin où je pouvais aller, à mi-chemin par rapport au temps où je pouvais rester éloigné du village.

D : *Y êtes-vous retourné ?*

B : Non. Il y avait beaucoup d'autres directions à découvrir. Je l'avais vu une fois, je savais que je ne l'oublierais pas.

D : *Avez-vous vu un autre peuple en suivant d'autres directions ?*

B : Non. Juste des montagnes et des animaux.

D : *Avez-vous vu des animaux étranges ?*

B : Non. J'ai vu des animaux qui ressemblaient à ceux que je connais, peut-être un petit peu dif-férent. Peut-être légèrement plus grands ou plus petits, de couleur légèrement différente. Mais je pouvais toujours dire que c'étaient les mêmes animaux. Il y avait aussi des arbres un peu diffé-rents, parfois différentes sortes de pins et de chênes, mais rien de très exceptionnel.

D : *Vous avez fait une grande découverte. Vous avez vu des choses que les autres habitants ne verront jamais.*

Puis je le transportai à nouveau à un autre jour important plus tard dans sa vie.

B : Je suis assis sur un rocher. J'ai médité avec les esprits pendant un bon moment. Et je viens de faire une découverte importante concernant la nature de l'univers.

D : *Pouvez-vous la partager avec moi ?*

B : C'est difficile à expliquer. Mais le fait que tout est un dans l'univers a été fortement renforcé en moi. C'est une expérience très spéciale.

D : *Méditez-vous ainsi très souvent ?*

B : Oui, maintenant que je ne chasse plus. Je viens beaucoup dans les bois parce que je n'aime toujours pas être sous un toit. Je suis trop vieux pour chasser alors je pense à ces choses.

D : *Aviez-vous déjà eu cette idée avant ?*
B : Oui, évidemment, j'en étais sûr. Je n'ai pas vraiment eu à y penser.
D : *Vous voulez dire qu'on est tous un ?*
B : Que tout : les gens, les plantes, les animaux, la Terre Mère, le ciel, l'air, tout est un.
D : *Comme en parfaite harmonie ? C'est ça ?*
B : Comme des parties d'un grand être qui œuvrent ensemble.
D : *C'est une idée différente, n'est-ce pas ? Est-ce que les autres personnes de votre village pen-sent ainsi ?*
B : Oui, puisque nous pensons que tout est un et en harmonie. Je me suis juste rendu compte que si tout se rejoignait en harmonie, ça constituerait une partie d'une sorte de corps ou d'être, parce que nos corps travaillent ensemble. Fermez juste votre main et ouvrez-la à nouveau. Ça vous raconte tout ce que vous avez besoin de savoir concernant l'unité de l'univers.
D : *Pensez-vous que cet être aurait un nom ou quelque chose ?*
B : (Catégorique) Oh, non, non ! Nous sommes une partie de cet être. Cet être est nous. C'est comme un esprit. Je ne sais pas comment décrire ça. C'est juste une idée concernant la manière dont tout fonctionne si parfaitement ensemble, parce que nous sommes tous une partie d'un même être. On peut penser être séparés, mais c'est une illusion.
D : *Bien sûr, cependant il y a des choses qui ne sont pas en harmonie.*
B : Oh oui. Quand occasionnellement on oublie qui l'on est ou quelque chose comme ça.
D : *Mais c'est une idée intéressante en tous cas, c'est intéressant de penser ainsi. Je sais qu'il y a différentes dates où vous organisez des célébrations et parlez aux esprits. Vous avez dit que vous chantiez pour vos esprits et leur demandiez de venir. Mais est-ce que les autres membres de votre village pensent qu'il y a un être ou un esprit qui serait au-dessus de tout le reste ?*
B : Non ! Tous les esprits sont bons et ils ont tous un rôle particulier, comme les habitants du vil-lage. Tout le monde a la même importance et chacun doit faire ce qu'il a à faire. C'est la même chose avec les esprits et ce sont nos amis.
D : *Ainsi il n'y en a pas un qui serait comme le chef, supérieur à tous les autres esprits ?*
B : Non, les esprits sont sages ; ils n'ont pas besoin d'un sage.

D : Certaines personnes croient des choses comme ça. C'est la raison pour laquelle je vous ai demandé ce que vous en pensiez.
B : Ce serait une croyance enfantine.
D : Ainsi, vous croyez à de nombreux esprits de différents éléments de la nature, c'est bien ça ?
B : Tout, chaque individu, toute chose qui existe possède son esprit. Une plante, vous, un animal, un rocher, le vent, la pluie, l'orage, l'éclair, les nuages, le soleil, les étoiles, toute chose. Chaque étoile possède un esprit. Certains esprits sont plus puissants que d'autres dans une certaine me-sure, mais ils ont tous leurs capacités et leurs pouvoirs. Et ils sont là pour aider. La seule chose que nous ayons à faire est de communiquer avec eux et de leur dire ce dont nous avons besoin. Et ils y travaillent pour que ce soit harmonieux avec tout le reste, mais vous obtenez toujours ce que vous voulez.
D : Est-ce que vous chantez à certains esprits plus qu'à d'autres ?
B : Pas à un plus qu'aux autres. Parfois vous connaissez parfaitement la situation et vous savez qu'un esprit en particulier pourra s'en occuper. Ou pourquoi deux ou trois ou quatre esprits se-ront en mesure de s'en charger. Vous vous adressez à eux. Mais à d'autres moments, si c'est juste une situation générale et que vous ne savez pas qui est le plus approprié pour s'en occuper, vous vous adressez à tous les esprits en général. Et vous leur dites « S'il vous plaît entendez-moi. Celui qui peut se charger de ça. Voici ce dont j'ai besoin. »
D : Ça semble être une croyance très bénéfique.
B : Nous sommes heureux ainsi, et c'est ce qui compte. Et ça fonctionne.
D : Oui, tant que c'est bon pour vous. Mais vous devenez âgé maintenant ?
B. Oui. Mais cheveux sont devenus blancs en grande partie.
D : Et vous ne chassez plus ?
B : Non. Je suis trop vieux pour ça. Celui que j'ai formé s'occupe de la chasse désormais.
D : Y a-t-il quelqu'un qui s'occupe de vous ?
B : (Indigné) Je n'ai besoin de personne pour s'occuper de moi.
D : Je veux dire pour vous donner de la nourriture ou des choses comme ça.
B : Je n'ai aucun problème à obtenir de la nourriture. J'ai chassé si longtemps, j'ai toute la nourri-ture que je veux.

D : *Mais vous l'avez mérité.*
B : C'est ce qu'ils disent. J'ai donné au village toute la viande dont il a toujours eu besoin. Ils di-sent que c'est normal que je reçoive aujourd'hui la nourriture dont j'ai besoin. C'est juste équi-table.
D : *Et celui que vous avez formé est un bon chasseur. Il fournit la nourriture à toute la communauté aujourd'hui. Alors que faites-vous de votre temps désormais ?*
B : Je passe beaucoup de temps à marcher dans les bois. Quand je ne suis pas avec les enfants, je suis toujours dehors dans les bois à me promener.
D : *Y a-t-il des enfants en particulier avec qui vous aimez être ?*
B : Tous.
D : *Très bien. Eh bien, quittons cette scène. Continuons à aller vers un autre moment important plus tard dans votre vie. Je vais compter jusqu'à trois et vous y serez. Un, deux, trois ; c'est un autre jour important de votre vie. Que faites-vous ?*
B : Je marche à travers le village, en regardant ce qui a changé et ce qui est resté identique. J'ai le sentiment que c'est la dernière fois que je verrai le village, alors je le vois vraiment. Je regarde vraiment pour en voir chaque détail.
D : *Pourquoi ? Pensez-vous que quelque chose a changé ? (Je ne comprenais pas vraiment ce qu'il disait.) Étiez-vous parti ?*
B : Oh, les choses ont changé petit à petit au fil des années. Je compare le village d'aujourd'hui avec celui de mes plus anciens souvenirs.
D : *Voyez-vous des changements ?*
B : Eh bien, il y en a quelques-uns, vous savez. Il y avait une maison par ici qui était habitée, mais elle a été détruite par les tempêtes d'hiver. Il y en avait une autre, qui avait été construite par ici, qui a été modifiée. Les enfants sont différents parce que vous savez les enfants grandissent toujours. Et voilà, pas de gros changements juste des petits. Le nouveau sage s'en sort très bien.
D : *Est-ce que l'ancien sage est mort ?*
B : Oui. Il a fait trop froid un hiver. Mais le nouveau sage se souvient de tout et donc tout va bien. Nous sommes entre de bonnes mains.
D : *Il lui a transmis les mémoires, les légendes et tout le reste. Y a-t-il plus de personnes au-jourd'hui qu'il n'y en avait avant ?*
B : Oh non. Pas vraiment. On a parfois ce sentiment, mais je pense que c'est simplement parce que je suis vieux.

D : Y a-t-il toujours ce grand immeuble qui était utilisé pour les rassemblements ?
B : Oui.
D : Ne m'aviez-vous pas dit une fois qu'il y avait une pancarte ou quelque chose sur le bâtiment ?
B : Oui. Il y a une image dessus qui dit à quoi sert le bâtiment bien que tout le monde le sache. Ce motif, selon le sage, dit à quoi sert le bâtiment. Il a été prétendument mis ici par les Anciens. Cette pancarte est faite en métal et on ne pourrait pas dire qu'elle a passé tout ce temps à l'extérieur soumise au climat.
D : Pourriez-vous représenter l'image qui est sur ce panneau pour moi?
B : Ce serait difficile. Je ne vois plus aussi bien qu'avant.
D : Mais vous vous souvenez de ce à quoi il ressemblait, n'est-ce pas?
B. En fait, je n'y ai jamais vraiment porté attention. Je savais à quoi servait le bâtiment. Cette pan-carte était juste là. Je l'ai regardé, mais les dessins ne correspondaient à rien de précis. Ils ne ressemblaient pas à des arbres. Ils ne ressemblaient pas à des animaux. C'étaient des gribouillis dénués de sens. N'importe quel enfant pourrait en faire autant. Et puis, je ne me suis jamais embêté à me souvenir de ce à quoi ils ressemblaient parce que je n'avais aucune raison de le faire.
D : Eh bien, j'aimerais vraiment que vous puissiez le regarder et voir si vous pouvez le reproduire pour moi. Pensez-vous que vous pouvez le faire ?
B : Je pourrais essayer. Mais il ne ressemblerait pas à l'original parce que je ne peux pas le voir. Il est trop loin.
D : Pouvez-vous vous rapprocher ?
B : (Exaspéré) Je suis devant juste en ce moment même ! Je ne vois juste plus bien. Je suis déso-lé.

C'était une bonne tentative, mais il était évident que s'il ne pouvait pas voir le panneau, il ne pourrait pas le dessiner.

D : Pourquoi pensez-vous que c'est la dernière fois que vous marchez dans le village ?
B : À cause de la manière dont les esprits ont chanté pour moi aujourd'hui. Le chant a changé. Et à la manière dont il a changé

je peux dire que je le perçois différemment, ce qui signifie que je m'approche du moment de passer de l'autre côté.

D : *Vous vieillissez, mais vous êtes toujours en bonne santé ?*

B : Oui. Quand il fait froid, et aujourd'hui il fait froid, mes articulations me font souffrir et sont cris-pées. Je ne peux plus bouger rapidement. Je dois me déplacer lentement et je ne peux plus voir. Mais en dehors de ça, ma santé est encore bonne.

D : *Ce sont des choses naturelles quand on vieillit, n'est-ce pas ?*

B : Pour certains. Certaines personnes arrivent à un stade où elles ne peuvent plus entendre, d'autres où elles ne peuvent plus voir, ça dépend.

D : *Ainsi va la vie.*

Après son réveil, Beth me raconta ce dont elle se souvenait de la séance.

B : Je me souviens de son apprenti. Il a commencé à jouer un rôle plus important. Je me sou-viens de ça. Et je me souviens d'un voyage. Il semblait y avoir beaucoup de montagnes.

D : *Te souviens-tu d'autres choses ?*

B : Je crois que j'ai le sentiment que quelque chose de solennel a eu lieu. Tu sais : bon, positif mais néanmoins solennel.

D : *C'était probablement lorsque l'apprenti de Tuin a obtenu l'accord officiel du sage de lui succé-der dans ses missions. C'était une sorte de cérémonie. Et à ce moment il a transféré ses respon-sabilités à son apprenti. Ensuite ils ont fêté joyeusement ce moment.*

B : J'ai eu le sentiment d'être contemplative, de passer plus de temps à penser à des choses, mais pas à des choses ordinaires du quotidien.

D : *C'était quand il était devenu âgé.*

Beth décrivit aussi un court voyage hors de son corps qu'elle fit juste à la fin de la séance, juste avant que je fasse le décompte pour la sortir de sa transe profonde. Avec son corps astral spirituel, elle est allée faire un tour dans une ville à proximité, dans le mobile home d'un de ses amis. Elle avait pensé à ce jeune homme avant la session, espérant qu'il y avait un moyen quelconque pour l'amener à l'appeler et à l'inviter à un rendez-vous. Je lui avais fait une remarque amusante en lui disant de lui envoyer des suggestions mentales pour qu'il l'appelle. Apparemment, c'était la dernière chose à laquelle elle avait pensé avant d'entrer sous hypnose et elle a utilisé la der-nière partie de la transe pour faire un petit tour chez lui et essayer de l'influencer.

Cet incident montre que l'objet de la séance n'était pas la chose la plus importante pour elle à ce moment-là. Elle était plus intéressée par sa propre vie privée que par la vie qu'avait vécue Tuin il y a des milliers d'années.

Une chose intéressante se produisit pendant que je décomptais pour la sortir de sa transe. Habi-tuellement, quand je compte cinq et six, le corps du sujet a commencé à réagir et à montrer des signes de retour à la conscience. Elle était toujours allongée, inerte, jusqu'à ce que j'atteigne le chiffre sept, quand un soubresaut incontrôlable traversa son corps. Elle commença alors à réagir. Elle me dit plus tard qu'alors qu'elle se tenait (flottait) dans le mobile home et disait à son ami de l'appeler, elle m'entendit compter sept, huit en arrière-plan. Elle pensa « Oups, je dois y aller ! » Et fut ramenée dans la pièce. C'est probablement à ce moment que la contraction de son corps se produisit, alors qu'elle le réintégrait. Elle expliqua qu'habituellement elle pouvait m'entendre compter, de plus en plus fort, et qu'elle suivait ma voix et se réveillait doucement. C'était la pre-mière fois qu'elle avait attendu aussi longtemps pour réagir. Mais elle était occupée. La vitesse à laquelle elle avait été capable d'effectuer sa sortie hors du corps et de revenir était impression-nante, tout ça en un court instant avant son réveil. Cela démontre aussi l'efficacité de la voix de l'hypnothérapeute à faire revenir le sujet et montre comment le sujet perçoit cette étape de son côté. Cette petite promenade fut une expérience intéressante.

D'ailleurs, son ami l'a appelée dans les jours qui suivirent et lui a proposé un rendez-vous. Que ce soit une coïncidence ou qu'elle ait réellement communiqué avec lui mentalement, nous ne le saurons jamais.

Chapitre 13
La mort de Tuin et la suite

EN TRAVAILLANT AVEC UN SUJET sur une vie antérieure, on arrive finalement au point où on a le sentiment d'avoir exploré les événements principaux de cette vie, et qu'il ne reste plus qu'une facette à découvrir : la mort de cette personnalité. À ce stade, ma procédure habituelle est de demander au sujet d'aller au dernier jour de sa vie pour qu'il puisse me dire ce qu'il s'est pro-duit. Je lui laisse le choix de pouvoir vivre cet incident en tant qu'observateur s'il le souhaite, pour qu'il n'éprouve pas de réactions physiques ou de traumatismes. Plusieurs réactions inhabi-tuelles se produisent à cette étape, en fonction du type de mort (violente ou naturelle). Mais le sujet fait toujours l'expérience d'un sentiment de détachement par la suite et peut fournir un compte-rendu impersonnel. Toutes les sensations physiques s'en vont avec le corps. Le sujet ne les emmène jamais au niveau où il se retrouve esprit.

B : J'ai quitté le village et je marche à travers les bois en direction d'une des montagnes. Il y a une grotte là-bas où j'aime me rendre pour penser. Il a plu. Il fait froid. Je vais à la grotte et alors que je m'approche de l'entrée... Je ne sais pas si c'est une avalanche ou un effondrement, mais je suis pris entre les rochers, je suis écrasé. Je suis enterré sous les rochers. Le village, sachant que je suis vieux, pense que je suis parti marcher dans l'autre direction. Ils n'ont jamais retrouvé mon corps.

D : *Était-ce une grotte où vous alliez toujours ?*
B : En fait, j'étais vieux lorsque je l'ai découverte et je n'en ai jamais parlé à personne. J'y allais relativement souvent.
D : *Il était donc peu probable, de toute façon, qu'ils sachent où vous alliez.*
B : C'est vrai.

J'ai eu l'occasion d'assister à l'expérience de la mort des plusieurs centaines de sujets étudiés, si bien que cela ne me semble plus surprenant ou inhabituel. Mais je suis toujours curieuse quant à leur description du passage entre l'état physique et spirituel.

D : *Comment ça s'est passé au moment de votre mort ? Je veux dire, spirituellement, était-ce comme si vous quittiez votre corps ?*

B : Avez-vous déjà plongé dans une mare profonde, dont le fond est sombre et trouble ? À me-sure que vous remontez vers la surface de l'eau, tout devient de plus en plus lumineux. Puis quand vous dépassez la surface de l'eau, il y a la lumière du soleil partout autour. C'était comme ça.

D : *Pensez-vous que ça s'est produit ainsi, à cause des rochers qui sont tombés sur vous ?*

B : Non, c'était comme ça parce que je venais du plan physique pour rejoindre le plan spirituel. Quand j'ai quitté mon corps, c'était comme remonter à la surface de la mare. Puis quand j'ai at-teint le plan spirituel, c'était comme dépasser la surface de l'eau et sortir sous la lumière du soleil.

D : *De nombreuses personnes s'inquiètent sur ce qu'est la mort.*

B : Si vous mourez dans un accident, c'est physiquement douloureux juste avant que vous per-diez la conscience du plan physique, parce que votre corps a été blessé. Mais une fois que vous avez perdu connaissance, c'est très simple et naturel. C'est aussi naturel que n'importe quoi d'autre dans la vie : faire l'amour, marcher, courir, nager. C'est juste une autre étape de votre vie. La mort n'existe pas. Vous allez juste à un autre stade de vie.

D : *C'est ce que je veux expliquer aux gens parce que certains sont inquiets. C'est pour ça que j'aime obtenir des informations sur ce que la mort est vraiment.*

B : C'est agréable. S'ils s'inquiètent de la mort, dites-leur d'aller à un endroit où la rivière forme une mare profonde. Dites-leur de plonger jusqu'au fond de la mare. Et une fois qu'ils seront au fond, de pousser vigoureusement avec leurs pieds et de remonter à la surface. Dites-leur que c'est comme ça.

D : *Ce fut donc votre expérience.*

B : Je regarde la Terre d'en haut et le lieu où je suis mort. Je pense à ma vie. J'ai le sentiment qu'elle était belle. Qu'elle était pleine.

J'étais en harmonie avec les esprits. J'étais un chasseur et j'ai fait du bon travail.

D : *Je pense que c'était une belle vie. Vous étiez une bonne personne et vous avez œuvré pour votre peuple.*

B : Eh bien, c'est normal. Dans le village la plupart des gens font des choses pour les autres.

D : *Mais vous avez eu une vie utile.*

B : Je regarde la Terre d'en haut maintenant. Au-delà des bois et des montagnes.

D : *Vous viviez dans un bel endroit.*

B : Oui, la Terre est belle. Et oui, le lieu où j'ai vécu est spécial pour moi. Il est vraiment merveil-leux. Je vois et je comprends des choses que je n'aurais jamais crues possibles. (Soudainement) Bonjour !

D : *Pardon ?*

Cette remarque était inattendue. Je fus surprise.

B : Bonjour.

D : *Bonjour ? (Rires) Que faites-vous ?*

B : Je vous regarde. Vous êtes à un endroit bien plus éloigné que ce que j'avais imaginé.

D : *Oh ? Dites-moi ce que vous en pensez.*

B : Je vois comment vous obtenez vos informations. C'est si étrange. Cette boîte noire. Elle res-semble à ces choses que possédaient les Anciens. (Il faisait référence à mon enregistreur cas-sette.) Et je peux voir que vous aimez poser des questions.

D : *Euh, ça vous dérange ?*

B : Non. Je trouve ça amusant.

D : *Pourquoi est-ce amusant ?*

B : Juste comme ça. Sans raison particulière.

       *

Ce fut un sentiment vraiment étrange de savoir que, d'une certaine manière, il me regardait ou regardait par-dessus mon épaule. Quelqu'un ou quelque chose d'invisible observait ce que je faisais. Je me suis sentie un peu mal à l'aise et je ne cessai de regarder derrière moi. Je ne sais pas à quoi je m'attendais. Tuin le chasseur avec un corps de fantôme flottant dans les airs ? C'était juste une réaction normale du fait de mon état de surprise, mais je sentis des picotements en bas de ma colonne vertébrale. J'essayai de continuer comme si de rien n'était, mais j'avais maintenant l'impression étrange de parler à un fantôme présent dans la pièce.

D : *Savez-vous à quoi sert la boîte noire ?*
B : Eh bien, puisque vous n'êtes pas en train d'écrire ou de consigner l'information, je suppose que cette boite contient l'information. Un peu comme un des objets que possédaient les Anciens.
D : *Elle est en effet capable d'enregistrer l'information. Il y a beaucoup d'objets étranges, n'est-ce pas ?*
B : Oui. Le chant de l'univers ne cesse jamais.
D : *Qu'est-ce que vous voyez d'autre quand vous me regardez ?*
B : Je vous vois entourée de beaucoup de choses.
D : *Pouvez-vous me dire ce que vous entendez par là ?*
B : Je ne les vois pas très clairement. Je vois surtout votre visage. Je regarde autour et je vois le chant de l'univers. La danse des sphères.
D : *Mais vous pouvez comprendre maintenant pourquoi j'ai posé toutes ces questions. Je voulais que votre connaissance soit remémorée. C'est très important qu'elle ne soit pas perdue.*
B : Parce qu'elle a été totalement perdue.
D : *Oui. Vous le réalisez à présent, n'est-ce pas ? Et j'essaie de lui redonner vie.*
B : Je suis heureux d'avoir été coopératif pendant que je chassais ici-bas.
D : *Oui. Il arrive parfois quand je parle à des gens qu'ils ne souhaitent pas répondre à mes ques-tions.*
B : C'est idiot. Ils ont de petits esprits. Ils ne chantent pas.
D : *Et bien parfois la connaissance est secrète et ils ont peur de me la révéler.*
B : Ils ne chantent pas juste. Ils ne sont pas en harmonie avec la Terre. La Terre n'a pas de secret. La connaissance et le chant sont présents pour tous.
D : *Oh, vous étiez très coopératif. Vous aviez très envie de me raconter. J'ai beaucoup apprécié.*
B : C'est bien. Il faut l'être. La connaissance ne doit pas être perdue. La garder secrète n'est pas sage.
D : *Je pense qu'ils avaient peur que certaines personnes ne comprennent pas, ou…*

B : Si elles sont en harmonie avec la Terre, elles devraient comprendre.
D : *Parfois elles avaient aussi peur de se mettre en danger. Elles avaient peur d'être blessées si la connaissance était révélée.*
B : Eh bien, au sein de mon peuple, cela ne serait pas arrivé.
D : *Oui, je sais. Vous étiez vraiment de belles personnes, de bonnes personnes. C'est pour ça que j'ai posé ces questions et quand j'ai découvert que la connaissance avait été perdue, j'ai voulu essayer de lui redonner vie. Et je l'ai mise dans ma petite boîte noire.*
B : Quand c'est dans la petite boîte noire, est-ce que les autres personnes ont accès à l'information ?
D : *Oui, puisque, lorsque je la sortirai de la boîte, je la mettrai sur papier et ils pourront la lire.*
B : Du papier ? (Il semblait confus.)
D : *Eh bien, ce sera écrit. Vous savez ce qu'est l'écriture ?*
B : Oui.
D : *Le papier est juste le matériau sur lequel on écrit.*
B : Ah ! Je comprends.
D : *Ce sera écrit et ainsi de nombreuses personnes pourront le lire et connaîtront votre peuple.*
B : C'est bien.
D : *Elles connaîtront votre histoire et d'où vous venez. Ça ne sera plus perdu.*
B : Pour une autre période au moins.
D : *C'est pour ça que j'ai posé tant de questions. J'essayais de penser à ce que les gens vou-draient savoir sur votre peuple.*
B : Ça explique certaines questions.
D : *Les choses ont changé, c'est pour ça que je voulais savoir comment c'était avant. J'ai cru cer-taines fois que Tuin allait perdre patience. Il ne savait pas pourquoi je posais autant de questions.*
B : Il n'était pas agacé, juste perplexe.
D : *Il ne comprenait pas pourquoi je ne connaissais pas ces choses.*
B : C'est vrai.
D : *Mais en regardant la Terre maintenant, vous pouvez probablement voir que de nombreuses choses ont changé.*
B : Oui. Pauvre Terre. L'homme n'est pas en harmonie avec la Terre. C'est douloureux.

D : C'est vrai. Ce genre d'informations pourrait peut-être nous aider à retrouver l'harmonie.

B : J'espère.

D : C'est pourquoi je suis toujours en quête de connaissance. J'ai trouvé ça intéressant que votre peuple n'ait pas le concept d'un Dieu. Comprenez-vous ce que je veux dire ? Il croyait en les esprits de la nature ?

B : Oui. À l'unité de l'univers. Il n'y a pas de place pour un Dieu quand vous êtes un avec l'univers. Il s'occupe de tous les besoins. Un Dieu serait enfantin et superflu.

D : Mais de nombreuses personnes aiment à penser qu'il y a un être ou un Dieu au-dessus de tout.

B : Ça étouffe votre chant. Ça crée un chant en disharmonie avec la Terre. Ça vous étouffe.

D : Ainsi c'est mieux de croire en plusieurs esprits différents ?

B : Non. Tout est lié et l'ensemble forme une entité plus grande totalement en harmonie. Je sup-pose que dans une certaine mesure on pourrait le considérer comme plusieurs esprits, plusieurs aspects de la même chose ; tant que vous vous rappelez que vous êtes en harmonie et une par-tie du grand tout. Cette idée de séparer les choses en Dieu, non Dieu, anti Dieu est contraire à l'harmonie. Ça ne devrait pas se passer ainsi. Ça ne se passe pas ainsi.

D : C'est ce qu'ils pensent : l'être, qu'ils appellent « Dieu », est supposé être un au-dessus de toute chose.

B : Mais ce n'est pas ainsi. Tout est ensemble. Rien n'est au-dessus. Tout est ensemble.

D : Oui, en mettre un au-dessus des autres reviendrait à les séparer, n'est-ce pas ? Qu'allez-vous faire maintenant ?

B : Me reposer et apprendre. Et revenir. Je vois désormais qu'il y a d'autres peuples. En vivant dans le village, nous n'en avons jamais vu aucun. Je vois l'immensité de l'espace. J'aperçois autour de moi des choses que je n'avais jamais pu voir en étant vivant.

D : Comment vous sentez-vous vis-à-vis de ça ?

B : C'est beau. L'harmonie et le chant de la vie sont bien plus intriqués et bien plus vastes que tout ce dont j'ai pu rêver.

D : Que regardez-vous en ce moment ?

B : Je regarde la planète entière.

D : En la regardant, pouvez-vous me dire où était votre village ? Sur quelle partie de la planète ? Vous ne le saviez pas quand vous étiez en vie ici.
B : C'est vrai. Dois-je utiliser votre vocabulaire ou le mien ?
D : Peu importe. J'aime votre vocabulaire. Dites-moi et ensuite nous pourrons comparer.
B : Eh bien, ça n'a pas d'importance.
D : Quelle serait votre manière de me le décrire ?
B : Oh, je décrirais des formes principalement.
D : Commencez par ça.
B : Très bien. Il y a un territoire qui ressemble à une corne et qui est attaché à un autre territoire par un cou étroit. Et cet autre territoire ressemble à un bol. Il y a des montagnes des deux côtés et il est plat au milieu. Il s'étend quasiment d'un pôle à l'autre. Voici une des descriptions. Une autre description parlerait d'un bouclier avec des îles tout autour. Il y a un autre territoire qui ressemble à une corne avec des montagnes extrêmement hautes. Dans votre vocabulaire : ce dernier terri-toire serait l'Inde, avec les montagnes et la terre en forme de corne. Le bouclier avec les îles au-tour serait la Chine et la Russie, l'Asie. L'autre qui ressemble à une corne serait l'Amérique du Sud connecté par un cou à ce territoire en forme de bol, soit l'Amérique du Nord.
D : Sur lequel de ces territoires était situé le village où vous viviez en tant que chasseur ?
B : L'Amérique du Nord. Dans les montagnes à l'ouest du Canada.

Il avait finalement trouvé la réponse que j'avais tant cherchée.

D : Je continue à me demander où c'était. Pourriez-vous regarder la planète à ce jour et être plus précis ?
B : Au nord-ouest du Canada, dans les montagnes proches de l'Alaska.
D : C'est ici qu'était situé votre village. En le regardant, pouvez-vous voir ce qui est arrivé aux per-sonnes qui vivaient dans ce village ? Ont-elles quitté la vallée ?
B : Ils ne sont pas partis mais d'autres personnes ont fini par y venir. Au début, il y a eu comme un conflit, puis les habitants du village ont perdu de vue le fait d'être en harmonie. Ils ont dû sur-vivre à ces autres personnes. En se mélangeant avec les autres peuples, ils ont été petit à petit absorbés.

D : De quel type de peuple s'agissait-il ?
B : Des Inuits.
D : Le peuple qui portait des fourrures et vivait dans des igloos ?
B : Oui. Ou dans les bois et dans des appentis en peau l'été.
D : Quand ont-ils découvert votre peuple ?
B : Lors d'une expédition de chasse. Ils se sont répandus petit à petit. Ils se multipliaient et ont de plus en plus étendu leur territoire de chasse. Et finalement ils sont arrivés à la vallée.
D : Mais ils ne se comprenaient pas, n'est-ce pas ?
B : Eh bien, ils ont appris des choses des villageois. Ça a favorisé leur développement spirituel jusqu'au point où ils prirent conscience des esprits et essayèrent de rester en harmonie avec eux. Ils étaient comme des enfants qui n'avaient jamais reçu d'enseignement. Ils ne savaient pas ce que rester en harmonie signifiait. Ils n'ont pas très bien réussi, mais ils ont essayé.
D : Y avait-il plus d'Inuits que de villageois ?
B : À la fin, oui. Au moment de l'expédition de chasse non, mais plus tard d'autres les ont rejoints.
D : Vous avez parlé d'un conflit. Voulez-vous dire qu'il y a eu un combat ou quelque chose comme ça ?
B : Pas vraiment. Ils étaient juste méfiants des deux côtés. Et quelques disputes verbales ont eu lieu.
D : J'imagine que les habitants du village ont dû être très choqués, quand ils ont vu d'autres per-sonnes.
B : Oui. À cette époque, ce que je leur avais raconté était devenu la légende du chasseur fou qui disait qu'il y avait d'autres habitants. Et puis, quand les Inuits sont arrivés dans la vallée, ils fu-rent surpris de réaliser que c'était vrai.
D : Ils n'ont rien pu faire, n'est-ce pas ?
B : Non. On ne peut pas rester caché pour toujours.
D : Et finalement, ils vécurent avec les Inuits. Qu'est-il arrivé aux légendes des villageois ?
B : Elles furent oubliées petit à petit ou assimilées par les Inuits, puis modifiées et mélangées avec leurs propres légendes. Certaines furent transmises. Certains concepts sous-jacents furent globalement intégrés par ce nouveau peuple et transmis, mais les détails furent perdus.
D : Ce nouveau peuple possédait ses propres légendes, n'est-ce pas ?

B : En effet. Mais certains concepts ont pu être intégrés à la structure de leurs légendes.

D : *Ainsi, ils combinèrent les deux. Pouvez-vous voir ce qui est arrivé aux objets de la maison du sage ?*

B : Ils finirent par être enterrés.

D : *Les gens ne savaient pas ce que c'était ? Est-ce pour ça qu'ils les ont enterrés ?*

B : Pour certains, oui, parce que les légendes associées à ses objets avaient été oubliées. Et d'autres furent enterrés délibérément, particulièrement après le premier contact avec les Inuits. Ils ont pensé, « Nous ne voulons pas que ces personnes les prennent. Ils sont pour les esprits. » Alors ils les enterrèrent.

D : *Et qu'en est-il de ce grand objet qui avait tous ces petits boutons dessus ?*

B : Celui-ci fut enterré avec un des sages.

D : *Ils ont particulièrement enterré celui-ci après l'arrivée des Inuits?*

B : Non, il avait déjà été enterré auparavant avec un des sages.

D : *Le vieux sage ?*

B. Non, un autre. Je ne sais pas lequel. Ils ne savaient pas à quoi ça servait. Et le sage avait été adoré, ils firent donc ça pour l'honorer.

D : *Et le chapeau et les pièces de métal ?*

B : Le chapeau fut accidentellement cassé et ne pouvait pas être réparé. Puisque personne ne savait plus à quoi il servait, il fut jeté. Très peu soigneux, ces descendants.

D : *Je ne pensais pas qu'il pouvait casser.*

B : Moi non plus, mais... Je ne sais pas ce qui s'est passé.

D : *Et les autres objets, les pièces de métal et autres ont été enterrés quand...*

B : Soit enterrés, soit utilisés.

D : *Ils ne voulaient pas que les Inuits aient ces objets.*

B : En fait, les pièces de métal n'ont pas posé de réels problèmes puisqu'il n'y avait presque plus de métal quand les Inuits sont arrivés.

D : *Était-ce de nombreuses générations après la vie de Tuin ?*

B : Oui, plusieurs générations.

D : *Ainsi les légendes ont été soit oubliées soit modifiées.*

B : Les deux. Certaines ont été oubliées ; ça arrive. Et quand les Inuits sont arrivés, ils ont com-mencé à partager les légendes. Certaines étaient différentes, d'autres étaient similaires et les en-fants les ont mélangées et transformées petit à petit. Puis certaines ont été perdues. C'est un cycle naturel.

D : *Alors, les Inuits ont adopté certaines des coutumes de votre peuple. Que pensez-vous de ces légendes maintenant que vous êtes de l'autre côté et que vous pouvez les voir différemment ?*

B : Elles étaient incroyables.

D : *Pensez-vous qu'elles détenaient une vérité ?*

B : Oui. C'est ce qui les rend incroyables, elles ont permis de garder tant d'éléments intacts pen-dant si longtemps.

D : *Oui, la vie de Tuin était très restreinte, très limitée à ce qu'il pouvait voir.*

B : Tout ce qu'il avait étaient ses cinq sens. Mais les membres de son peuple voyaient beaucoup de choses avec leur esprit. Ils auraient pu s'en couper, mais ils ne l'ont pas fait. Ce fut bon pour leur karma.

D : *Ils avaient développé ces capacités à un degré élevé, n'est-ce pas?*

B : Oui, en effet. Un aspect qu'ils ont délibérément coupé était la capacité à entendre les ani-maux. Mais c'était mieux. Ils ont été obligés de couper cette connexion pour leur survie.

D : *J'ai supposé que c'est ce qui s'était produit. La légende dit qu'ils ne voulaient plus entendre les animaux parler, parce qu'il y a une époque où ils pouvaient parler ? Était-ce mentalement ?*

B : Oui, ils pouvaient entendre les animaux supplier de les laisser en vie. Et ça leur créait trop de stress mental.

D : *C'est ce que j'avais cru comprendre, ils ont fait taire cette capacité.*

B : Mais c'était une question de survie, donc ça n'a pas joué contre leur karma.

D : *Tuin utilisait encore bon nombre de capacités psychiques afin de localiser les animaux.*

Chapitre 14
L'origine des Anciens

QUAND UN SUJET EN RÉGRESSION revit le moment de sa mort et traverse le portail qui mène de l'autre côté de notre réalité, un phénomène intéressant se produit. Je l'ai vu se réaliser si sou-vent que je m'y attends désormais quand on atteint ce moment de la régression. Quand les per-sonnalités se retrouvent à nouveau à l'état d'esprit, ils se séparent de leur corps physique tel un vieux costume de tissu usé et, simultanément, des inhibitions et limitations imposées par le corps physique. Quand une personne est en vie, dans le monde physique, elle n'a conscience que des événements et connaissances vécus à travers ses sens et ses expériences physiques. Le monde de Tuin était extrêmement restreint et il n'avait pas conscience du savoir qui pouvait être contenu dans les légendes qu'il avait entendues toute sa vie. En perdant ce corps physique, ces limitations disparaissaient. Si Tuin suivait le modèle que j'avais déjà observé, je savais qu'il aurait accès à une connaissance étendue en tant qu'esprit. Et l'origine des Anciens pourrait finalement émerger si ce réservoir de connaissances devenait accessible.

J'étais arrivée à beaucoup de déductions par moi-même, mais il restait de nombreuses questions en suspens. Je ressentais un réel besoin de trouver les réponses ; j'ai donc aiguillé mes re-cherches dans cette direction.

D : De là où vous êtes maintenant, vous avez accès à bien plus de savoir, n'est-ce pas ?
B : Oui, je comprends bien plus de choses. On gagne toujours en connaissance. Ça fait partie de la vie.
D : Eh bien, je me posais des questions concernant les Anciens et ce qui s'est vraiment passé. Je me suis dit que vous pouviez peut-être voir davantage de choses maintenant. Je crois que ces lé-gendes étaient en fait très précises, non ?
B : Oui, elles étaient incroyablement précises. Certaines parties étaient vagues, mais on pouvait s'y attendre du fait de la grande période

qu'elles ont traversée. Mon peuple avait mis l'accent sur le fait d'essayer de conserver les informations inchangées. Et je pense qu'ils ont réussi un travail considérable étant donné que rien n'était écrit.

D : *Ce fut une si longue période. C'est impressionnant qu'ils aient été capables de préserver tout ça.*

B : Oui. L'accent mis sur la transmission précise des légendes est ce qui a donné un élan sup-plémentaire à cette préservation. Je vois qu'il y a des peuples qui aiment embellir leurs histoires, les transforment et les simplifient tellement qu' après plusieurs siècles elles n'ont plus aucun sens.

D : *Oui, de nombreuses personnes font ça pour les rendre plus intéressantes. Mais vos légendes détenaient une grande part de vérité, n'est-ce pas ?*

B : Oui, mais elles étaient vagues. Certains détails ont été perdus au fil du temps, mais c'est iné-vitable dans le plan physique.

D. *Y a-t-il des éléments que pourriez-vous me raconter concernant les Anciens, que vous ne con-naissiez pas à l'époque ?*

B : Peut-être. Je peux vous dire ce que je vois.

D : *Venaient-ils de ce monde ?*

B : (Catégorique) Non ! Ils venaient d'un autre monde, de l'espace. Ils venaient d'une autre partie de la galaxie. Il y eut un bouleversement politique. C'est la raison pour laquelle ils durent partir. Ils savaient qu'ils n'y retourneraient pas, ils partirent donc avec l'intention de trouver un autre lieu pour s'installer. Sur leur planète d'origine, il y avait beaucoup de troubles politiques. Ils avaient un gouvernement planétaire et ils étaient sur le point d'entrer en guerre civile. Ils possé-daient des armes capables de détruire la planète et toute vie. Mais ils réfléchirent, « Non, nous ne voulons pas ça. Nous voulons vivre. Que pouvons-nous faire ? » Et ils parvinrent à un compro-mis. Une des parties liée à l'agitation politique, celle qui était en quelque sorte minoritaire, aimait tellement la planète que ces membres ne voulaient pas la voir détruite. Ils acceptèrent donc de partir. Ils avaient la technologie pour le faire. Le point de discorde majeur des conflits politiques était d'établir ou non des colonies sur les autres planètes. La majorité au gouvernement ne le souhaitait pas, contrairement à cette minorité. La situation avait atteint son paroxysme. Ils décidè-rent donc, afin d'apaiser les tensions et de sauver leur planète, que la minorité s'en irait et établi-rait une colonie. Mais en s'étant entendu sur le fait qu'il n'y aurait aucun contact avec leur pla-nète d'origine, puisque celle-ci ne voulait pas de colonies. Ils acceptèrent, puisqu'ils ne voulaient pas voir leur planète détruite. Ils eurent le sentiment qu'ils auraient ainsi le meilleur des deux mondes. Leur planète mère ne serait pas détruite et en plus ils pourraient établir des colonies.

D : *S'ils traversaient de tels troubles en ayant la capacité de détruire la planète, pourquoi le fait qu'ils partent a stoppé le conflit ?*

B : Parce que les principaux acteurs, à l'origine des désaccords liés aux colonies, n'y vivraient plus et ne créeraient plus de soucis. La majorité de la population, comme la plupart des masses n'importe où, était neutre et ne se sentait pas concernée par cette question.

D : *Et ceux qui étaient sur le point de migrer, pour ainsi dire, de partir à bord des vaisseaux, étaient-ce ceux qui causaient les troubles ?*

B : Oui, ils étaient plutôt en mauvais termes avec le gouvernement. Le gouvernement principal aurait pu décider, « Oui, nous créerons des colonies. » Mais ce gouvernement était relativement bureaucratique et pour une raison obscure, il répondit « Non, c'est impossible. Nous avons be-soin du peuple ici. Nous devons conserver nos technologies ici. » Ça n'aurait pas nui à la pla-nète, parce que cette planète était prospère et qu'il y avait un très bon niveau de vie. Et en effet, cela aurait finalement pu profiter à la planète d'établir des colonies. Mais sur ce point, ceux qui étaient au gouvernement étaient étroits d'esprit. Le groupe qui défendait les colonies possédait de riches soutiens. Ils s'associèrent, construisirent des vaisseaux et décidèrent qu'ils partiraient de toute manière par leurs propres moyens. Le gouvernement donna son accord tacite pensant que...

D : *Pensant qu'il se débarrasserait ainsi des trouble-fêtes.*

B : Oui et s'épargnerait ainsi de nombreux ennuis, puisqu'il avait cette épine dans le pied depuis un bon moment. Et ils partirent. Une colonie de cinq énormes vaisseaux. En tout, cela concer-nait... Combien de personnes ? (Il fit une pause pour réfléchir.) En tout, ce fut près de 5000 per-sonnes qui quittèrent la planète.

D : *Est-ce que les habitants avaient déjà effectué des voyages dans l'espace auparavant ?*

B : Oh, oui.

D : *Donc c'était quelque chose de courant. Ils n'avaient juste pas établi de colonies ?*
B : C'est ça. Ils avaient largement exploré leur système solaire et ils conduisaient des opérations minières sur certaines lunes principalement composées de minerais. Une des raisons pour laquelle cette planète était prospère venait du fait que les terrains qui n'étaient pas habités étaient principalement dédiés à l'agriculture. La plupart des industries avaient été déplacées dans l'espace. Les compagnies minières étaient installées sur des petites lunes rocheuses situées au-tour d'autres planètes. Et ça fonctionnait très bien. Ils n'avaient juste pas de colonies parce que le gouvernement estimait que le peuple ne voudrait pas vivre en permanence loin de la planète mère. Les mineurs et les personnes qui travaillaient dans l'espace faisaient des roulements. Un certain nombre de jours au travail et un certain nombre de jours sur la planète mère. Il y avait des milliers de personnes à travailler dans l'espace, mais ils organisaient des rotations, si bien qu'il n'y avait en général que deux ou trois mille personnes absentes au même moment. Et le reste était sur la planète. Les roulements s'effectuaient continuellement, il y avait donc un trafic spatial conséquent.
D : *C'était la première fois qu'ils partaient si loin.*
B : Oui. Ils allaient quitter leur système solaire. C'était une période de grande tourmente sur cette planète et les personnes qui sont parties avaient probablement diverses raisons de le faire. Beaucoup ne savaient probablement pas exactement pourquoi elles partaient. De nombreux scientifiques enthousiastes se joignirent au groupe. D'autres scientifiques auraient voulu s'y joindre mais n'ont pas pu le faire. L'obstacle principal fut le gouvernement attaché à la planète en quelque sorte, sans que ce soit vraiment un mal. Il n'avait juste pas une aussi grande vision d'avenir que ce qu'il aurait pu avoir.
D : *Mais on dirait qu'ils pensaient ne jamais revenir.*
B : Oui, ils savaient qu'ils ne reviendraient jamais.
D : *Vous avez dit qu'il y avait cinq vaisseaux à partir. Qu'est-il arrivé aux autres ? Est-ce qu'un seul a atterri sur Terre ?*
B : Oui, il se mit à dysfonctionner et ne pouvait plus continuer le voyage. Les vaisseaux ont été conçus pour être des vaisseaux multi-générations. Chaque génération devait transmettre toutes

ses connaissances, afin que le vaisseau puisse continuer à avancer et que le savoir se perpétue. Et donc les descendants ayant conscience de ce qu'il en était et de ce qu'ils essayaient de faire, ne perdirent pas de vue l'objectif du voyage.

D : Êtes-vous en train de dire que les personnes qui ont fini le voyage ne furent pas les mêmes que celles qui l'ont commencé ?

B : Non. Ils se trouvaient à une distance de plusieurs années lumières et n'étaient pas encore en mesure de voyager plus vite que la lumière. Ils étaient en cours de développement, mais ils n'y étaient pas encore parvenus. La vitesse à laquelle ils pouvaient voyager était proche de la vitesse de la lumière, mais cela prenait toujours de nombreuses, de nombreuses années pour aller d'une étoile à une autre. L'étoile qu'ils visaient était semblable à leur étoile d'origine. Elle était d'un rouge proche de la fin du spectre. C'est là qu'ils allaient. Ils avaient des preuves évidentes qu'ils y trouveraient une planète habitable pour eux. Et pendant ces années de voyage à travers l'espace, ils organisèrent chaque vaisseau comme une ville. Il y avait des familles. Les gens étaient mariés et avaient des enfants. Ils possédaient des installations pour les apprentissages et, en grandissant, les enfants étaient éduqués comme ils l'auraient été sur la planète. Il existait même une formation de type universitaire. Chaque enfant pouvait décider du domaine dans le-quel il voulait s'investir et était formé en fonction. Tous les enfants recevaient une formation cul-turelle approfondie afin qu'ils n'oublient pas leur culture originelle.

D : Si le vaisseau a voyagé pendant autant d'années, quelle source d'énergie utilisait-il ?

B : La fusion nucléaire. Pas la fission comme chez vous, mais la fusion.

D : Quelle est la différence ?

B : Vos scientifiques essaient de développer la fusion. La fission nucléaire c'est quand les atomes sont divisés pour produire de l'énergie, ce qui entraîne de la radioactivité et autres. C'est un peu désordonné. À l'inverse, une fois que la technologie est développée pour la fusion, c'est plus facilement contrôlable puisque vous assemblez les atomes au lieu de les diviser en fragments.

D : Oh, c'est l'opposé.

B : Exactement. L'assemblage des atomes libère aussi de l'énergie, mais de cette manière vous n'avez pas à faire face à un fort taux de radiations. Tant que vous avez des matériaux pour ali-menter le système, il continue à combiner les atomes. La source d'alimentation n'a pas d'impor-tance. N'importe quel élément physique : l'air, l'eau, le bois, métal, le tissu ; n'importe quel élément constitué de matière peut être utilisé comme carburant. Leur système était conçu ainsi : ils possédaient un champ d'énergie qui divisait les molécules en atome libre, une sorte de plasma. Je ne connais pas très bien les termes techniques. Ce système associait les atomes à un taux prédéterminé, pour qu'ils se combinent et libèrent la quantité d'énergie attendue. Ces vaisseaux ont été conçus pour s'auto-subvenir. Dans un environnement clos comme celui-ci, le problème principal est généralement l'eau en excès, du fait de la condensation par exemple. Ainsi ils ali-mentaient généralement leur procédé avec l'eau afin de se débarrasser de celle en excès.

D : *C'était une des matières qu'ils utilisaient ?*

B : Oui, ils pouvaient utiliser n'importe quel type de matière. Ils n'avaient donc aucun problème de source d'énergie. Ils avaient apporté des matériaux dans ce but.

D : *Je suppose qu'ils ont dû emporter une grande quantité de matériaux, s'ils ont voyagé pendant toutes ces générations.*

B : Ils n'en avaient besoin de tant que ça. L'énergie nucléaire est efficace et compacte, et le fait de combiner les atomes produit une quantité incroyable d'énergie. C'est un peu comme vos bombes atomiques, mais c'est maîtrisé et ce n'est pas explosif. C'est la même quantité d'énergie, mais elle est utilisée pour la propulsion et rien n'explose, rien n'est violent. C'est pour vous don-ner une idée de la quantité d'énergie impliquée. Au lieu d'être incontrôlée comme dans une bombe, elle est maîtrisée en un courant électrique.

D : *J'imagine que toutes ces personnes devaient avoir des réserves de nourriture importantes et qu'ils n'avaient pas beaucoup de place pour les réserves d'énergie alimentant les moteurs et autres.*

B : C'est exact. Certains matériaux étaient plus efficaces que d'autres, et par conséquent ce sont ceux qu'ils transportèrent. Mais ils savaient que, s'ils venaient à en manquer, ils pourraient ali-menter le moteur avec n'importe quoi d'autre et pourraient toujours voyager.

D : *J'ai entendu dire que parfois des cristaux étaient utilisés comme source d'énergie et de propul-sion sur les vaisseaux spatiaux. Utilisaient-ils aussi ce type de choses ?*

B : Oui. Leurs appareils de fusion nucléaire n'étaient pas exactement ceux que vos scientifiques imaginent, mais ce sont les mots les plus proches dans votre langage. L'énergie impliquée n'était pas purement atomique. Il y avait d'autres niveaux d'énergie, plus fins que le niveau atomique. Des énergies subatomiques étaient concentrées à l'aide de cristaux. Et différents cristaux avec des matrices différentes étaient utilisés pour concentrer l'énergie de diverses manières en fonc-tion du but spécifique escompté.

D : *Et concernant leurs provisions en nourriture ? Pouvaient-ils les renouveler ?*

B : Oui. Ils avaient des jardins hydroponiques, et certains lieux sur le vaisseau étaient dédiés à la culture des céréales et autres. Ils renouvelaient continuellement leur nourriture, puisqu'ils la fai-saient pousser. Ils avaient conçu une partie spéciale pour ça à bord de leur vaisseau.

D : *Ce devait être un grand vaisseau.*

B : Oui, ils étaient immenses.

D : *L'image dessinée par Tuin, représentant le motif sur les couvertures, donne-t-elle une idée pré-cise de la forme du vaisseau ?*

B : C'était plutôt une ébauche. En fait, ce dessin représentait une des navettes qu'ils utilisaient pour aller du vaisseau au sol. Au lieu d'atterrir avec l'immense vaisseau à chaque fois, ils utili-saient seulement une petite navette, qui effectuait une rotation, pour faire des allers-retours aux vaisseaux.

D : *Par conséquent le vaisseau principal qui s'est écrasé n'avait pas cette apparence ?*

B : Non. Les vaisseaux avaient été construits dans l'espace tellement ils étaient immenses. Ils pouvaient atterrir mais idéalement ils ne le feraient qu'une fois ou deux. Ils avaient été conçus pour rester dans l'espace, ils avaient donc une forme différente.

D : *Quelle forme avait le vaisseau principal ?*

B : Il avait la forme d'une larme, d'une goutte d'eau. La partie avant était la partie ronde. Et autour de la partie plus fine, il y avait des supports et des pieds pour atterrir. Sur les parties inclinées de la goutte se trouvaient les ports de sortie pour la poussée des moteurs.

D : *La partie pointue était située à l'arrière. Et y avait-il des ailes ou quelque chose du genre ?*

B : Non. Les accès d'entrée et de sortie étaient à l'arrière. Ils avaient en quelque sorte un champ d'énergie comme un bouclier qui les protégeait des radiations, ils entraient et sortaient donc par l'arrière, où il y avait des rampes de chargement.

D : *Y avait-il plusieurs étages dans le vaisseau ?*

B : Oh, oui. Beaucoup. Certains étages, comme celui utilisé pour le jardinage, étaient très hauts pour héberger l'installation nécessaire à cultiver les plantes. Les appartements et lieux de vie étaient de taille ordinaire, mais tout de même un petit peu plus grands en moyenne que chez vous, parce que c'était une race plus grande. Ils étaient plus grands et plus élancés, leurs pla-fonds étaient donc plus hauts.

D : *Ils avaient donc tout ce qu'on peut trouver dans une ville. C'est ça?*

B : C'est ça. Et ils maintenaient toute chose en équilibre parce que c'était un environnement clos.

D : *Utilisaient-ils de la lumière sur le vaisseau ?*

B : Oui, pour voir et pour leurs activités. Ils utilisaient une lumière semblable à celle de leur soleil. Elle vous semblerait faible et rouge, comme une lampe en sous-tension avec une ampoule de couleur orange plutôt que blanche.

D : *J'étais en train de penser que nous utilisons des lumières incandescentes ou fluorescentes.*

B : J'aperçois que vous avez des faces d'horloges qui brillent dans la nuit via une source de ra-diation interne ; qu'elles n'ont pas besoin de source d'énergie et qu'elles brillent par réaction chimique. C'est le type d'éclairage qu'ils avaient. Cet éclairage durait des siècles, du fait de la na-ture des matériaux utilisés et des réactions chimiques et atomiques. Il y avait des panneaux lui-sants, parfois situés sur les plafonds, parfois sur les murs, en fonction de leur utilité. Et pour des travaux particuliers dans certains endroits comme dans les laboratoires ou autres, ils possédaient d'autres sources de lumière pour des fonctions variées. Vous connaissez une source de lumière similaire qui peut fonctionner pendant des années, mais vous n'en avez pas étendu l'usage. Vous l'utilisez juste pour des petites choses, comme pour des panneaux indicateurs et des ca-drans.

D : *Que s'est-il produit pour que leur vaisseau atterrisse sur notre planète ?*

B : Ce voyage s'étira sur plusieurs générations. Ce fut entre la deuxième et la troisième généra-tion que les vaisseaux passèrent près du système solaire. Un dysfonctionnement avait été repéré sur un des vaisseaux et s'aggravait petit à petit. Je ne sais pas si c'était un accident ou un sabo-tage.

D : *Pensez-vous que quelqu'un sur le vaisseau l'a saboté ?*

B : Ou peut-être quelqu'un avant qu'ils ne partent. Des dommages à retardement.

D : *Je me demande si cela a pu être fait sur tous les autres vaisseaux.*

B. Je ne sais pas. C'est possible.

D : *Il se peut qu'ils aient eu envie de faire échouer ces personnes.*

B : On ne sait jamais. Quand il s'agit d'agitation politique ou religieuse, les gens peuvent faire des choses au nom de... Peu importe. Ils ont essayé de le réparer, mais le vaisseau a continué de dysfonctionner, le problème s'aggravant davantage au fil du temps. Au moment où ils parvin-rent à ce système solaire, ce vaisseau ne fonctionnait presque plus. Ils cherchèrent désespéré-ment un lieu pour atterrir afin de réparer leur vaisseau. Par rapport à leurs standards, la Terre était une planète peu habitable, le soleil était trop lumineux et trop chaud. Ils estimèrent néanmoins que le vaisseau pourrait peut-être effectuer un atterrissage d'urgence et que les conditions pla-nétaires leur permettraient tout de même de le réparer et de reprendre leur voyage. Ils considérè-rent qu'ils pourraient y vivre à condition d'être très prudents, parce que le soleil était trop puissant pour eux et qu'il y avait trop de radiations. Ils déterminèrent qu'en portant leurs vêtements de pro-tection pendant la journée et en effectuant la plupart de leurs activités la nuit, ils pourraient rester à terre suffisamment longtemps pour réparer leur vaisseau. Pendant qu'ils le répareraient, les autres vaisseaux resteraient en orbite autour de la Terre et leur enverraient de l'aide si nécessaire, car ils souhaitaient rester tous ensemble. Ils pensaient que leur nombre faisait leur force. Quand ce vaisseau amorça son atterrissage, il subit une nouvelle panne et les membres en perdirent le contrôle. Quand ils réussirent à reprendre les commandes, il était trop tard. Ils parvinrent à limiter l'impact du choc, mais le vaisseau n'était définitivement plus réparable. Les autres vaisseaux du-rent alors les laisser, parce qu'ils estimaient qu'ils ne pourraient pas vivre ici ; les radiations les tueraient ou endommageraient leurs cultures. Les autres vaisseaux repartirent donc vers leur destination. Je ne peux vraiment pas voir où c'était. Quant aux survivants de ce navire, certains furent tués mais de nombreux survécurent, allèrent de l'avant et firent de leur mieux en se disant, « Eh bien, nous avions l'intention d'établir une colonie de toute façon. Nous allons nous adapter et créer notre colonie ici. »

D : *Même si ce n'étaient pas les conditions qu'ils souhaitaient ?*

B : Exact. Ils se mirent donc à l'œuvre et s'installèrent en tant que colonie. Elle était plus petite qu'originellement prévu, puisqu'il n'y avait qu'un vaisseau sur cinq. Mais ils possédaient tout ce dont ils avaient besoin pour être autosuffisants. Ils entamèrent ainsi leur nouvelle vie et s'adaptè-rent de leur mieux à ce qu'ils considéraient être des conditions difficiles.

D : *Ça a dû être vraiment pénible pour eux.*

B : Oui, mais ils ont survécu.

Chapitre 15
La survie

D : Les légendes racontent que les Anciens eurent des difficultés à avoir des enfants au début, à leur arrivée. Est-ce que c'était en lien avec l'accident ?
B : Ils guérirent vite des effets de l'accident parce qu'il s'agissait juste de blessures à court terme. Le problème principal était le soleil. Il faisait plus chaud ici et la bande de radiations couvrait une partie différente du spectre. Le soleil était très différent de celui de leur ancienne planète, ce der-nier était plus doux, plus froid. Leur planète n'était pas aussi éloignée de leur soleil que la Terre ne l'est du sien. Au lieu d'être une étoile blanche jaune de taille moyenne comme notre soleil, le leur était plus petit, c'était une étoile plus froide, plus proche de la fin rouge du spectre. Par con-séquent, la radiation de la lumière de leur soleil différait. Les lignes du spectre étaient totalement différentes des lignes d'émissions de ce soleil.

De manière tout à fait incroyable, cette remarque concernant la température des différentes étoiles de notre galaxie est exacte. Il semble qu'elle soit à l'opposé de ce que l'on nous a ensei-gné, mais les étoiles les plus froides sont les rouges et les plus chaudes sont les bleues. Leur soleil était donc d'un type plus froid (rouge) et le soleil de la terre est de type intermédiaire puisqu'il est jaune. Les températures diffèrent d'un bout à l'autre du spectre et la couleur des étoiles semble dépendre de leur température.

D : Vous avez dit qu'ils étaient aussi fascinés par notre lune.
B : Oui. Bien que d'autres planètes dans leur système possédaient des lunes, il s'agissait princi-palement de petits rochers que les compagnies minières exploitaient. Leur planète d'origine ne possédait pas de lune. Les scientifiques furent fascinés que la Terre en possède si grosse par rapport à la taille de la planète. Selon les théories élaborées grâce aux observations de leur sys-

tème d'origine, cela n'était pas possible. Ils avaient étudié les rapports entre les parcours, la taille et la masse des lunes en fonction de la taille et de la masse de la planète associée. Et la lune de cette Terre ne correspondait à aucune de ces règles. Ils étaient fascinés de voir qu'une si petite planète pouvait posséder une si grande lune et que son impact ne les affectait pas défavorablement. Ils arrivèrent donc à la conclusion que la taille de la lune était une des raisons pour la-quelle la Terre avait autant de mouvements tectoniques et de tremblements de terre. C'était dû à l'importance de la lune, mais ils constatèrent qu'il n'y avait pas d'effets graves. Il était possible que cela raccourcisse la vie de la planète de quelques millions d'années à long terme, mais pas assez pour affecter la vie sur Terre pour les milliards d'années à venir.

D : *Est-ce que la gravité sur Terre était différente de chez eux ?*

B : Oui, elle était légèrement plus forte, mais pas suffisamment pour avoir un effet majeur sur eux. Ils se sentirent fatigués parce que leurs muscles n'y étaient pas habitués. Ils réalisèrent qu'ils étaient davantage sujets à des problèmes osseux tels que l'arthrite ou autre, parce que la gravité était un peu plus forte. Mais en quelques générations, ils s'étaient adaptés.

D : *Le fait d'avoir été sur le vaisseau dans un environnement clos, pendant si longtemps, a peut-être aussi rendu leur expérience plus difficile, quand ils ont atterri sur Terre et ont été exposés à l'air et au soleil.*

B : C'est vrai. Leur atterrissage s'est produit à la troisième génération. Certains de la première étaient encore en vie. Ils étaient très âgés, se souvenaient de la vie sur une planète et purent ap-porter une aide précieuse. Mais puisqu'il s'agissait d'une expérience totalement nouvelle pour les plus jeunes, ces derniers durent faire face à des ajustements individuels importants. Ils n'avaient jamais vu un ciel dégagé de leur vie. Ce fut le plus grand choc de tous : les grands ho-rizons. Ils souffraient quasiment d'agoraphobie (peur des grands espaces) parce qu'ils étaient habitués aux espaces clos.

D : *Vous avez aussi dit qu'ils effectuaient la majeure partie de leurs travaux la nuit et qu'ils res-taient à l'intérieur le jour.*

B : Oui, particulièrement les premières années qu'ils passèrent ici. Ils essayèrent de s'acclimater aux conditions. Au départ, ils tentèrent juste de s'adapter à la gravité et au soleil. Ils firent donc la plupart de leurs travaux la nuit quand il faisait plus frais. Ça rendait leur travail plus facile. Au fur et à mesure, certains commencèrent à sortir le jour, mais ils devaient trouver des moyens de faire face au soleil. Les scientifiques travaillèrent sur ce sujet et développèrent des écrans de protec-tion spéciaux pour les aider à se protéger de la radiation. Ils portaient aussi des vêtements protec-teurs en journée. Il s'agit des tenues blanches mentionnées par Tuin, avec lesquelles ils étaient enterrés au début.

D : *Celui en matériau blanc brillant. Que portaient-ils normalement?*

B. C'est difficile à dire. Ils avaient toujours la tenue protectrice sur eux. Ils portaient autre chose en dessous, mais pas du même type que vous, c'était un genre de tenue fluide qu'ils portaient aussi la nuit.

D : *Vous avez dit qu'à leur arrivée, quand ils ont essayé de faire des enfants, les gènes étaient af-fectés ?*

B : Oui, la radiation affecte naturellement les gènes. C'était difficile et ils subirent des mutations. Il a fallu un moment avant qu'ils ne soient capables de prendre les précautions appropriées. Et ils ont dû continuer à se protéger pendant plusieurs générations.

D : *De quel type de précaution parlez-vous ?*

B : Ne pas laisser une femme en âge d'avoir des enfants dehors en journée. Quand elle était en-ceinte, la protéger dans ces vêtements spéciaux en tous temps, jour et nuit. Être attentifs à la nourriture qu'elle mangeait et ainsi de suite.

D : *Il me semble que Tuin m'a rapporté que certains des premiers bébés étaient soit mort-nés, soit mal formés.*

B : Oui. Et beaucoup des difformités étaient si graves que les bébés mouraient, parce qu'ils ne pouvaient pas vivre dans ces conditions.

D. *Ça a dû être extrêmement éprouvant pour ces personnes. Vous avez dit qu'ils possédaient les moyens de renouveler la nourriture pendant le voyage à bord du vaisseau. Est-ce qu'ils transpor-taient des animaux ?*

B : Quelques-uns. Ils avaient prévu d'utiliser les animaux qu'ils trouveraient sur la planète d'accueil. Mais ils savaient qu'ils auraient besoin de quelques animaux pour commencer. Ils ap-portèrent globalement trois types différents. Une des espèces était essentiellement une source de nourriture. Une autre était une source de nourriture et de fourrure et le troisième animal était un animal de trait. Ils n'en transportèrent pas beaucoup, juste quelques-uns, élevés en vue de la re-production, parce qu'il était difficile de maintenir des vies supplémentaires sur le vaisseau.

D : *Je suppose que durant tout le temps du voyage, ils s'étaient reproduits jusqu'à devenir trop nombreux sur le vaisseau.*

B : Ils possédaient des moyens pour limiter ce phénomène et contrôler les naissances. Ils fai-saient simplement naître la quantité de bêtes nécessaires pour remplacer les plus anciennes et garder un nombre constant d'animaux, jusqu'à ce qu'ils puissent atteindre une planète. Ils avaient prévu de les laisser se reproduire en plus grand nombre quand ils seraient à l'approche d'une planète, sur laquelle ils étaient sûrs de pouvoir habiter pour avoir plus d'animaux au mo-ment d'atterrir.

B : Oui. C'était l'animal de trait. Ce n'était pas vraiment des bœufs tels que vous les connaissez, mais c'était le mot le plus proche qu'il pouvait trouver dans votre langage pour évoquer ces ani-maux. Ils étaient utilisés comme des bœufs et ils leur ressemblaient vaguement, dans la mesure où ils ne ressemblaient ni à des chevaux, ni à des éléphants. Mais ils ne ressemblaient pas non plus à des buffles d'eau, qui sont aussi des animaux de trait sur votre planète. Ils ressemblaient vaguement à des bœufs, c'est pourquoi il les nomma ainsi. Ils étaient cependant bâtis différem-ment. (Il fit une pause pour trouver un moyen de les décrire.) Leur structure générale, leur sque-lette était différent. Leurs articulations étaient organisées différemment, donc leur allure était dif-férente. Leur crâne aussi avait une forme différente. Certains d'entre eux possédaient des cornes, d'autres non ; ça dépendait de la génétique. Leurs oreilles étaient situées très en arrière de leur tête et étaient tournées vers l'arrière. Leurs yeux, généralement gris, étaient positionnés plus haut sur leur crâne que ceux des bœufs. Et leur denture était différente.

D : *Je crois que Tuin m'avait dit que leurs cornes sortaient bien droites du côté de leur tête. Est-ce exact ?*

B : Oui. Et ils ne possédaient pas de sabots fendus. Ça ressemblait à des doigts de pieds osseux, trois à l'arrière et quatre à l'avant. C'étaient comme quatre orteils, comme des appendices très os-seux qui se terminaient en sabots miniatures sur chaque doigt de pied. (Toute cette description fut illustrée par des mouvements de mains.)

D : *Il s'agissait donc d'une race différente. Mais Tuin m'a dit qu'ils n'avaient jamais eu beaucoup de ces animaux.*

B : C'est vrai. La radiation du soleil a rendu difficile leur propagation et les mâles devenaient souvent stériles. Donc dès qu'un mal était fertile, il n'avait plus aucun travail à effectuer. On pre-nait soin de lui et on l'utilisait uniquement pour la reproduction. Ils supposèrent que comme les testicules étaient plus exposées au soleil que les ovaires, ils recevaient davantage de radiations ce qui causait leur stérilité.

D : *Il n'y avait aucune espèce avec laquelle ils pouvaient les croiser?*

B : Non, leurs gènes étaient trop différents des animaux terrestres. S'ils avaient pu trouver de vrais bœufs, ils auraient peut-être pu développer ce que l'on appelle des mules hybrides, qui au-raient été stériles, mais auraient pu travailler dans les champs. Ils pensèrent à utiliser le caribou mais les caractéristiques physiologiques et structurelles étaient trop différentes pour développer un croisement viable.

D : *Vous avez parlé de deux autres espèces animales présentes dans le vaisseau. Ont-elles sur-vécu après l'accident ?*

B : L'une oui, l'autre non. Celle qui a survécu était un animal remarquablement semblable à la chèvre domestique.

D : *S'agissait-il de l'animal dont Tuin a parlé et dont un villageois s'occupait ?*

B : Oui. Ils avaient perdu les détails concernant son origine, il supposa donc que cette espèce provenait des chèvres sauvages de montagne, parce qu'elles étaient relativement similaires. Mais elles avaient aussi de nombreuses différences. Elles étaient considérablement plus petites que les chèvres des montagnes. Elles avaient un type de pelage et de structure osseuse simi-laires, mais leurs cornes étaient différentes, plus petites. Leurs cornes étaient plus fines et se re-courbaient juste un peu vers l'arrière, à peu près comme celle des chèvres laitières. Au début, les scientifiques ont été capables de croiser les animaux du vaisseau avec certaines chèvres des montagnes et très étonnamment cela aboutit à un croisement viable. Cela a permis aux animaux de s'acclimater à la planète, tout en gardant leurs caractéristiques de départ. Ils se lancèrent donc dans un programme sélectif très pointu de reproduction. Quant à la dernière espèce animale apportée sur le vaisseau principalement comme source de nourriture, elle n'a pas survécu. Les animaux ne parvinrent pas à se reproduire ; leurs petits naissaient généralement déformés. Puisqu'ils réalisèrent que les animaux sur cette planète d'accueil étaient comestibles et ne leur causaient pas le moindre désagrément, ils décidèrent d'abattre les leurs et de s'en nourrir pen-dant leur premier hiver.

D : *Ils n'avaient de toute façon pas vraiment besoin de ceux qu'ils avaient apportés.*

B. C'est vrai. Puisqu'ils avaient découvert que, bien que le soleil soit différent, les composants physiques des animaux de la planète n'étaient pas toxiques pour eux et qu'ils pouvaient s'en nourrir.

D : *Est-ce qu'ils ont fait des essais ou certaines sortes de tests pour découvrir ces choses ?*

B : Ils ont fait des tests.

D : *Vous avez dit que les bœufs sont morts. Qu'en est-il des chèvres? Ont-elles survécu jusqu'à notre époque ?*

B : Oui. Les chèvres ont été croisées avec les chèvres de montagne et ont survécu. Mais après tant de générations, on ne peut plus les différencier des chèvres de montagne. Peut-être que les scientifiques peuvent considérer que c'est une race différente. Toutes les irrégularités qui peu-vent être observées pourraient être expliquées par des différences de races plutôt que d'espèces. C'est globalement ce qu'il en est aujourd'hui.

D : *Vous avez parlé des graines qu'ils avaient apportées et des choses comme ça. Est-ce que cer-taines de ces plantes ont survécu ?*

B : Elles se sont tant croisées avec les plantes qui étaient déjà ici qu'il ne serait pas vraiment possible de les trouver. Une des plantes notables est celle que vous appelez « maïs. »

D : *Le maïs ? Les Indiens d'Amérique lui donnaient un autre nom. Pensez-vous que ça descend directement des graines qu'ont apportées les Anciens ?*

B : Le maïs s'est aussi mélangé avec les plantes locales, mais il contient davantage de gènes prédominants de la planète d'origine que de la Terre.

D : *Je me demandais s'il était possible qu'une plante actuelle provienne directement de leurs graines ?*

B : Non, c'était il y a trop longtemps, des milliers d'années.

D : *Et les arbres dont il a parlé ? Certains avaient des fruits.*
B : Oui, un d'entre eux a survécu. Vous le connaissez sous le nom de kaki.
D : *(Surprise) Le kaki ?*
B : Une des espèces : le kaki qui pousse sur ce continent et qui diffère de celui qu'on trouve en Asie. L'autre arbre n'a pas survécu, mais il était très proche de l'abricotier. Il n'a pas survécu sur cette Terre, parce qu'il avait besoin d'être très choyé. Mais le kaki a survécu.
D. *Ainsi le kaki serait quelque chose qui pourrait nous ramener directement à eux. Et il a parlé de la plante qui était utilisée pour fabriquer du tissu. La connaissez-vous?*
B : Cette plante a prospéré ici sur Terre et a muté en plusieurs autres sortes. C'est difficile de sa-voir celle qui était à l'origine de toutes les dérivées que l'on trouve aujourd'hui.
D : *J'ai supposé qu'il s'agissait du lin, parce que je sais que le lin a été utilisé pendant des milliers d'années pour fabriquer les étoffes.*
B : Le lin en est une. Une autre adaptation de cette plante est le yucca beargrass. Il y a eu beau-coup de plantes dérivées de celle d'origine.
D : *Elles ont muté en différentes espèces. J'aimerais en savoir plus sur les premiers habitants qui déjà vivaient ici. Tuin a dit qu'il y avait un petit groupe d'habitants à cet endroit quand le vaisseau s'écrasa.*
B : Oui, les Natifs. C'était un peuple de type aborigène, des ancêtres lointains des Indiens d'Amérique. Sur la chaîne de l'évolution, ils semblent être un peuple de l'âge de pierre, entre l'homme de Neandertal et de Cro-Magnon; même si je sais que Neandertal et Cro-Magnon n'étaient pas directement sur la même ligne d'évolution en terme de connaissances et de déve-loppement culturel. Ils portaient des peaux et vivaient généralement dans des grottes ou cons-truisaient des abris, souvent en bois et en terre.
D : *Ils n'utilisaient aucune forme d'agriculture ?*
B : Non, c'étaient des chasseurs-cueilleurs. Ils chassaient du gibier et, au moment approprié de l'année, ils allaient ramasser les fruits et les noix qui poussaient naturellement.

Nous nous approchions enfin d'une date concernant l'arrivée des Anciens. Les géologues ont défini quatre périodes glaciaires majeures pendant l'âge de glace, comprenant des périodes où la glace fondait et reculait. La dernière couche de glace a disparu du nord des États-Unis il y a entre 10 000 et 15 000 ans. Avec le retrait des glaces, de nombreuses formes animales disparurent et furent remplacées par les animaux modernes. Les scientifiques disent que c'est pendant la dernière période glaciaire que les humains sont apparus sur Terre. Les espèces précédentes huma-noïdes, telles que Neandertal, sont supposées avoir vécu pendant la dernière période intergla-ciaire. Les espèces modernes d'humains se sont développées pendant la dernière avancée de la glace (il y a environ 15 000 ans) et ont peuplé la Terre à son retrait (il y a 10 000 ans).

Selon ces informations historiques, les Anciens se sont écrasés pendant la dernière période in-terglaciaire, quand l'ancêtre de l'homme moderne vivait dans cette région. Les extraterrestres (ou leurs descendants) vivaient ici quand certains cataclysmes se sont produits, puisqu'ils les ont no-tifiés dans leurs légendes. Ce cataclysme avait-il conduit à la dernière avancée de glace ?

D : Était-ce un peuple pacifiste ou un peuple guerrier ?
B : Il est vrai qu'ils possédaient des armes pour chasser, mais ils étaient pacifistes. Ils n'avaient jamais vraiment été en contact avec d'autres peuples compte tenu de leur situation géographique. Ils étaient relativement isolés. Ils possédaient de nombreuses capacités psychiques, ils n'avaient par conséquent presque pas besoin de parler. Ils possédaient un vocabulaire très réduit, puisqu'ils n'avaient aucune raison de le développer.
D : Et les habitants du vaisseau, possédaient-ils des capacités psychiques ?
B : Oui, ils étaient aussi hautement évolués, mais puisqu'ils venaient de l'espace, ils avaient… Eh bien, une longueur d'onde différente, pour ainsi dire.
D : C'est ce que Tuin mentionnait en disant qu'ils n'étaient pas en harmonie.
B. Oui. Cependant, en s'adaptant à la vie ici, leurs capacités psychiques ce sont aussi ajustées pour se syntoniser avec les énergies de la Terre, ce qui leur permit d'entrer plus facilement en contact avec les Natifs. Au départ, c'était très désagréable pour les

deux groupes puisqu'ils étaient tous deux sensibles et psychiques. Les deux groupes avaient compris le problème, mais savaient que rien ne pourrait accélérer le processus. Par conséquent, les Natifs les ont simple-ment laissés. Et la colonie a œuvré pour s'adapter à la planète et s'harmoniser. Puisqu'ils étaient essentiellement deux peuples pacifistes, il n'y a pas vraiment eu de conflits. Il y a eu quelques incompréhensions, mais elles étaient vite réglées. Le problème principal résidait dans le choc culturel, comme on peut l'imaginer.

D : *Je me demande ce que la colonie a bien pu penser en atterrissant et en voyant ce genre de...d'humains.*

B : Ils se réjouirent de les voir, parce qu'ils savaient que si une espèce humaine s'était dévelop-pée sur cette planète, ils avaient plus de chances de survivre. Si une espèce de type humaine pouvait survivre sur la planète, cela signifiait que la niche écologique existait déjà et qu'ils au-raient juste à s'y adapter.

D : *Mais les Natifs étaient intellectuellement très arriérés par rapport à leur standard.*

B : En fait, ils étaient technologiquement arriérés, mais pas intellectuellement ou psychiquement. Ils en étaient à un stade de développement technologique où ils ne possédaient que des outils en pierre. Mais du fait de leurs capacités psychiques et de leur harmonie avec la Terre, la religion et la philosophie étaient aussi avancées que celles de la colonie. Ceci rendit leur contact plus aisé. Dans un premier temps, les jeunes membres des Natifs voulurent adorer la colonie comme des dieux. Ils réalisèrent cependant que c'était une erreur et comprirent qu'ils n'étaient pas des dieux mais des créatures humaines comme eux. Il s'agissait juste de s'adapter à eux. Les Natifs permirent aux membres de la colonie de découvrir les plantes et les animaux comestibles ou non.

D : *Je suppose qu'ils ont fini par se mélanger et que c'est ainsi qu'ils ont été capables de survivre.*

B : Oui. Même s'ils avaient déjà commencé à s'harmoniser a la planète, les scientifiques savaient qu'ils ne parviendraient jamais à s'adapter complètement à la radiation du soleil. Et ils voulaient survivre. Ils comprirent que le meilleur moyen serait de se reproduire avec les Natifs et de bénéfi-cier ainsi de leurs caractéristiques majeures, dont la tolérance au soleil. Les Natifs étaient plus petits et plus trapus que le peuple de la colonie ; vous les considéreriez de taille et de structure normales. Mais ils étaient très beaux. Par conséquent, si les jeunes de la colonie étaient sexuel-lement intéressés par les Natifs, on leur permettait et on les encourageait même à le faire.

D : Les Natifs n'étaient donc pas repoussants à leurs yeux.

B : Non, pas du tout. Différents mais pas repoussants. Il fallait juste leur enseigner des standards d'hygiène plus modernes.

D : Je me demande si le croisement avec les Natifs a été difficile pour eux, puisqu'ils étaient obli-gés de le faire pour survivre.

B. Ce ne fut pas si difficile. Ils devaient le faire pour survivre d'une manière générale, mais chaque individu faisait son propre choix dans ce domaine. Certains l'ont fait, d'autres non. Cer-tains des membres de la colonie se reproduisaient entre eux et d'autres avec des Natifs. Mais fi-nalement, après deux ou trois générations, ils possédaient tous du sang des Natifs en eux. Évi-demment cela a changé leur apparence et leur a aussi permis d'ajuster leurs capacités psy-chiques aux champs d'énergie terrestre.

D : Je suppose qu'ils n'eurent plus jamais la peau claire par la suite.

B : Non. Puisque les Natifs avaient une couleur typique des Indiens d'Amérique : la peau brune, des cheveux noir bleuté et des yeux avec de grandes paupières. Les habitants de la colonie étaient grands et menus. Ils avaient les cheveux blonds ; les cheveux les plus foncés étaient blond cendré. Le bleu très clair était aussi une couleur commune de cheveux (ce fut une sur-prise). Il s'agissait d'un type de bleu pastel pâle. La couleur de leur peau était proche du gris ar-genté ; gris clair à leur mort. Pendant leur vie, avec les sécrétions de leur peau et l'énergie de la vie, ils semblaient argentés. Non pas qu'ils brillaient particulièrement, mais ils avaient l'air argen-tés d'une manière générale. À la lumière directe, l'huile sur la peau la rendait un peu plus bril-lante mais rien de particulièrement criant. Comme les Natifs étaient couleur bronze, quand ils se mélangèrent avec les extraterrestres, leurs enfants étaient généralement de couleur bronze plus clair. Leur peau possédait toujours une teinte un peu métallique, puisqu'un des parents avait une couleur argentée et l'autre une couleur bronze. Il n'y avait pas d'individus à la peau marron clair comme lors du métissage entre les Indiens d'Amérique et les blancs. Dans leur cas, le bronze restait bronze, la peau était juste un peu plus claire.

D : *Ainsi la couleur argentée disparut immédiatement.*

B : Oui, elle s'estompa. Elle ne disparut pas immédiatement, puisque pendant plusieurs généra-tions on pouvait facilement identifier ceux qui descendaient des extraterrestres. Les descendants de la colonie avaient une teinte de peau plus claire que celle des descendants directs de Natifs.

D : *Mais la majorité des extraterrestres étaient blonds. Y avait-il des gens aux cheveux blancs ?*

B : Certains. La gamme de couleur allait du blond cendré au blond clair, du blond platine au bleu pale. Et de nombreuses teintes dans cette gamme ; parfois certains avaient les cheveux blond platine avec quelques mèches bleu pâle. À la lumière directe, on pouvait voir des reflets bleu pâle dans leurs cheveux. D'autres personnes avaient les cheveux totalement bleu pâle, quelle que soit la lumière, il était évident qu'ils étaient bleus.

D : *Ces couleurs ont dû disparaître génétiquement immédiatement, je*

B : Oui en effet. L'aspect bleu mit plus longtemps à s'estomper, car les Natifs avaient du bleu dans leurs cheveux si noirs. Vous avez vu cette couleur. C'est noir quand on la regarde, mais quand le soleil brille dessus, vous voyez quelques mèches bleues parce qu'ils sont bleu nuit. Certains enfants de la première et deuxième génération eurent des couleurs de cheveux éton-nantes. D'une manière générale, quand un blond cendré se reproduisait avec un natif, les che-veux de l'enfant étaient rouges, pas le rouge de votre spectre, mais une couleur orangée ou plus précisément une très jolie couleur auburn. Parfois, quand quelqu'un avec les cheveux bleu clair se reproduisait avec un natif, les enfants avaient souvent les cheveux bleu vif. Ils ont trouvé ça très amusant.

D : *(Rires) Bleu vif !*

B : L'aspect sombre des cheveux des Natifs ne les avaient qu'à moitié assombris. Et puisque les deux avaient des reflets bleus, cela créait un bleu intense plutôt que du marron ou quelque chose comme ça.

D : *(Rires) C'est donc la couleur qui mit le plus longtemps disparaître.*

B : C'est ça. D'une manière générale, si quelqu'un avec les cheveux bleu vif avait un enfant avec un natif, les cheveux fonçaient et on ne pouvait pas vraiment dire s'ils étaient bleus ou noirs. Mais il y a eu de nombreuses nuances de bleus pendant deux ou trois générations. Les caractéristiques blondes s'évanouirent très vite. De manière occasionnelle, particulièrement pour ceux qui avaient les cheveux roux, un de leurs enfants sur quatre naissaient avec des cheveux de teintes blondes. Mais cet aspect génétique spécifique aux roux finit par tendre au marron et au noir, puisque le gène noir était si dominant.

D : *Je suppose que leurs yeux devaient être différents aussi pendant un temps.*

B : Oui. Les Natifs avaient des yeux très foncés ou marron doré. Et la colonie avait les yeux vio-lets. Par conséquent les yeux des enfants étaient généralement violets ou marron foncé. De temps en temps, certaines associations de gènes récessifs s'exprimaient et produisaient un en-fant avec les yeux gris argenté, mais c'était très rare. Avec toutes ces différentes couleurs de che-veux, pendant un temps, ce fut une mode pour les enfants de collecter les quand ils se les fai-saient couper et d'en faire des tissus avec des motifs, en utilisant les différentes couleurs de cheveux.

D : *(Rires) Intéressant. Je suppose qu'ils se sont bien amusés à faire ça.*

Chapitre 16
Les artefacts

D : *Il y a donc apparemment aujourd'hui des habitants sur ce continent qui sont les descendants de cette colonie.*
B : À ce moment de votre histoire, tous ceux qui possèdent du sang amérindien possèdent un petit peu du sang des Anciens, parce qu'il s'est finalement répandu à travers les peuples amé-rindiens. Ces brassages impliquent des milliers d'années. C'est une période suffisamment longue pour que leurs gènes se soient répandus parmi les Indiens d'Amérique qui descendent, par conséquent, des Anciens.
D : *Est-ce que cela signifie que les Amérindiens sont issus des Inuits?*
B : Oh, en partie. Les Inuits se sont mélangés avec d'autres natifs américains et leur sang s'est ainsi répandu. L'une des caractéristiques des Anciens restée quasiment intacte à votre époque est leur faible tolérance à l'alcool, contrairement aux individus purement issus de la Terre qui peuvent posséder une forte tolérance à l'alcool. Les Anciens, sur leur planète, utilisaient des combinaisons chimiques différentes pour leurs drogues récréatives. Ils ne possédaient pas d'alcool, donc ils ne le toléraient pas. C'est pour ça que les Amérindiens peuvent devenir fous quand ils en boivent. Leur corps ne peut pas supporter l'alcool.
D : *D'autres caractéristiques ont-elles été transmises ?*
B : Il existe des facteurs sanguins particuliers, mais ils sont si rares et difficiles à trouver qu'ils ne font pas vraiment une grande différence.
D : *Parlez-vous de maladies sanguines ou de choses comme ça ?*
B : Non. Il s'agit de facteurs sanguins que les médecins et chercheurs découvrent quand ils l'étudient à travers une centrifugeuse et effectuent des analyses chimiques. Ils les ont étiquetés comme étant très rares. Il s'agit juste de petits restes des gènes des Anciens, qui survivent encore, parce que leur sang était différent du nôtre.

D : Est-ce que la radiation à cette époque était plus élevée qu'aujourd'hui ou les Anciens n'y étaient-ils simplement pas habitués ?
B : Ils provenaient d'un soleil différent qui émettait des radiations plus faibles et, de ce fait, ils n'avaient aucune défense naturelle contre les radiations terrestres. C'est une des raisons pour lesquelles aujourd'hui certaines personnes développent des cancers de la peau à cause du so-leil. Ils possèdent certains gènes des Anciens.
D : Ainsi ils sont toujours très sensibles au soleil de nos jours ?
B : Pas autant qu'ils ne l'étaient, mais cela survient encore parfois à votre époque.
D : Existe-t-il d'autres caractéristiques particulières ?
B : Il y a le lupus érythémateux. C'est un des cas où la peau est sensible au soleil. Je crois que vous utilisez le mot « allergique ». Suite à une exposition au soleil, certaines personnes présen-tent de fortes rougeurs, accompagnées de douleurs et certains organes se mettent à dysfonc-tionner. Leur système immunitaire naturel s'attaque alors au corps lui-même et particulièrement aux articulations. C'est une autre caractéristique des Anciens.

Le lupus est une maladie inflammatoire chronique qui peut affecter différentes parties du corps, tout particulièrement la peau, les articulations, le sang et les reins. Le système immunitaire du corps crée normalement des protéines appelées anticorps pour le protéger contre les virus, les bactéries et autres corps étrangers. Ces corps étrangers sont nommés antigènes. En cas de ma-ladie auto-immune, telle que le lupus, le système immunitaire perd sa capacité à détecter la diffé-rence entre des substances étrangères (antigènes) et ses propres cellules ou tissus. Le système immunitaire crée alors des anticorps dirigés contre lui-même. En d'autres mots, le corps com-mence à s'attaquer lui-même, d'où le nom de lupus qui signifie loup.

Le lupus est une maladie assez mystérieuse, car elle est difficile à diagnostiquer et ses causes sont inconnues. Il semble que des facteurs environnementaux et génétiques soient impliqués. Les chercheurs ont décou-vert qu'il y a des prédispositions génétiques ou héréditaires à cette maladie et que les facteurs environnementaux jouent un rôle essentiel dans le déclenchement de la maladie. Un de ces fac-teurs est une sensibilité inhabituelle à la lumière du soleil.

Cette maladie survient plus fréquemment chez les femmes que chez les hommes, par consé-quent il semblerait que les hormones jouent aussi un rôle dans cette maladie. De plus, les In-diens d'Amérique développent plus fréquemment ces maladies que les personnes de races blanches. Certaines tribus amérindiennes (les Sioux, les Crows, les Arapahos) possèdent de fortes prédispositions à cette maladie.

Il s'agit d'une description simplifiée de cette maladie très complexe ; il est cependant étonnant que les symptômes de cette maladie montrent qu'elle pour-rait provenir d'un gène défectueux des Anciens, transmis depuis des milliers d'années.

D : *Ça va de pair avec leur sensibilité aux radiations ?*
B : Oui. Cela n'apparaît pas nécessairement chez les personnes au même moment de leur vie, mais c'est en lien avec les problèmes que les Anciens ont eu avec les radiations. Il y a aussi eu, toutefois, de bonnes caractéristiques transmises. De nombreuses capacités psychiques provien-nent des Anciens. Certaines personnes possèdent une vision particulière de nuit, les nyctalopes, parfois appelés les « yeux de chat », et peuvent voir dans le noir très facilement. C'est une carac-téristique des Anciens.
D : *Oui, ils devaient être capables de voir dans l'obscurité puisqu'ils travaillaient sur leurs ouvrages la nuit ou sous une faible lumière. Vous dites que les Indiens d'Amérique du Nord sont tous issus des Anciens. Est-ce que leur propagation s'est arrêtée à l'Amérique du Nord ?*
B : C'est difficile à dire. On les retrouve de manière prédominante en Amérique du Nord et du Sud parce que les gens liés aux peuples amérindiens se trouvent principalement sur ce conti-nent. Un peu de leur sang s'est diffusé dans d'autres races, quand certains ont migré et ont eu des enfants ailleurs. Mais ce n'est pas aussi répandu qu'en Amérique.
D : *Ainsi, leurs gènes sont prédominants ici. (Une autre idée me vint tout à coup à l'esprit). J'ai une question : seriez-vous désormais capable de représenter le panneau accroché à cet immeuble ? Celui qui possédait des symboles ?*
B : Je peux le voir. Je ne sais pas ce qu'il dit.
D : *Pourriez-vous le représenter pour moi ?*

B : Je peux essayer.

Je fis ouvrir les yeux à Beth et lui tendis le papier et le stylo. Elle se mit à dessiner la forme de la pancarte.

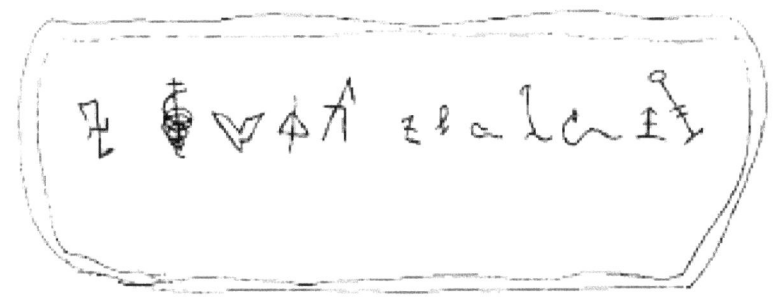

B : La pancarte n'a pas une forme inhabituelle et elle est supposée être droite. L'arrière-plan est foncé et les symboles dessus sont clairs. Et les symboles... Je ne suis pas certain d'être capable de les reproduire précisément, parce que le panneau était en quelque sorte émoussé à l'époque de Tuin, bien qu'il n'en ait pas conscience.
D : *Essayez, juste pour voir.*

Elle dessina toutes les lettres étranges.

D : *Les avez-vous toutes représentées ?*
B : Oui. À une certaine époque, apparemment, il y avait des caractères plus fins en dessous.

Je repris le papier et fis de nouveau fermer les yeux à Beth.

D : *D'où vous êtes aujourd'hui, vous pouvez me dire à quoi correspondent ces symboles ?*
B : Oui. C'est une pancarte du vaisseau qui était située près du pont et des quartiers du capitaine, à l'endroit où se trouvait l'ordinateur central. Dans le vaisseau, les appartements du capitaine, le pont et la plupart des lieux de recherche étaient rassemblés en un lieu, notifié par cette pancarte.
D : *Et ils ont sauvé ce panneau et l'ont accroché sur l'immeuble.*

B : Oui, d'autres panneaux furent aussi accrochés sur les immeubles qu'ils bâtirent en premier lieu. Ils furent finalement jetés, ou plutôt donnés au sage, pour le métal qu'ils contenaient.
D : *Il s'agissait des panneaux des autres compartiments du vaisseau?*
B : Oui. Ils délimitaient les quartiers, les différentes parties du vaisseau.
D : *Pensez-vous qu'il puisse y avoir une chance que certains morceaux du vaisseau soit un jour découverts?*
B : La probabilité est mince. Certaines parties sont encore enterrées et ont subsisté grâce au froid intense.
D : *Il faudrait savoir où chercher.*
B : Oui. C'est dans une région très éloignée. Mais peut-être un jour.
D : *Existe-t-il une civilisation en ce lieu à l'heure actuelle ?*
B : Il y a ceux que l'on appelle les « Inuits » dans cette région.
D : *Pas de villes ou de villages ?*
B : Non, rien de majeur. De petits hameaux peuplés, disons 44 : population 14 personnes.
D : *Je me suis dit que si c'était près d'une grande ville, quelqu'un pourrait les trouver un jour, en creusant pour construire un bâtiment ou quelque chose du genre.*
B : Non, ça ne pourrait pas être trouvé de cette manière, seulement par des groupes explorant dans ce but précis.
D : *Il y avait une rivière qui s'écoulait là-bas. Savez-vous de quelle rivière il s'agit ?*
B : C'était un affluent du Yukon.
D : *Il serait très difficile de trouver ce lieu au milieu d'une région si vaste. Tuin a parlé d'un moment où tout a changé. Parlait-il d'un déplacement de l'axe de rotation de la Terre ?*
B : Oui.
D : *Savez-vous si ce phénomène s'est produit avant ou après l'époque des dinosaures ?*
B : La modification de l'axe de rotation est survenue juste après l'époque des dinosaures. Il y avait déjà eu une modification auparavant, au temps des dinosaures. Mais celui-ci s'est produit au temps des mammifères.
D : *C'est ce qu'il me semblait, car il n'a pas mentionné de dinosaures.*
B : Il ne les connaissait pas.
D : *Il y a donc eu un grand décalage de l'axe de la planète. Et un deuxième s'est produit à l'époque des Anciens.*

B : C'est exact. Ce ne fut pas un décalage si majeur, mais ce fut tout de même traumatisant.
D : C'est bien le premier déplacement de l'axe qui a créé les périodes glacières, n'est-ce pas ?
B : Toutes les modifications de l'axe ont contribué aux périodes glaciaires. La première a profon-dément modifié le climat, à tel point que de nombreux animaux moururent soudainement et de manière violente. Le second décalage de l'axe a provoqué le refroidissement d'une grande partie de la planète provoquant son entrée dans une période glaciaire.
D : Parce que cela a modifié la position des pôles. Mais a-t-il fait plus froid à l'endroit où Tuin vivait ?
B : Il y faisait déjà extrêmement froid. Il y était habitué. Il faisait froid dans cet endroit depuis très longtemps. Et là-bas, ce refroidissement s'est manifesté par une augmentation des quantités de neige et de glace.
D : J'ai en effet pensé à une période glaciaire. Je ne crois pas que Tuin ait mentionné ce phéno-mène.
B : Non.
D : Au moment où les Anciens se sont abîmés sur Terre, le climat était-il différent de celui de l'époque de Tuin ?
B : Oui. Il y a eu une autre modification de l'axe de la Terre au cours des siècles séparant les deux périodes.
D : Comment était le climat à leur arrivée ?
B : Le climat était de type subtropical, un peu comme au sud des États-Unis - ce lieu que vous appelez le « Sud profond ». Il y faisait chaud et humide, il y avait beaucoup de verdure, beau-coup de plantes, beaucoup d'animaux, c'était un lieu très fertile.
D : Puis, c'est devenu l'Arctique après une variation de l'axe. Une des choses qui me questionne encore concerne l'étrange animal que Tuin avait trouvé. Pouvez-vous voir quelque chose à ce su-jet?
B : Oui. Il s'est produit un phénomène rare. Il y a de très nombreux univers séparés existant dans le même espace que le vôtre. Normalement, ils sont invisibles parce qu'ils vibrent à des vitesses différentes. Ces univers s'entrecroisent mais les points d'intersections ne sont généralement pas compatibles. Les habitants des différents univers n'ont donc pas conscience de cette intersection. Il est possible qu'une ou deux personnes remarquent

un changement mineur, mais rien d'important. Dans le cas que vous évoquez, un phénomène rare d'intersection compatible s'est produit. Pendant que Tuin chassait, il s'est retrouvé simultanément dans deux univers, mais sans en avoir conscience. L'animal qu'il a tué provenait de l'autre univers. Et puisqu'une intersection compatible existait, il fut capable de transporter l'animal dans son univers sans en détruire les tissus conjonctifs.

Cette explication me dérouta. Je n'avais jamais rencontré l'idée d'univers parallèles auparavant dans mon travail. Dans mon livre Les jardiniers de la Terre, nous avons parlé d'autres univers composés d'énergie et j'ai supposé qu'ils étaient situés quelque part dans l'espace. Je n'avais pas entendu parler d'univers qui seraient composés de propriétés physiques similaires à la Terre et occupant le même espace que le nôtre.

D : *Êtes-vous en train de dire que l'autre univers était aussi un univers physique ?*
B : Oui. C'était un univers physique construit sur une matrice différente. Mais puisque l'intersection était compatible, la matrice de l'animal n'a pas été détruite quand il a été apporté dans cet univers. C'est ce qui fait que cet événement est un fait très rare. Si l'intersection n'est pas compatible, la matrice de toute chose provenant d'un second univers est détruite et ne peut survivre dans le premier univers.
D : *Que voulez-vous dire par « est détruite » ? Elle disparaîtrait juste comme ça ?*
B : Oui. Elle s'évaporerait totalement en relâchant de l'énergie dans l'éther.
D : *Est-ce que quelqu'un verrait ce phénomène comme un mirage ?*
B : C'est possible. Dans certaines circonstances, on verrait l'objet puis il scintillerait et disparaîtrait totalement.
D : *Vous dites que cet autre univers est vivant et existe juxtaposé au nôtre ?*
B : Oui, il y a un nombre infini d'univers coexistant avec celui-ci. Et ils sont tous entremêlés comme dans un tissu. (Soupir) Le vocabulaire de votre langue n'est pas suffisant.
D : *On me l'a déjà dit auparavant.*

B : Il doit se produire simultanément une combinaison très rare de variables pour créer une inter-section compatible, comme lors de cet incident avec Tuin. Cela est si inhabituel que ça ne peut pas être exprimé en pourcentage ; la probabilité est trop faible.

D : *En fait, il a bien précisé qu'en arrivant près de cet animal, ses sens ont perçu un étrange senti-ment.*

B : Oui, il était très évolué d'un point de vue psychique et par conséquent il était conscient du fait qu'il était simultanément dans deux univers, mais il n'était pas en mesure de l'exprimer claire-ment. Il savait ce qu'il savait, sans vraiment savoir ce qu'il savait.

D : *Oui, il ne savait pas exactement ce dont il s'agissait. Mais est-ce que cela signifie que c'était très inhabituel qu'il puisse rapporter cet animal à son peuple ?*

B : Oui. Être en mesure de rapporter l'animal provenant de cet univers, sans que ce dernier ne se dissolve, est extrêmement inhabituel. Cela arrive rarement. Cela arrive, mais vraiment très rare-ment.

D : *Et bien sûr, les habitants avaient aussi très faim à cette époque. Ça a peut-être joué un rôle.*

B : Oui. Leurs capacités psychiques ont, sans aucun doute, aidé l'animal à transiter.

D : *Par la suite, la tête et la peau de l'animal ont été utilisées par le sage pendant de nombreuses années. Il s'agissait donc réellement de quelque chose de physique. Ils l'ont mangé et a priori cette nourriture ne les a aucunement blessés.*

B : C'est vrai.

D : *Le concept est extrêmement intéressant, bien qu'il soit aussi très compliqué.*

B : Oui. J'ai le sentiment d'avoir peut-être laissé des impressions erronées dans votre esprit du fait des imprécisions du vocabulaire.

D : *Eh bien, c'est possible. D'autres personnes, auxquelles j'ai parlé ainsi, m'ont aussi rapporté que le langage était limité pour expliquer ces choses. Ils ont parfois dû utiliser des analogies pour me les expliquer.*

B : C'est vrai. Mais les analogies sont aussi très imparfaites. Elles créent des notions simplifiées dans votre esprit.

Cette idée était si nouvelle et compliquée pour mon esprit, que j'ai seulement souhaité l'évoquer brièvement dans ce livre. Je ne veux pas dérouter le lecteur ou le distraire de l'histoire que je tente de raconter.

Le concept des univers parallèles sera plus largement développé dans mon livre Les Arcanes de l'univers.

D : *Tuin m'a parlé de certains objets dans la maison du sage. L'une des images qu'il a dessinée ressemblait à un panneau de contrôle.*
B : C'en était un. C'était le tableau de contrôle relié à l'ordinateur central. Ils ont laissé l'ordinateur intact pendant plusieurs générations après l'accident. Puis le panneau de contrôle principal a été mis dans la hutte du dirigeant, pour qu'il puisse consulter l'ordinateur quand il en avait besoin. Quand ils bâtirent la colonie, ils utilisèrent des parties du vaisseau. Ils finirent par le démanteler et l'utiliser intégralement. Ils durent aussi, en fin de compte, recycler l'ordinateur, mais ils conservèrent le tableau de bord intact pour se remémorer leur héritage.
D : *Où était situé l'ordinateur principal ?*
B : Toutes les archives et toute la connaissance étaient stockées sur le vaisseau. Ils utilisaient l'appareil pour l'éducation, la scolarisation et ce genre de choses. Ils installèrent un système de communication, mais il n'était pas aussi puissant qu'ils l'auraient souhaité. Par conséquent, ils abandonnèrent l'idée de pouvoir contacter qui que ce soit.
D : *Tuin m'a raconté qu'ils parlaient à un mur, ainsi qu'à quelque chose qui ressemblait à un rocher. Est-ce correct ?*
B : Au départ, quand le peuple commença à bâtir la colonie, ils vivaient encore sur le vaisseau ainsi que dans des bâtiments séparés. Dans la bibliothèque du bateau, il était possible de parler à un mur, qui faisait partie du système de communication interne du vaisseau, et permettait de se relier directement à l'ordinateur. Le mur pouvait aussi être utilisé pour visionner des informations, un peu comme un écran de télé, avec des images générées par l'ordinateur. Le cristal dont il a parlé était un de leurs cristaux spécialisés. La science de la cristallographie était extrêmement avancée et c'était une science très subtile. Ils étaient en mesure de développer des cristaux pour de nombreux usages. Et l'un de ceux qu'ils avaient créés pouvait être utilisé comme vos radios. Si quelqu'un souhaitait contacter une autre personne, il pouvait parler à travers un cristal. Ce cristal était relié à un instrument qui permettait d'ajuster précisément les ondes au champ d'énergie et à la matrice spécifiques du cristal du destinataire.

D : *Ainsi, ils se parlaient entre eux et ne parlaient pas aux gens situés sur les autres vaisseaux ?*

B : Avant que les vaisseaux ne les laissent sur Terre, ils se parlaient au moyen d'un cristal de ce genre. Mais une fois que les autres furent partis, ils l'utilisèrent uniquement pour communiquer entre eux.

D : *Ainsi quand ils parlaient à travers le mur, ils parlaient en fait à l'ordinateur central situé sur le vaisseau. Ils n'avaient plus de moyen de communiquer avec l'extérieur, une fois les autres vaisseaux partis ?*

B : Ils possédaient un appareil de type radio avec lequel ils pouvaient émettre, mais personne ne passa à portée de leurs émissions.

D : *Tuin avait aussi dessiné une sorte de casque ou de chapeau étrange. Je suis curieuse de sa-voir à quoi il servait.*

B : Il avait de multiples fonctions. C'était un instrument hautement technologique principalement utilisé pour les apprentissages. Quand quelqu'un voulait développer ses connaissances sur un sujet précis, il mettait ce casque sur sa tête et grâce à l'énergie générée, les fils fins situés à l'intérieur s'étiraient jusqu'à être en contact avec la quasi-totalité de la tête. Cette énergie mainte-nait le chapeau en suspension, si bien qu'on ne le sentait presque pas. Ce chapeau était relié à l'ordinateur central et on pouvait, par conséquent, apprendre tout ce qu'on souhaitait ou voir tout ce qu'on voulait. Le chapeau pouvait en effet générer des images directement à l'intérieur de l'esprit et transmettre ainsi la connaissance. C'était une manière d'apprendre très intense. Ils n'utilisaient pas uniquement ce système pour développer leurs connaissances, car une mau-vaise utilisation pouvait provoquer des épuisements du cerveau. Mais à petites doses, il était très utile et très efficace. C'était un appareil extrêmement complexe.

D : *Il y avait de nombreuses protubérances sur l'extérieur. Étaient-elles connectées aux fils ou che-veux à l'intérieur du chapeau ?*

B : Oui. Les pics extérieurs étaient en fait des cristaux connectés aux fils intérieurs via des micro-circuits. Ces cristaux étaient calibrés sur l'ordinateur et on pouvait ainsi contrôler ce que l'on ap-prenait simplement par la pensée. Il n'y avait pas vraiment besoin de faire fonctionner les appa-reils. Les cristaux s'harmonisaient au cerveau, modifiaient leurs polarités et réglages et répon-daient à la demande du cerveau en transférant l'information contenue dans l'ordinateur.

D : *Est-ce que ce chapeau était utilisé avec le panneau de contrôle ?*

B : Il pouvait être utilisé indépendamment. Le tableau de commande était surtout utilisé pour la bibliothèque. La bibliothèque centrale était une sorte de chambre à l'intérieur de l'ordinateur. Tous les murs, le plafond et le sol étaient directement liés à l'ordinateur, comme une extension de ce dernier.

D : *Était-ce utilisé pour les apprentissages des enfants ou pour les adultes qui voulaient apprendre quelque chose rapidement ?*

B : C'était généralement utilisé par les jeunes adultes et les aînés. Les enfants apprenaient aux moyens de méthodes différentes. Plus efficaces que les vôtres, mais tout de même similaires à vos techniques conventionnelles d'apprentissage, pour qu'ils puissent apprendre la discipline. Ils devaient savoir discipliner leurs pensées et se concentrer, parce qu'une telle force mentale était nécessaire pour utiliser le casque et la bibliothèque correctement.

D : *Ainsi cela évitait les incidents d'épuisements de cerveaux ?*

B : Tout à fait. Le casque permettait aussi d'améliorer certains pouvoirs psychiques. C'est la rai-son pour laquelle il était seulement utilisé sur les jeunes adultes, approximativement à partir de 15 ou 16 de vos années. Il y avait aussi des dispositifs de sécurité prévus. En général, ils n'étaient pas nécessaires puisque la première sécurité était de vérifier que la personne possédait la force mentale nécessaire, avant de l'autoriser à utiliser le casque. Grâce à cette discipline, chacun savait ce qu'il était en mesure de supporter et quand il atteignait ses limites, le bon sens lui disait d'arrêter. Et la plupart du temps, les utilisateurs s'arrêtaient. Il est arrivé parfois que cer-tains essaient d'aller plus loin. Dans ce cas, il y avait un système interne à l'appareil qui réduisait l'énergie et avertissait l'utilisateur qu'il approchait sa limite, au cas où il n'avait pas fait attention ou n'était pas assez concentré. Si la personne ignorait cet avertissement, l'appareil s'éteignait après un certain temps pour qu'aucun dommage permanent ne soit à regretter. La personne pou-vait se retrouver avec l'équivalent d'une migraine pour quelques jours et pouvait nécessiter des soins, mais sans blessures à long terme. Juste des effets temporaires comme pourrait l'être un léger coup de soleil.

D : Ont-ils utilisé ce système jusqu'à ce qu'ils aient à recycler l'ordinateur central?
B : Oui, ils l'ont utilisé pendant plusieurs générations. Mais ils ont finalement dû récupérer les matériaux de l'ordinateur pour d'autres choses nécessaires à leur survie.
D : Ça a dû être traumatisant pour eux de devoir sacrifier leur ordinateur et de perdre toute cette connaissance.
B. Ça le fut, en effet. Ils avaient passé une grande partie de leur temps à essayer d'archiver la connaissance par d'autres moyens, tels que l'écriture, parce qu'ils savaient qu'ils finiraient par avoir besoin de l'ordinateur. Au moment venu, ils avaient conscience qu'ils étaient loin d'avoir pu sauvegarder toute la connaissance contenue dans l'ordinateur. Mais ils avaient fait de leur mieux pour garder une trace des parties essentielles, comme leur science, leur technologie et les choses indispensables de ce genre.
D : Sur quel type de matériaux ont-ils écrit ?
B : Dans l'idée d'être autosuffisants et en harmonie avec la planète, ils créèrent une sorte de pa-pier et ils y imprimèrent leurs connaissances. Ils stockèrent ces papiers dans des boites de métal spécialement construites pour protéger le papier de la moisissure.
D : Est-ce que certaines de ces boîtes ont été transmises ?
B : Oui. Elles ont toutes été transmises pendant de nombreuses générations. Mais le papier a fini par s'abîmer et les descendants ne savaient plus comment en fabriquer. Et par conséquent, au fil des siècles, ils ont petit à petit perdu leur technologie. À partir de ce moment, la connaissance fut transmise par voie orale, sous la forme des légendes. D'où l'accent mis sur l'importance de les conserver intactes. Ils savaient qu'ils transmettaient l'information qui avait été écrite et qu'ils ne seraient plus en mesure de reproduire ces écrits. Ils ne voulaient pas léguer d'informations erro-nées.
D : C'est la raison pour laquelle elles ont survécu si longtemps. Mais Tuin m'a dit que le sage sa-vait écrire.
B : Oui. En fin de compte, il devint difficile d'éduquer tous les individus à la lecture et à l'écriture, puisque les matériaux devenaient plus rares. Au fil des siècles, la colonie a évolué à un point où les habitants, en général, ne ressentirent plus le besoin de lire et d'écrire pour leur vie quoti-dienne. Ils s'épargnèrent donc la difficulté d'apprendre autant qu'ils auraient pu. Ils décidèrent

que le sage devait savoir le faire, puisqu'il était en charge de conserver les légendes par tous les moyens.

D : *Est-ce que le type d'écriture était similaire à celui que vous avez reproduit pour moi ?*

B : Oui, tout à fait. Puisque la représentation provient d'une des plaques du vaisseau, elle cor-respondait à leur type d'écriture. Avec le temps, l'écriture fut néanmoins un peu altérée. Et à l'époque où Tuin vivait, elle était davantage utilisée comme symbolisme plutôt que ce pour quoi elle avait initialement été conçue. Le sage l'utilisait sur ses coiffes et autres pour la signification symbolique plutôt que pour former de réels mots.

D : *Est-ce que quelque chose de ce genre est parvenue jusqu'à notre époque ?*

B : Non, tout a été perdu.

D : *Je tente de me remémorer toutes les choses dont il m'a parlé. Il a mentionné des objets dans la maison du sage, qui semblaient être des tubes en verre.*

B : C'étaient des tubes en cristal. Tous les objets de ce type étaient faits dans une sorte de cristal et non pas en verre. Ils possédaient des méthodes pour modeler les cristaux dans la forme dési-rée, c'était donc très efficace et économique. Ils n'ont jamais ressenti le besoin de faire fondre le cristal brut pour le transformer en verre.

D : *Il a dit que le sage conservait des liquides à l'intérieur. Était-ce pour fabriquer des remèdes médicinaux ?*

B : Oui. L'essentiel des connaissances et compétences de laboratoire transmises par les Anciens furent attribuées au sage. Et cela concernait principalement la médecine élémentaire et les choses primordiales de ce genre.

D : *Il s'agissait principalement des connaissances indispensables à la survie. Les autres technolo-gies n'avaient pas été suffisamment importantes pour être conservées.*

B : Oui. Ils ont dû se concentrer sur l'essentiel, à savoir la médecine et les types d'engrais spécia-lisés, qui rendaient leurs cultures résistantes aux radiations du soleil.

D : *Je pense que je n'ai plus de questions. Je souhaitais obtenir un point de vue différent de celui de Tuin, qui était restreint à ses connaissances de l'époque. J'étais curieuse d'obtenir l'histoire ré-elle de ce peuple qui a atterri ici. J'ai souvent pensé que nous*

sommes d'une certaine façon les descendants d'un peuple venant d'autres planètes.
B : Oui, c'est exact. Il y a eu de nombreux explorateurs ici. Ceci n'en est qu'un cas.
D : Peut-être que nous pourrons un jour parler d'autres cas et que vous pourrez me donner davan-tage d'informations.
B : Oui. C'est vous qui posez les questions.
D : Y a-t-il autre chose que vous souhaitez rajouter sur cette période ? Concernant ces légendes ou ce peuple?
B : C'était un bon peuple. Leurs objectifs et leur vie étaient tournés vers ce qui devrait être essen-tiel. Les gens de votre civilisation et de votre époque ont perdu le vrai sens de ce qui est important pour une plus grande évolution spirituelle.

Alors que j'effectuais le décompte, Beth réagit de la même manière que la fois précédente. Elle ne montra aucun signe de réaction jusqu'à ce que j'atteigne les nombres sept et huit. Je lui avais donné des instructions pour reprendre conscience de ce qui l'entourait. Puis son corps fut se-coué par un spasme et elle se réveilla au signal. Du fait de l'expérience qu'elle avait vécue aupa-ravant, je compris qu'elle avait fait un nouveau voyage avant de se réveiller. Elle décrivit une vi-site astrale rapide dans la maison d'un de ses amis. Elle l'avait vu, ainsi que la maison, avec des détails très précis. Puis elle entendit les nombres « sept, huit » à l'arrière-plan, le bruit du ventila-teur dans la pièce et elle fut ramenée dans son corps. Elle dit que pendant un court instant elle s'était sentie essoufflée, comme si elle avait couru. Elle n'avait absolument pas l'air essoufflée ; elle avait l'air reposée et détendue.

Elle déclara : « Parfois, quand je reviens à la conscience, je me sens momentanément un peu étourdie, pas comme lors de vertiges, juste un peu étourdie comme au réveil avec le besoin de m'étirer. Mais cette fois, je me suis sentie immédiatement alerte. »

Je lui expliquai que c'était normal, tout comme en se réveillant d'un sommeil ordinaire. Elle sem-blait profiter de cet état proche du réveil pour pouvoir effectuer ces petites sorties hors du corps. En général, elle ne se souvenait pratiquement de rien concernant la session avec Tuin, mais elle se souvenait de ses sorties hors du corps avec beaucoup de précisions. Peut-être était-ce dû au fait qu'elles survenaient juste avant son réveil, après avoir quitté les niveaux d'ondes thêta ; peut-être aussi parce qu'elles étaient plus importantes pour elle que le but même de la régression. C'est très similaire aux gens se souvenant des dernières images de leurs rêves juste avant de se réveiller.

Beth n'influençait assurément pas l'information donnée par Tuin, parce qu'elle ne s'y intéressait pas. Parfois elle a souhaité étendre la séance et poser des questions à son subconscient con-cernant sa santé. Quand elle se réveillait, elle demandait des détails sur ce point, mais ne men-tionnait pas Tuin. J'ai été amenée à bien connaître ce chasseur bienveillant, mais il n'était qu'une ombre dans l'esprit de Beth. Elle ne fut d'ailleurs pas intéressée par l'écoute des enregis-trements.

Chapitre 17
La magie des Anciens

TROIS ANNÉES PASSÈRENT entre le moment où je recueillis les informations concernant les légendes des Anciens et le moment où je commençai à rédiger cet ouvrage. Je n'ai jamais été oi-sive pendant cette période. Je me suis investie dans des centaines de régressions ordinaires, auprès de gens qui voulaient vivre l'expérience, soit par curiosité, soit pour les aider à régler les problèmes de leur vie quotidienne. J'ai aussi passé beaucoup de temps à écrire d'autres livres concernant les aventures que j'avais vécues tout au long de mon parcours. En commençant à rassembler les données à partir des enregistrements, j'ai réalisé qu'il restait des questions en suspens. Elles devaient trouver une réponse avant d'achever le livre. J'avais rendu visite à Beth, mais nous n'avions jamais retravaillé ce sujet depuis trois ans. Même si je n'avais pas parlé à Tuin pendant tout ce temps, je ne pensais pas que cela poserait problème de reprendre contact avec lui. D'une certaine manière, les individus liés à ces expériences de réincarnation ne meu-rent jamais. Ils peuvent être ressuscités autant de fois que nécessaires. Ils sont en quelque sorte éternels, immortels ; ils continuent de vivre leur vie dans leurs périodes temporelles respectives et peuvent parallèlement être contactés facilement. C'est un aspect merveilleux de ce phénomène, pour lequel je n'ai aucune réponse. Je sais simplement que c'est possible, parce que je l'ai effec-tué de nombreuses, de très nombreuses fois. Les entités semblent vivre éternellement dans le subconscient des sujets.

J'ai téléphoné à Beth et lui ai dit que j'avais besoin de recontacter Tuin. Elle n'avait pas cons-ciemment repensé à lui durant ces dernières années, mais accepta de reproduire l'expérience pour que je puisse boucler mon enquête. Le jour du rendez-vous, j'utilisai son mot-clé. Il fonctionna parfaitement, comme s'il n'y avait eu aucune interruption entre nos séances. Elle entra immédiatement dans une transe profonde et nous commençâmes. Je savais que l'information que je cherchais ne pourrait pas être trouvée pendant la période de vie de Tuin du fait de sa compréhension réduite au monde physique. Je devrais parler à son esprit après sa mort physique dans l'avalanche. J'ai décompté pour la ramener à cette période et elle commença instantanément à décrire une scène de beauté céleste, à laquelle elle assistait depuis le plan de l'esprit.

B : Tout existe sur des plans multiples et je suis en train de regarder la Terre et les plans divers qui y coexistent. L'image est splendide, mais elle est aussi très compliquée. Je vois qu'il y a non seulement la Terre physique avec laquelle j'étais familier quand je chassais ici-bas, mais il y a aussi d'autres Terres qui occupent le même espace, mais sur un niveau d'énergie différent.

D : Ça a l'air complexe.

B : C'est magnifique. Ces plans sont liés et reliés les uns aux autres. Mais quand on passe d'un type d'énergie à un autre, ainsi que d'un niveau d'énergie à un autre, on aperçoit des change-ments subtils qui différencient chaque type de Terre et chaque niveau de Terre les uns des autres.

D : Est-ce que ces différents niveaux et ces différentes parties se ressemblent ?

B : Ils semblent similaires, mais il y a des nuances subtiles. Pour vous donner un exemple, je vais utiliser un pommier. Au printemps, quand il fleurit sur notre Terre physique ordinaire, celle que l'on voit du plan physique, son écorce est marron grisâtre et ses fleurs sont blanches avec une touche de rose. Ça ressemble à un pommier ordinaire. Mais sur le niveau juste au-dessus, quand le même pommier fleurit au printemps, les fleurs seront plutôt de couleur dorée et l'écorce est plus foncée. C'est toujours le même concept : un pommier, mais vu d'un niveau d'énergie diffé-rent. Alors que vous montez au travers des différents niveaux d'énergie, vous percevez de subtils changements comme celui-là. Dans un des niveaux d'énergie, les pommiers ont une écorce marron foncé, des fleurs argentées et des feuilles bleues. Ce n'est pas n'importe quelle nuance de bleu ; c'est une teinte particulière. Je cherche un moyen de vous la décrire. Vous voyez au cré-puscule, quand le soleil est déjà couché et que la nuit tombe, il reste des teintes dorées à l'horizon ; mais juste au-dessus de votre tête, le bleu est d'une teinte pure. C'est le bleu des feuilles de ce pommier sur un des niveaux d'énergie. Les feuilles passent progressivement du vert au bleu vert, au turquoise, à cette teinte de bleu, alors que l'on monte à travers les différents niveaux d'énergie.

D : *La forme est la même. Seule la couleur change.*

B : C'est ça. Les paysages sont les mêmes, bien qu'un peu modifiés d'un niveau à l'autre. Si vous montez les niveaux un à un dans l'ordre, vous pouvez voir le paysage se modifier légère-ment, mais il est évident qu'ils sont reliés. Si, par contre, vous commencez à un niveau et passez directement à un niveau bien supérieur, les choses sembleront différentes car vous n'aurez pas pu constater le processus de changement. Vous verriez alors des couleurs différentes, des formes différentes, des lieux différents. Mais en fait, tout se décale de manière très légère d'un niveau à un autre. Par exemple, vous êtes dans un champ, sur Terre, dans le plan physique. Il y a une rivière près de vous à votre gauche et une montagne à votre droite. Au plan immédiatement supérieur, la montagne a un relief juste un peu différent. Elle peut être un peu plus pentue ou un peu plus émoussée, mais le relief a à peine changé. C'est toujours le même endroit. Vous pou-vez ainsi dire que c'est la même montagne. La rivière peut être un peu plus large par exemple, mais c'est toujours la même rivière. Elle est juste un peu différente. Puis, si vous montez sur le plan suivant, la rivière aura peut-être encore la même taille, mais sera peut-être un peu plus proche de la montagne. Et ainsi, il s'agit seulement de différences subtiles. Si vous visitez ces niveaux un par un, vous voyez ces changements progressifs, mais vous comprenez qu'ils sont reliés au niveau inférieur. Si, maintenant, à partir de la Terre, vous passiez directement cinq ou six niveaux sans regarder les niveaux intermédiaires, vous pourriez arriver directement à un ni-veau où l'herbe est plus bleue, le relief de la montagne relativement différent et où la rivière se trouve au pied de la montagne, transformée en un vif ruisseau. Vous pourriez penser que vous êtes dans un lieu différent, alors que vous êtes en fait exactement au même endroit.

D : *Cela semble vraiment compliqué, mais je crois que je peux comprendre ce que vous évoquez.*

B : Plus vous montez dans les niveaux d'énergie, plus les relations entre les couleurs changent. Dans une certaine mesure, la luminosité change en accédant aux niveaux d'énergie supérieurs, et par conséquent les couleurs vous semblent différentes. Apparemment la lumière affecte les couleurs de toute chose.

Il décrivait une scène qui semblait vraiment magnifique et c'était un concept intéressant, mais il était temps de revenir aux questions pour lesquelles j'avais recontacté l'esprit de Tuin à ce mo-ment précis.

D : *Je souhaitais vous poser quelques questions concernant certains points de la vie de Tuin qu'il ne pouvait pas comprendre à cette époque. J'ai pensé que vous pourriez avoir les réponses, étant donné que vous possédez maintenant de plus amples connaissances. Vous m'avez déjà éclairée sur certains événements qu'il avait vus ou vécus et qu'il ne pouvait expliquer. Il a parlé d'une étrange marmite appartenant au sage ; il la nommait parfois chaudron. Je suis curieuse d'en savoir plus. Il m'a dit que ce chaudron changeait de couleur et possédait une poignée amovible. Tout ce qu'il savait, c'est que le sage l'utilisait. Il a eu du mal à m'expliquer ce dont il s'agissait. Voyez-vous ce dont je veux parler ?*

B : Oui. Le chaudron dont il vous a parlé est une relique très ancienne. Vous savez, le peuple de Tuin descendait de voyageurs galactiques arrivés sur Terre il y a très longtemps et qui ont colonisé cette partie de la planète. Puisqu'ils ne projetaient pas de refaire voler leurs vaisseaux, ils les ont recyclés. Ils ont utilisé tout ce qu'ils pouvaient convertir pour leurs besoins quotidiens. Au fil des siècles, hélas, les objets se sont abîmés, ont été cassés, perdus ou emportés quand des groupes eurent à se déplacer. À l'époque du peuple de Tuin, cette marmite utilisée par le sage était un des vestiges restant, provenant du vaisseau spatial. À l'origine, il ne s'agissait pas d'une marmite en tant que telle. C'était un élément qui permettait de contrôler le flux d'énergie qui circu-lait dans le vaisseau. Au temps de Tuin, le peuple ne possédait plus la source d'énergie utilisée sur le vaisseau. Ils ne possédaient que le feu et la force de l'eau. Par tradition, les gardiens de ces artefacts étaient les sages, hommes ou femmes en fonction des cas. Ils se léguèrent cette re-lique de génération en génération. Ils se transmirent aussi les instructions pour en prendre soin et pour l'utiliser, ce à quoi elle servait et ce qu'elle était supposée faire. Ils savaient que cet objet était précieux, autant que l'information qui lui était liée, ils prirent donc grand soin de choisir les personnes auxquelles ils l'expliquaient. La source originelle d'énergie qui permettait d'activer ce qui restait de cet appareil n'était plus disponible, ils apprirent donc à l'activer partiellement grâce à l'action de la chaleur. Ils le plaçaient sur le feu et cet appareil convertissait la chaleur du feu en énergie nécessaire à son activation. Le chaudron ne pouvait plus fonctionner comme à l'origine, car l'énergie reçue était insuffisante. Il ne fonctionnait que partiellement. Mais, à cette époque, tellement de connaissances avait été perdues, que même s'il ne fonctionnait que de manière par-tielle, ce chaudron était considéré comme très spécial et très impressionnant.

D : Mais sur l'aéronef, c'était une partie des commandes du vaisseau?
B : Non, non, non. C'était une partie du système qui acheminait l'énergie. Les commandes étaient tout à fait autre chose. C'était une partie du dispositif qui permettait de modeler l'énergie. Ils possédaient un concept de l'énergie différent du vôtre. Sur votre planète, à votre époque, l'énergie est représentée comme quelque chose qui s'écoule à travers quelque chose, comme l'électricité à travers les câbles ou l'eau à travers un barrage, pour produire de l'énergie. Ces voyageurs galactiques avait une manière différente de concevoir l'énergie. Au lieu de juste la faire s'écouler à l'endroit nécessaire, l'énergie était modelée. C'est difficile à expliquer. Je ne suis pas sûr de comprendre, mais ils avaient des appareils qui permettaient de façonner l'énergie. Et en fonction de la forme prise par l'énergie, elle produisait des effets particuliers ou réagissait de façon particulière. Ainsi, l'appareil donnait une forme particulière à l'énergie en fonction de ce qu'ils avaient besoin de faire sur le vaisseau. Les commandes étaient un système séparé qui in-diquait à ce dispositif la forme dans laquelle façonner l'énergie.

D : Ainsi l'énergie n'avait pas toujours la même forme. Elle dépendait de leurs besoins.
B : C'est ça. Il existait un nombre infini de formes possibles. Cela demandait néanmoins une quantité d'énergie conséquente pour la façonner. À l'époque de Tuin, une partie de cette relique, celle qui façonnait l'énergie, avait disparu. De plus, ils ne possédaient pas de source d'énergie adéquate pour l'utiliser ; le chaudron ne pouvait donc pas fonctionner correctement. Néanmoins, les effets

qu'il produisait et les changements de couleur qui le traversaient faisaient partie du processus de modelage de l'énergie reçue.

D : *Tuin a envisagé qu'il existait peut-être plusieurs chaudrons, puisqu'il en a vu de différentes cou-leurs.*

B : Il n'y avait qu'un objet, qui changeait de couleur en essayant de transformer l'énergie qui lui était fournie. Mais il n'en recevait pas assez pour achever le processus.

D : *Il a parlé d'une sorte de poignée étrange ou de quelque chose situé sur le chaudron.*

B : Oui. Le chaudron, cet appareil, était incomplet ; une partie était manquante. Et cette poignée était le lien qui connectait le chaudron à la partie manquante. C'était une sorte de partie intermé-diaire qui le reliait à l'intérieur d'un appareil plus vaste, qui servait à donner forme à l'énergie. Mais en l'état actuel des choses, ils n'en possédaient plus qu'un morceau, et même si ils avaient su comment, ils n'auraient jamais pu le faire fonctionner comme initialement, car le dispositif n'était plus entier.

D : *Tuin m'a raconté que la poignée pouvait être déplacée.*

B : Cela faisait partie du procédé de modelage de l'énergie. Le morceau qu'ils possédaient pou-vait être utilisé pour faire certaines choses, mais ils ne pouvaient pas avoir conscience de son potentiel réel.

D : *Dans quel but le sage l'utilisait-il ?*

B : Il l'utilisait pour diffuser l'énergie. Si quelqu'un était malade ou blessé, la marmite pouvait diri-ger suffisamment d'énergie pour aider à la guérison. De plus, si le sage s'appliquait un peu de cette énergie à lui-même en état de méditation, cela lui provoquait des visions.

D : *Tuin m'a aussi dit que des fois, lorsque les fermiers trouvaient des rochers ou des choses parti-culières dans les champs, ils les rapportaient au sage. Je ne sais pas s'il utilisait la marmite pour ces objets.*

B : S'ils trouvaient une roche ou quelque chose dans les champs qui semblait contenir une grande quantité de métal, ils l'apportaient au sage. Ce dernier appliquait alors un feu, la lumière du soleil ou autre sur le chaudron, pour lui conférer autant d'énergie que possible. Et cela suffi-sait pour qu'une fois ce type de roche insérée il puisse la transformer en un métal plus pur et lui donner la forme particulière dont il avait besoin. De la même manière que l'installation complète façonnait l'énergie, la partie du dispositif restante pouvait façonner la matière. Il pouvait soit la purifier, soit la modeler. Mais cela ne fonctionnait qu'avec certains matériaux. Ça ne fonctionnait pas avec le bois par exemple, mais ça fonctionnait avec certaines roches et certains types de mé-taux.

D : *On dirait qu'il ne pouvait pas en transformer beaucoup.*

B : Non, c'était en effet un objet très spécifique. Mais ce chaudron était aussi très utile pour fabri-quer des remèdes. Ils savaient que, quand ils mâchaient les feuilles de certaines plantes particu-lières, le jus produit était médicinal. En plaçant ces feuilles dans le chaudron et en lui appliquant de l'énergie, le sage pouvait extraire le liquide de ces feuilles. Ainsi il en recueillait un concentré, au lieu de devoir mâcher de nombreuses feuilles pour en obtenir les bienfaits thérapeutiques.

D : *Cette marmite était dans la maison du sage et il m'a semblé que personne d'autre ne savait l'utiliser.*

B : C'était un savoir très spécifique et beaucoup de détails avaient été perdus. Ils se sont transmis cette connaissance de sage en sage pendant de nombreux siècles et il a été difficile de conser-ver intacte l'intégralité de ce savoir.

D : *Pouvez-vous voir ce qui est finalement advenu de cette relique ?*

B : Oui. Après plusieurs siècles, de nombreuses autres connaissances furent perdues, si bien qu'ils ne furent plus en mesure de l'utiliser. Ils la conservèrent pendant encore deux ou trois cents ans, comme symbole d'un statut : la personne qui se voyait léguer le chaudron était dési-gnée comme chef spirituel de la tribu. Finalement, à une certaine époque, il y eut un chef spiri-tuel particulièrement charismatique. À sa mort, en signe de respect, ils trouvèrent une grotte pour l'enterrer dignement. Ils l'y placèrent, ainsi que le chaudron et d'autres objets. Puis, ils en bloquè-rent l'entrée avec une gigantesque pierre et des gravats pour protéger le corps du sage et les re-liques.

D : *Il semble donc peu probable que ce lieu soit retrouvé.*

B : C'est assez peu probable, à moins qu'un tremblement de terre ou autre ne viennent disperser les rochers et les plantes qui ont, depuis, recouvert l'entrée de la grotte. Il faudrait que quelque chose les détruise ou les disperse pour les retrouver. Ou, si quelqu'un scannait les alentours avec les dispositifs modernes, les appareils sensoriels tels que les radars, sonars ou autre, il pourrait trouver cette cavité cachée. Mais, comme vous le dites, c'est très improbable que ce lieu émerge prochainement. Ça fait trop longtemps et il ne s'agit que d'une petite grotte.

D : Je me suis aussi interrogée sur quelques autres détails mentionnés dans les légendes. Tuin a parlé d'une lance solaire utilisée par les Anciens. Je crois qu'il a dit qu'elle était utilisée pour tuer les animaux.

B. Il s'agissait d'un dispositif qui projetait un rayon d'énergie. Cela ressemblait à une intense lu-mière, mais elle mettait aussi en œuvre d'autres énergies. Cet outil s'utilisait un peu comme vos armes à feu et possédait un bouton pour déclencher le tir. La lumière fusait et frappait n'importe quel animal ou autre cible et les tuait sur le coup. Ça ressemblait à un faisceau lumineux rectiligne ou à une lance de lumière. C'est un des appareils qui avait été conservé jusqu'à l'époque de Tuin, mais dont une partie du savoir associé avait été perdue. Ils commencèrent à le nommer lance du soleil. Avec le temps, cet appareil s'abîma, ne fonctionna plus correctement et fut fina-lement perdu.

D : J'ai eu l'impression que ça ressemblait à un faisceau laser ou à quelque chose du genre.

B : Une lumière était visible dans le rayon d'énergie, mais cet outil impliquait d'autres énergies. Il fonctionnait au moyen d'un subtil équilibre de diverses énergies. Ainsi, quand vous tiriez sur un animal, cela le tuait instantanément sans lui causer de douleur et sans causer de dégâts exces-sifs à son corps. Comme ces animaux étaient tués pour leur viande, ils ne souhaitaient pas en-dommager leur corps, puisque cela aurait aussi endommagé leur nourriture.

D : Il m'a aussi parlé d'une boîte qui cuisait les aliments. Il l'a décrite comme miraculeuse.

B. Oui. Cette boîte qui cuisait les aliments était en fait extrêmement simple, mais la technologie utilisée était bien supérieure à celle connue du peuple de Tuin à cette époque. Elle fonctionnait à l'énergie solaire. Il suffisait de la mettre au soleil et l'énergie solaire était convertie en énergie de cuisson. C'était un peu comme vos micro-ondes, mais avec des différences. Les personnes qui créèrent cet ustensile possédaient une compréhension différente de l'énergie, comme je l'ai mentionné auparavant. Il s'agissait véritablement de concepts différents, impliquant des prin-cipes différents. On pourrait néanmoins le comparer à ce que pourrait être un micro-onde solaire.

D : *Il était alimenté par le soleil.*

B : Tout à fait. Il fallait juste le disposer au soleil et les aliments cuisaient.

D : *Cela impliquait le type d'énergie dont ils étaient familiers. Le résultat ne serait pas le même si nous mettions une boîte dehors au soleil.*

B : C'est vrai. Car ceux qui ont conçu cet ustensile possédaient une vision différente de l'utilisa-tion de l'énergie.

D : *Il évoqua aussi une boule ronde que l'on pouvait tenir dans une main, ainsi qu'un rocher à tra-vers lequel on pouvait parler. Je ne sais pas s'il s'agissait du même objet ou s'ils étaient liés l'un à l'autre.*

B : Il s'agissait de deux choses différentes. La boule ronde qui tenait dans une main était une sphère quasiment parfaite. Elle était faite dans une sorte de cristal spécifique qui n'existe pas sur Terre. Alors qu'aujourd'hui l'espèce humaine intensifie son exploration de l'espace, elle sera amenée tôt ou tard à découvrir ce matériau particulier. Il s'agit en fait d'un cristal, même si son ap-parence est métallique. Quand on tenait cette sphère de cristal dans la main, les énergies qui cir-culent dans la Terre – les énergies magnétiques, gravitationnelles et corporelles – faisaient réagir le cristal. Il permettait ainsi de faire de nombreuses choses extraordinaires. On pouvait canaliser l'énergie à travers le cristal et l'utiliser pour toutes sortes de choses. Par exemple, parmi les effets fréquents, quand quelqu'un l'utilisait, les objets se mettaient à léviter tout autour. Des objets étaient parfois accidentellement téléportés. Un objet disparaissait ici et réapparaissait là-bas. C'était un effet collatéral des énergies canalisées à travers cette sphère. En ce qui concerne le rocher qui pouvait parler, il ne s'agissait en fait pas d'un rocher, bien que ce soit la manière dont Tuin le percevait. À travers les répétitions des contes et légendes au fil des siècles, le concept a été altéré. Le rocher qui pouvait vous répondre était en fait un appareil métallique qui possédait son propre système d'énergie auto-contenue. Il pouvait être utilisé pour transmettre ou recevoir des messages, un peu comme une radio, mais impliquait un autre niveau d'énergie. Ils l'utilisaient pour communiquer avec les membres des vaisseaux en orbite autour de la Terre.

D : *Vous parlez des autres vaisseaux spatiaux présents au moment où ils durent se poser sur Terre ?*

B : Oui. Ils étaient en communication avec ceux qui étaient restés en orbite. Ces derniers les in-formaient si oui ou non, ils pourraient vivre sur cette planète. Ce système avait aussi d'autres uti-lités, puisqu'ils s'en servaient pour analyser les types d'énergie. Par exemple, ils pouvaient ana-lyser le type de lumière absorbée par les plantes, le type d'énergie utilisée par l'écosystème de la planète. Le dispositif retransmettait ces informations aux vaisseaux en orbite, où ils pouvaient l'analyser et ainsi déterminer si la planète était vivable ou non.

D : *Ce dispositif était donc un genre de radio. Je crois qu'il ne me reste qu'une question. Vous sou-venez-vous du dessin que Tuin a reproduit et qui était représenté sur les couvertures ? Il me semble que vous avez dit une fois qu'il ne s'agissait pas du vaisseau principal, mais d'une petite navette associée au vaisseau principal. Sur ce dessin, il a représenté un objet en forme d'étoile au-dessus de la porte. J'ai eu le sentiment que ça ressemblait à une étoile à six branches. Elle semblait se tenir sur deux jambes, avec deux membres en l'air et deux sur le côté. C'est ainsi que Tuin l'a dessinée. Pouvez-vous me dire si cette étoile avait une signification réelle ou si elle a juste été créée pour orner les couvertures ?*

B : Cette étoile avait une signification majeure du fait de sa position. Elle représentait un objet ré-el situé sur la navette.

D : *Au-dessus de la porte ?*

B : Quand vous entriez par cette porte, le plafond était très bas. Mais au-dessus de ce plafond, il y avait de nombreux instruments. Le cœur de ce dispositif était cet énorme cristal façonné d'une manière très complexe. Le dessin de cette étoile représentait une version simplifiée de ce cristal. Sa forme était très compliquée avec de nombreuses branches et de nombreux appendices. Il res-semblait en quelque sorte à un morceau de quartz gigantesque et complexe, avec de nombreux morceaux qui partaient de tous côtés. Mais chaque partie de ce cristal était utilisée. Chaque ap-pendice du cristal, chaque forme, chaque angle, chaque taille affectait, d'une manière précise, le type d'énergie qu'ils utilisaient. Ce cristal servait de transmetteur central d'énergie ; énergie en-voyée sur tous les appareils automatiques pour qu'ils puissent fonctionner par eux-mêmes. Ce cristal permettait à la navette de fonctionner et coordonnait aussi les systèmes de la navette avec ceux du vaisseau mère.

D : *Quand je l'ai vu pour la première fois, j'ai cru qu'il s'agissait de l'étoile de David à six branches, sauf qu'elle n'était pas proportionnée de la même manière.*

B : Elles sont similaires, particulièrement lorsque l'étoile de David est dessinée avec ses diverses branches qui semblent intriquées les unes aux autres, comme sur le Sceau de Salomon. C'est une autre représentation de ce cristal que j'ai mentionné.

D : *Êtes-vous en train de dire que le Sceau de Salomon et l'étoile de David proviennent de ce mo-tif ?*

B : Oui.

D : *Elles me semblaient similaires en effet. Mais s'il s'agit d'un motif apparu en Amérique du Nord et lié à la tribu de Tuin, comment cette connaissance est-elle arrivée en Asie ? Je me trompe pro-bablement sur l'origine du Sceau de Salomon.*

B : Compte tenu de vos connaissances, ce que vous dîtes est correct, parce que ce groupe a at-terri en Amérique du Nord et y a établi une colonie. Mais ce n'est pas le seul groupe de voya-geurs de l'espace à avoir atterri sur votre planète. Quand les vaisseaux d'autres voyageurs de l'espace atterrirent sur d'autres parties du globe, les peuples qui n'étaient pas encore très évo-lués les prenaient pour des événements miraculeux. Il existe de nombreuses histoires en lien avec ces visites, qui ont été transmises au travers de légendes, particulièrement au Moyen-Orient. Les peuples qui vivaient là-bas à cette époque étaient très superstitieux et remarquaient tout ce qui était hors du commun. Puisqu'ils disposaient d'un système d'écriture, ils consignèrent ses événements qui purent ainsi être préservés. C'est la raison pour laquelle, dans de nombreux écrits sacrés à travers le globe, vous trouvez ces descriptions de visites et de voyages extraordi-naires. Par exemple, dans l'ancien royaume de Mésopotamie, vous trouvez L'Épopée de Gilga-mesh qui nous raconte l'histoire de Gilgamesh et de son ami Enkidu. (L'encyclopédie la consi-dère comme l'une des plus anciennes épopées, écrite en cunéiforme sur des tablettes en argile babyloniennes. Elle fait aussi référence à

Utnapishtim, un équivalent de Noé.) L'épopée décrit un voyage fait par Gilgamesh, lors duquel la mer qu'il observe devient une mare, puis une flaque de boue et enfin une sorte de bol de porridge. Ce qu'il décrit en fait, c'est un voyage qu'il a effec-tué à bord d'un de ces vaisseaux. D'autres descriptions ont été préservées dans ce que vous ap-pelez la Bible. Il y a plusieurs descriptions d'atterrissage de ce type de vaisseau et des peuples qui en provenaient. Par exemple, l'homme qui se nomme Jean et qui a écrit « Révélation » a vu un vaisseau atterrir à l'intérieur duquel des personnes radiodiffusaient des salutations. Les gens qui entendirent cela furent très effrayés par ce qu'ils virent. Dans un autre lieu, Ézéchiel a fait la description d'un vaisseau qu'il a vu atterrir dans le désert. Il était dans le désert depuis un bon moment, et comme partie intégrante de sa méditation, il consommait parfois des substances hal-lucinogènes, ce qui fait qu'il était habitué à voir se produire des manifestations étranges. Cepen-dant, contrairement aux autres écrivains, il ne fut pas effrayé par ce phénomène, ce qui lui permit de le décrire avec plus d'objectivité. Cela lui sembla néanmoins extraordinaire, parce qu'il ne possédait pas la connaissance suffisante de cette technologie pour pouvoir la décrire aussi pré-cisément qu'il l'aurait souhaité.

D : *J'avoue que cela me déroute un peu. Je croyais que le seul groupe d'individus à avoir atterri sur Terre était ce petit groupe qui parvint au village de Tuin. Est-ce que cela signifie qu'il y a eu ce petit groupe précis et que d'autres peuples auraient atterri ailleurs ?*

B : Votre pensée est trop étroite. Vous ne parvenez pas à envisager une vision plus large. Un petit groupe d'individus atterrit et vécut dans le village de Tuin, parce qu'ils n'avaient pas d'autres choix. Mais ils ne furent pas les seuls à venir sur Terre. Il existe une civilisation galactique et puisque la Terre ne possédait pas un niveau technologique très élevé, les voyageurs ne se sou-ciaient pas de l'endroit où ils atterrissaient dans le passé. Ces voyageurs savaient que les Ter-riens ne pouvaient pas leur faire de mal, puisqu'ils ne possédaient pas d'armes adaptées. Par conséquent, le vaisseau qui a atterri auprès des ancêtres de Tuin n'était pas le seul à s'être posé sur Terre. Quand ce groupe atterrit, ces membres s'installèrent à cet endroit isolé et ils y vécurent. Les autres peuples de cette civilisation galactique sont aussi complexes que nous le sommes. Ces peuples possèdent des motivations différentes. Certains venaient avec leurs vaisseaux et se moquaient d'être vus ou non par les Terriens. Ils souhaitaient atterrir, soit pour exploiter certains matériaux, soit pour explorer. D'autres groupes sont venus à des moments différents de l'histoire de la planète. Le groupe dont Tuin a parlé avait conçu ses vaisseaux afin de pouvoir les démon-ter et les utiliser à la surface d'une planète, ils le mirent donc en pièces et vécurent en ce lieu.

D : Ainsi, d'autres groupes sont venus sur Terre, aussi bien avant qu'après cet épisode. Ils visitè-rent différentes parties de la Terre. Tous semblaient utiliser cette énergie façonnée à partir de cristaux. Et c'est de là dont proviennent les motifs de l'étoile de David et du Sceau de Salomon.

B : L'énergie des cristaux était une des formes d'énergie les plus communes de cette civilisation galactique. Ils utilisaient les cristaux pour concentrer l'énergie. Par exemple, votre civilisation uti-lise l'électricité. Pour obtenir cette électricité dans votre maison, vous possédez des câbles qui la transportent jusqu'à un disjoncteur, où l'énergie est séparée en différents autres câbles qui la ré-partissent dans diverses directions, pour finir au niveau des douilles électriques pour la lumière ou des prises électriques pour brancher vos diverses machines. Au lieu de posséder des câbles transportant l'électricité et des disjoncteurs qui la divisent et la transmettent en diverses directions, cette civilisation galactique utilisait quelque chose de similaire à ce que vous appelez « l'énergie cohérente ». Des formes très solides et très pures d'énergie concentrées au travers de cristaux. La forme du cristal dépendait de la quantité de formes d'énergie nécessaires et du lieu où elles allaient être utilisées.

C'est identique à la description donnée dans mon livre Les Jardiniers de la Terre, sur la manière dont les cristaux étaient utilisés par d'autres civilisations pour produire différents types d'énergie. Leurs formes impactaient aussi leurs utilisations.

B : Ils possédaient des cristaux de toutes tailles. Les plus grands, les plus complexes, étaient uti-lisés pour faire fonctionner les vaisseaux ou les installations. Ils en avaient aussi de plus petits, portables, qui tenaient dans la main, pour d'autres utilisations. Par exemple, si le vaisseau atter-rissait quelque part dans le désert et que l'équipage avait besoin d'eau, les membres sortaient avec un petit cristal. Ils le tenaient dans leurs mains et y concentraient l'énergie du soleil soit en direction d'un rocher, soit en direction du sol. Ils pouvaient ainsi modifier le trajet d'un cours d'eau souterrain et le faire jaillir à la surface pour se servir en eau. Ils étaient en mesure de faire des choses comme ça, sans avoir à passer par un labeur physique. Le concept est semblable à celui de la sphère décrite par Tuin. Cette boule ronde fonctionnait selon des principes similaires, mais produisait des effets différents, puisque celle-ci était parfaitement ronde sans la moindre fa-cette. Ce cristal possédait des fonctions différentes, mais il s'agissait toujours de tenir le cristal en un lieu où il pouvait absorber les différentes énergies et les concentrer dans d'autres directions.

D : *Ainsi le motif sur la couverture était juste une version simplifiée de ce cristal, transmise de gé-nération en génération.*

B : Oui. Quand ils ont essayé de dessiner le cristal, ils créèrent un motif stylisé afin de symboliser le pouvoir des cristaux. C'est devenu un symbole sacré. Encore aujourd'hui, à votre époque, il reste de nombreuses connexions avec ce cristal. Il y a le Sceau de Salomon et l'étoile de David, mais aussi divers triangles précis et autres. Tout cela provient de ces représentations anciennes tentant de décrire l'utilisation des cristaux. Par exemple, la croix gammée était aussi un symbole tentant de représenter le cristal comme un point central répandant l'énergie en diverses branches en fonction des différentes utilisations.

La croix gammée est une croix régulière dont les bras sont courbés à angle droit. Puisque les quatre bras pointent dans la même direction (soit dans le sens des aiguilles d'une montre, soit dans l'autre), la forme crée une impression de rotation permanente. L'origine de ce symbole est inconnue. Il a été utilisé pendant des milliers d'années comme symbole du soleil, de l'infini, du renouvellement perpétuel, ainsi que comme motif décoratif en Amérique, Chine, Égypte, Grèce, Scandinavie, et ailleurs. Il a été retrouvé dans les catacombes de Rome, sur des textiles incas et sur des reliques découvertes sous le site de Troyes. Il a toujours été considéré comme symbole sacré, jusqu'à la seconde guerre mondiale. Adolf Hitler l'a souillé en le transformant en symbole d'un régime ignoble.

B : Ce type de connaissances est nécessaire, elles vont vous être utiles, ainsi qu'à ceux de votre époque. Elles permettront à votre peuple de se souvenir de ses origines.

Chapitre 18
Recherches

UNE FOIS CES RÉGRESSIONS HYPNOTIQUES TERMINÉES, l'étape suivante concernait les recherches. Le but de ces recherches était de trouver des similitudes entre les croyances et his-toires du peuple de Tuin et les croyances actuelles des Amérindiens. Je devais découvrir si cer-taines traditions des Anciens s'étaient glissées dans les coutumes et rituels modernes, sans même que ces peuples n'en connaissent l'origine. Tuin disait que le sang de son peuple et celui du peuple des étoiles s'était transmis et était contenu dans le sang de la plupart des tribus des Indiens d'Amérique. Mon but était de tenter de vérifier cette théorie et de chercher si des vestiges de ces légendes avaient survécu. Je décidai logiquement de centrer mes recherches sur les Inuits et les tribus amérindiennes du Canada. Ce fut mon point de départ, à l'aide d'emprunts auprès des différentes bibliothèques de l'université d'Arkansas.

Je pris la décision d'effectuer la majorité de mes recherches à partir de livres ou articles de maga-zines très anciens. Depuis quatre ou cinq décennies, les extraterrestres et les ovnis font partie du vocabulaire courant et questionnent les sociétés modernes. Mais si je trouvais des suggestions de ce genre dans de très vieux registres, cela appuierait alors davantage cette théorie. Je fis donc le choix de concentrer mes recherches sur des écrits anciens, avant que les Amérindiens ne soit influencés et contaminés par la culture européenne et les croyances des missionnaires. Cer-taines de ces informations se trouvaient dans des livres si vieux et si fragiles, qu'ils n'étaient dis-ponibles que sur microfilms. J'ai donc dû emprunter un lecteur de microfilms portable à la biblio-thèque pour pouvoir les lire et j'en ai eu les yeux bouffis à force de passer des heures à essayer de lire des caractères archaïques sur des pages délavées. Mais les résultats justifient toujours les efforts.

L'idée de retracer le commencement de la vie humaine sur cette planète est au-delà des objectifs de ce livre. Cela sera probablement fait en profondeur dans un futur ouvrage, puisque je conti-nue d'explorer nos origines en lien avec des ancêtres extraterrestres. Il sera suffisant de dire que la théorie communément acceptée est que la vie de type humaine débuta en Afrique et se répan-dit à partir de là aux quatre coins du globe. Ce chapitre va se focaliser sur mes recherches con-cernant les origines des Indiens d'Amérique et les liens avec l'histoire de Tuin.

J'ai découvert qu'il existe de nombreux débats concernant l'origine des tribus amérindiennes d'Amérique du Nord et je suppose qu'ils ne sont pas prêts de cesser, puisque plusieurs théories existent. L'une des plus anciennes, et depuis discréditée, est que les Peaux Rouges sont des descendants lointains des dix tribus perdues d'Israël. Il est communément admis que les Indiens ne viennent pas du continent nord-américain, mais proviennent de quelque part ailleurs.

Les anthropologistes confirment qu'aucun reste pré-humain n'a été retrouvé en Amérique du Nord. L'Homo sapiens (ou l'homme moderne), de ce que l'on en sait actuellement, est la seule espèce humanoïde à avoir vécu en Amérique. Le fait que nous n'ayons jusqu'à présent retrouvé que des restes biologiques provenant de l'homme moderne sur le nouveau continent indique que les migrations, qui ont permis de peupler cette partie du monde, se sont produites au dernier ou à un des derniers stades avancés du développement de l'humanité. Les humains sont deve-nus une espèce biologique à part entière avant que les migrations ne commencent.

Les experts scientifiques ont remarqué des ressemblances frappantes entre les natifs d'Amérique et d'Asie du Nord. La croyance la plus populaire est qu'ils ont migré, lors d'un passé lointain, par le détroit de Béring où une bande terrestre reliait les deux continents (à l'ère du Miocène). À l'époque glaciaire, les gigantesques glaciers capturèrent et retinrent de grandes quantités d'eau, si bien que le niveau des océans baissa de manière significative (des dizaines de mètres), révé-lant un passage reliant la Sibérie à l'Amérique du Nord. À son apogée, cette bande de terre s'étendait à plus de 1500 km au nord de ce qu'on appelle aujourd'hui la péninsule d'Alaska. C'était un territoire que les migrants devaient partager avec les mammouths, les tigres à dents de sabre et les ours géants. Des outils en pierre, identiques à ceux trouvés en Alaska et à l'ouest du Canada, furent découverts en Sibérie. Les scientifiques pensent qu'il y a eu trois vagues de mi-grations. Deux vagues se sont enfoncées à l'intérieur du continent, les ancêtres des Amérin-diens. Une troisième vague, incluant les Inuits et les Aléoutes, s'installa sur les côtes. Lors des périodes de réchauffement, la dernière ayant commencé il y a environ 13 000 ans, les glaciers fondirent et la mer de Béring recouvrit cette bande de terre. Lorsque le passage disparut, les peuples se retrouvèrent bloqués à l'ouest et devinrent les premiers Américains. Coupés du reste de l'humanité, ils y développèrent leurs propres cultures. Ils survécurent et prospérèrent en s'adaptant à leur nouvel environnement.

On estime l'arrivée des premières d'une longue série de migrations il y a entre 12 000 et 18 000 ans. Certains sites isolés font allusion à des peuplements de plus de 30 000 ans. Les migrations humaines en provenance d'Asie semblent avoir continué jusqu'au quatrième siècle avant Jésus-Christ.

L'ensemble de ce voyage biologique s'est produit à l'époque glaciaire, où des périodes de glacia-tion et de réchauffement alternèrent. Il y a environ 18 000 ans, la dernière glaciation majeure at-teignit son maximum, créant un climat et une végétation très différents de la période de réchauf-fement que nous connaissons actuellement. Cela m'incite à croire que les ancêtres de Tuin s'étaient établis avant la période glaciaire. Les légendes indiquent que pendant l'époque des Anciens, le climat était plus clément, plus chaud. Un événement dramatique se produisit à cette époque (comme un impact de comète) ; la Terre bougea et des changements tragiques en résul-tèrent. Les habitants originaires de cette vallée, les Natifs, semblent être les descendants d'aborigènes qui étaient parvenus ici bien avant les migrations originaires d'Asie. Ou (de façon purement hypothétique) qui ont été déposés ici par des extraterrestres après l'ensemencement originel et le développement des humains. Comme indiqué dans mes autres livres, les humains ont été disséminés à travers le monde, pour qu'ils puissent se multiplier en divers endroits. Les recherches en archéologie montrent clairement que l'homme était dispersé à travers la Terre lors de temps très anciens, au tout début du stade de développement de la culture humaine. Une étude des langues mondiales mène à la conclusion que l'homme s'était probablement répandu avant le développement d'un langage grammatical structuré. Ceci est vrai pour les Natifs, puisqu'ils communiquaient par télépathie.

Les Inuits occupent aujourd'hui l'intégralité de la périphérie nord du continent américain. Des fouilles archéologiques en Alaska et au

Canada montrent que leur culture ne semble pas origi-nelle, mais résulte de contacts et déplacements plus récents de populations. Il y a environ 1000 ans, des migrations répandirent la culture originaire du nord de l'Alaska vers l'est à travers le nord du Canada et le Groenland. Les fouilles indiquent qu'il y a eu une croissance culturelle et des changements continus au cours d'une période de plus de 2000 ans, particulièrement autour du détroit de Béring. Cet endroit était un des meilleurs territoires de chasse du monde et les con-ditions de vie y étaient en général meilleures que dans n'importe quelle partie de l'Arctique. Les fouilles ont aussi montré que, bien que les Inuits soient d'un point de vue pragmatique un peuple de l'âge de pierre, ils possédaient des connaissances en métallurgie.

Selon les sagas vikings, décrivant les visites de voyageurs scandinaves vers les côtes est-américaines au Xe siècle, les habitants rencontrés ne ressemblaient pas aux populations ac-tuelles. Les vikings surnommèrent les Amérindiens « Skraelingr » ou « Puce » du fait de leur ap-parence chétive. Ils y étaient décrits comme nains et possédant les caractéristiques des Inuits. Le lieu où les vikings s'installèrent semble être situé bien plus au sud que le village de Tuin. Ce peuple de « puce » était aussi extrêmement violent, repoussant toute tentative de colonisation, il ne semble donc pas s'agir du peuple paisible de Tuin. Il est possible qu'il s'agisse d'aborigènes, semblables au peuple des Natifs que les voyageurs des étoiles rencontrèrent dans la vallée.

Dans l'édition de décembre 1912 du National Geographic, on trouve l'histoire de la découverte remarquable d'un groupe d'Inuits blonds. Ils furent découverts dans la région arctique de l'île Victoria, située au nord de la vallée où vivait Tuin, mais il est possible d'imaginer que certains de ses ancêtres aient pu migrer là-bas. Ce lieu était considéré comme inhabité et les Natifs blonds n'avaient jamais vu d'hommes blancs. La plupart d'entre eux avaient les cheveux blonds, les yeux bleus et quelques-uns possédaient des barbes rousses. L'explication première fut qu'il y eut un brassage entre Inuits et Européens, car de nombreux autres hybrides similaires avaient été découverts à l'est du Groenland. Cependant l'histoire de ce lieu ne confirme pas cette théorie. Ces tribus étaient si isolées que la plupart d'entre elles ne pouvaient pas avoir été en contact avec des hommes blancs.

Il existe des rapports stipulant que dans les années 1700, quand les missionnaires vinrent chris-tianiser ces territoires à l'est, ils aperçurent des aborigènes très distincts des Inuits. Ces habitants de peau blanche mesuraient environ 1,80 m et étaient qualifiés de relativement séduisants. Dans les années 1600, quand ce lieu n'avait pas encore fait l'objet de contacts avec le monde moderne européen, un capitaine maritime rapporta avoir vu deux types distincts de population native vi-vant paisiblement ensemble sur les côtes de cette région. Une de ses populations était très grande, robuste et de teint clair. L'autre population était bien plus petite, d'un teint olive et bien proportionnée à l'exception de leurs jambes courtes et épaisses. En 1821, Sir Édouard Parry ac-costa dans l'anse nommée Lyon Inlet et découvrit un peuple qui possédait les caractéristiques des Amérindiens mais avec le teint aussi clair que les Européens. Ils ne ressemblaient en rien à des Inuits. Ces populations n'avaient jamais vu d'Indiens ou d'Européens. D'autres petits groupes isolés furent aussi mentionnés au XIXe siècle dans la baie nommée Repulse Bay, à la pointe Barrow et sur la péninsule de Boothia. De nombreux autres rapports de cette époque mon-trent l'existence d'individus hybrides parmi les différentes tribus inuits. Il a été prouvé que leur répartition s'est produite de manière continue tout au long de la côte nord du continent nord-américain, avant qu'ils ne soient en contact et ne se mélangent avec des peuples blancs au cours des siècles derniers.

Il existe des hypothèses stipulant que certains de ces peuples pourraient être les descendants des Vikings ayant exploré le Nouveau Monde du Xe siècle au milieu du XVe. On estime que ses expéditions ont couvert la côte du Groenland au sud du cercle arctique et les côtes du continent américain, probablement de l'île de Baffin à la Nouvelle Écosse au sud, en passant le territoire du Labrador. Certains pensent que les Vikings n'auraient pas été tués par les Inuits mais assimi-lés à leurs peuples. Ainsi, lorsque certains de ces groupes ont été redécouverts au XVe et au XVIe siècle, on supposa qu'ils avaient totalement adopté le style de vie inuit et n'avaient plus connaissance de leurs ancêtres.

On s'est interrogé sur le fait que, si les Inuits blonds étaient des descendants d'ancêtres vikings du Groenland arrivés cinq siècles auparavant, les particularités vikings auraient dû être diluées au gré du métissage avec les Inuits de pure souche. Si tel était le cas, il faut alors considérer ces « Blonds » comme un exemple remarquable de retour occasionnel de caractéristiques, au moyen duquel une race reprend petit à petit les caractéristiques générales de ses ancêtres. Il pourrait aussi s'agir d'un cas d'atavisme - la réapparition chez un descendant des caractéris-tiques d'un ancêtre lointain au lieu de ceux d'ancêtres plus récents et immédiats. Cette explica-tion pourrait être avancée qu'il s'agisse d'ancêtres européens, vikings ou extraterrestres.

L'article du National Geographic remarqua que cette découverte soulevait un problème racial complexe, qui pourrait bien mettre à l'épreuve la perspicacité des ethnologues américains pour un moment. Je pense que s'ils devenaient conscients de l'éventualité encore plus large d'un mé-tissage avec des extraterrestres, cela les dérouterait encore davantage !

Au cours de l'été 1991, un groupe de marcheurs découvrit accidentellement, dans les Alpes ita-liennes, un corps humain intact, le plus ancien et le mieux préservé jamais trouvé. On estime qu'il est âgé de 5 300 ans. La description des habits et des outils de cet homme semble corres-pondre parfaitement à celle de notre ami Tuin, sauf que l'ancien chasseur a été trouvé sur le mauvais continent. Coincé dans la glace pendant tous ces siècles, ce corps gelé, plus vieux de presque 2 000 ans que Toutankhamon, a donné aux scientifiques un aperçu incroyable de cette époque à laquelle j'estime que Tuin vivait. Ceci est considéré comme la découverte la plus impor-tante de l'archéologie moderne. On suppose qu'il s'agissait d'un chasseur, habillé d'une cape en peau de daim et en végétaux. Son arc, ses flèches, sa hache en cuivre et d'autres outils furent retrouvés à proximité.

On sait peu de choses concernant les peuples qui cultivaient et chassaient dans les forêts d'Europe à la fin du Néolithique. Des communautés de cultivateurs se répandirent à travers l'Europe il y a 7 000 ans. Ces peuples cultivaient les clairières, leurs moutons et leurs bœufs pâ-turaient dans les bois. Il y eut aussi un groupe semi-nomade, extrêmement doué pour la chasse, la pêche et le pistage des animaux. Les deux cultures se sont mélangées et la pratique de l'agriculture s'est répandue à travers l'Europe.

Les scientifiques furent surpris, parce que les vêtements et outils de cet homme des glaces mon-traient clairement un niveau technologique inattendu pour la fin de l'âge de pierre. Aucun travail du cuir n'avait jamais été trouvé datant de cette époque. Ses vêtements en peau de chevreuil étaient tannés et cousus avec expertise. Ses chaussures étaient conçues avec intelligence et comportaient de nombreux œillets. Et il portait une cape végétale remarquable, résistante à l'eau, qui témoignait de compétences considérables en tissage, laçage et collage de végétaux. (Tuin appréciait le tissage et le laçage pour éviter l'ennui pendant les mois d'hiver.) La lame de 10 cm de sa hache en cuivre était faite en métal fondu, versé dans un moule et travaillé au marteau. Outre ses outils en métal, la taille même de son arc étonna les archéologues. Ils estimèrent que la force nécessaire pour tendre le fil de l'arc et tirer une flèche devait être la même que celle né-cessaire à soulever 45 kg avec une main. Lors d'un test avec un arc similaire, la flèche troua la poitrine d'un chevreuil à une distance de près de 30 mètres, traversa l'animal et continua sa course. Ce qui est extraordinaire avec cette découverte, c'est qu'elle donne aujourd'hui aux scientifiques un aperçu de cette période, où l'homme était considéré comme primitif. Ils décou-vrent aujourd'hui que l'homme possède une technologie depuis bien plus longtemps qu'ils ne l'avaient imaginé. Je trouve que la similitude avec Tuin est remarquable et montre que si un tel développement a pu se produire en Europe, il était tout aussi possible sur le continent nord-américain à la même époque.

Le peuple de Tuin est issu du métissage entre les Anciens et les Natifs. Ils demeurèrent isolés dans leur vallée, jusqu'à l'arrivée des premiers Inuits, probablement au cours ou après l'une des nombreuses migrations sur notre continent. Pendant des siècles, le métissage et la diversifica-tion continua et toutes ces races se mélangèrent, créant diverses tribus amérindiennes.

Au XVIe siècle, 2 millions d'habitants vivaient sur le continent nord-américain et parlaient quelques 300 langues. Quand l'Amérique a été « découverte » par les Européens, elle était peu-plée d'un grand nombre de tribus distinctes, de part leurs langues, institutions et coutumes di-verses. Ce fait n'a jamais vraiment été totalement reconnu et les écrivains ont trop souvent parlé des Indiens nord-américains en tant qu'entité, imaginant que les découvertes faites sur une tribu s'appliquaient à toutes.

Plusieurs tribus parlaient des langages totalement différents de tous ceux connus dans le monde. Ce point mène à la conclusion que ces peuples ont vécu sur leurs terres suffisamment long-temps sans influences extérieures. Certaines tribus étaient très civilisées et montraient des in-fluences provenant d'autres cultures. Les bâtisseurs des tumulus préhistoriques de Cahokia, à l'est du Missouri, possédait leur propre Stonehenge, un observatoire astronomique qui consistait en un cercle de poteaux dressés. Parmi les ruines préhistoriques du Canyon de Chako, au Nou-veau-Mexique, une grande chambre circulaire, partiellement ensevelie et destinée à des céré-monies, fut découverte. Elle avait aussi été construite de manière à ce que le jour du solstice d'été, et à ce jour seulement, un rayon de lumière passe spécifiquement par une fissure de son mur en pierre. Les bâtisseurs de tumulus, tels que les Natchez, pratiquaient des cultes élaborés liés à la mort avec des pyramides pour les défunts. Le dirigeant était enterré avec des trésors ma-tériels, ainsi qu'avec des femmes et des servants, destinés à le servir dans le monde suivant.

La plupart de ces merveilleuses cultures furent détruites, de la même façon que les anciennes civilisations maya et inca. Les premiers missionnaires et explorateurs de la fin du XVIe siècle en-treprirent d'anéantir les anciennes cultures. Pour convertir les natifs à leur nouvelle religion, ils devaient éliminer l'ancienne. Certains mythes et traditions ont été adoptés et christianisés, alors que d'autres ont tout simplement disparus. Des tribus entières furent décimées ou assimilées entre le XVIe et le XVIIIe siècle. Dans de nombreuses régions, les effets de la culture euro-péenne furent dévastateurs, menant à l'anéantissement ou à la déformation de la quasi intégrali-té de la littérature amérindienne. Partout où des légendes résistaient, les Européens s'y atta-quaient férocement.

Lorsque Tuin dessina le type de maison dans laquelle son peuple vivait, je les ai trouvées très similaires aux cabanes de rondins utilisées par les premiers colons. J'ai découvert durant mes recherches que ce type de construction était largement utilisé par certaines tribus amérindiennes avant l'arrivée des Européens. Les Anglais se sont finalement installés sur la côte de Virginie en 1607. Ils furent admiratifs devant le côté pratique de ces structures en bois et les adoptèrent. Cette cabane devint alors l'habitation favorite des explorateurs de l'Ouest, issus des Anglais.

La colonisation rapide et l'occupation du territoire provoquèrent petit à petit le déplacement des tribus amérindiennes, à tel point que la grande majorité fut chassée de ses anciens territoires. Certains membres furent assimilés à d'autres tribus et d'autres furent assimilés au peuple civilisé. Beaucoup d'entre eux (la majorité) furent déplacés de leurs terres ancestrales et installés sur des territoires très éloignés. Ceci créa de nombreuses confusions et combinaisons erronées entre les noms des tribus et leurs traditions. Il est très difficile de suivre le parcours d'une quelconque tribu à travers l'époque post-colombienne, sans parler de l'époque précolombienne. Des siècles de contacts rapprochés avec l'homme moderne ont eu une grande influence sur les conditions de vie des tribus. Des changements radicaux et rapides se sont produits. (Par exemple, l'introduction des chevaux dans les cultures amérindiennes opéra des changements majeurs dans la manière dont les tribus des plaines chassaient et faisaient la guerre.) Les migrations et les déplacements forcés emmenèrent les tribus dans des environnements étranges, où des ajustements et de nou-velles coutumes furent nécessaires. Il fut bientôt difficile de différencier ce qui venait de leur cul-ture primitive de ce qu'ils avaient acquis de l'humanité civilisée.

Au XVIIIe siècle, les Amérindiens et les Européens commerçaient. Le prix à payer fut élevé, puisque en dehors des nouveaux produits, apparurent de nouvelles maladies fatales (la rougeole, la variole, le choléra et de nombreuses fièvres) décimant de manière soudaine des cen-taines et même des milliers d'habitants. Des tribus entières, qui avaient vécu dans ces régions pendant des centaines d'années, furent rayées de la carte ou abandonnées à des conditions si misérables qu'ils se joignirent à d'autres tribus et oublièrent leur propre identité.

Les Navajos et Apaches maraudeurs, tribus qui parlaient l'athabascan et qui avaient migré au XIIIe siècle du nord-ouest au sud-ouest du continent, furent en premier lieu moins impactés par l'invasion espagnole. Ces peuplades étaient itinérantes et vivaient reculées et rien apparemment, dans le territoire désertique et montagneux qu'ils occupaient, ne semblait être convoité par d'autres. La culture athabascane fut influencée par les chevaux, les ânes et les moutons espa-gnols, mais pas par leur religion ou leur culture. C'est la raison pour laquelle tant d'éléments de leur religion, de leurs rituels et de leur mythologie ont survécu jusqu'à présent. De nombreuses autres tribus incorporèrent des éléments chrétiens. Quelques chanceuses tribus isolées eurent moins de contacts directs avec les Européens et furent en mesure de préserver leurs mythes sa-crés jusqu'à notre époque.

Alors que la colonisation des blancs continuait de s'étendre aux territoires les plus isolés (sou-vent attirés par l'or et autres biens précieux), les tribus étaient montées les unes contre les autres, ce qui créa l'apparition d'hostilités entre elles. (Il y avait certains ennemis de longue date, par exemple les nations du Dakota (Sioux) et leurs voisins, mais ils étaient minoritaires. Un parfait exemple d'animosité traditionnelle entre cultures amérindiennes, qui ne fut pas uniquement à l'initiative des politiciens américains avides de leur territoire, serait les Navajos et les Hopis ; ani-mosité qui se perpétue encore aujourd'hui !) Certains groupes furent exterminés, d'autres s'inté-grèrent à des tribus plus fortes pour en obtenir la protection. Mais il y a toujours eu quelques tri-bus résistant aux ennemis, qui ont réussi à maintenir leur identité y compris jusqu'à nos jours.

Personne, à cette époque, ne prêta attention à la religion, à l'art, à la musique ou aux rituels des Amérindiens, si ce n'est pour les qualifier de païens ou de primitifs. Le gouvernement créa un bureau des affaires indiennes pour « protéger » les Indiens. Cependant, en parallèle, les blancs continuèrent de faire pression sur eux pour qu'ils rejettent leurs traditions et les remplacent par des croyances et des compétences euro-américaines. Ces aspects culturels des envahisseurs, puisqu'ils étaient d'origines européennes, devaient être supérieurs à ceux des aborigènes. De nombreux chamans furent probablement tués en ces temps, avant de pouvoir transmettre les précieuses légendes de leur tribu. Quand les choses s'apaisèrent à nouveau, une fois les tribus placées dans des réserves, les cérémonies, les rituels et les légendes redevinrent partie inté-grante de leur vie et ces aspects furent ravivés. Comme leurs connaissances n'étaient pas écrites, mais transmises oralement, de nombreuses parties avaient inévitablement été oubliées. À cette époque, une grande quantité de la connaissance fut perdue et oubliée à jamais.

Puis un phénomène étonnant se produisit. Une curiosité à l'égard des Amérindiens s'éveilla parmi les intellectuels des villes et universités à l'est des États-Unis. Dans les années 1830, pour la première fois, des savants réalisèrent que ces Indiens étaient des gens, qu'ils étaient des êtres humains. Ils avaient assurément des croyances et des connaissances, comme tout autre peuple. Certains scientifiques et les premiers anthropologues s'inquiétèrent qu'une manière de vivre unique puisse disparaître avant d'avoir été étudiée. Ces chercheurs représentaient une faible minorité. Ils partirent vivre parmi les

Amérindiens pour découvrir ces espèces en voie de dispari-tion et commencèrent à consigner leurs découvertes. La plupart de mes recherches proviennent de leurs données, puisque ce sont les plus complètes. Mais à l'époque où ils menèrent leurs re-cherches, à la fin des années 1880 et au début des années 1890, le mal était déjà fait. Leur tra-vail fut professionnel et minutieux mais rendu difficile par le fait que la plupart des connais-sances étaient orales, la majorité des Amérindiens ne maîtrisant pas l'écriture. Ces hommes du-rent laborieusement se frayer un chemin à travers des jungles phonétiques, essayant de retracer des contes à demi oubliés, racontés par petites bribes et morceaux par des hommes et des femmes devenus trop vieux pour se souvenir intégralement des ramifications ou des contextes des mythes. Ce que nous savons aujourd'hui des religions, des mythes et des légendes des Amérindiens a été rapporté par ces intellectuels curieux, parce que ces points leur paraissaient étranges. Leur travail reste toutefois partiel et de nombreuses parties ne furent pas consignées. Les chercheurs de la fin du XIXe siècle sont précieux pour les intellectuels actuels. Néanmoins, la plupart de ce qui a été rédigé, au début de ce siècle, demeure encore non-retranscrit dans de vieux carnets poussiéreux.

À ma grande déception, les Inuits possèdent peu de traditions que l'on pourrait considérer comme anciennes ou qui auraient pu être influencées par quelque chose de même nature que l'histoire contée par Tuin. Les actions de l'Église rendirent les Inuits discrets concernant leurs pratiques religieuses, lorsqu'ils étaient à proximité des hommes blancs. Cependant, ils croyaient toujours implicitement au pouvoir des chamans et des rites religieux transmis par leurs aînés.

Les histoires et légendes de leurs tribus concernent principalement des exploits d'aventure de leurs ancêtres, luttant pour survivre contre de grands dangers au milieu d'une atmosphère hos-tile : le climat, les animaux, etc. Ils croient profondément aux monstres, aux esprits maléfiques et autres contes étranges, mais ces croyances semblent avoir émergé du fait de leur isolement ex-trême et de l'effrayante hostilité de leur environnement.

De manière générale, on peut conclure que les Inuits s'intéressent davantage aux questions ter-restres que célestes ou divines. Un auteur trouva étrange qu'il n'existe aucune légende tentant d'expliquer l'absence du soleil pendant de longues périodes, le spectacle incroyable des aurores boréales ou les soudaines tempêtes violentes de l'Arctique. Ils possèdent des histoires qui par-lent des étoiles, du soleil et de la lune, parce que l'astronomie est importante pour les peuples de chasseurs. Les gens qui vivent proche de la nature sont de fins observateurs des étoiles. Leur position dans le ciel leur indiquait les périodes de migration du caribou ou l'apparition des pois-sons. Les étoiles leur indiquaient aussi quand le dégel des longues nuits d'hiver approchait et quand la glace deviendrait cassante au printemps. Leur lutte pour la survie ne fut pas toujours un succès et des tribus entières disparurent simplement sans laisser de traces, après une saison de chasse infructueuse.

Les contes anciens sont mieux connus par certains aînés, qui divertissent leurs compagnons en les répétant lors des assemblées. Certaines de ses histoires sont longues et requièrent plusieurs soirées successives de récit, parfois même deux narrateurs. Ces histoires sont écoutées et réé-coutées avec plaisir, formant une tradition orale, qui réjouit les habitants durant les longues soi-rées d'hiver. En plus des histoires importantes, qui sont la propriété des hommes, s'ajoutent de nombreux contes pour enfants narrés par les femmes. Il s'agit d'histoires simples et courtes pour s'amuser et amuser les enfants.

Les esprits ancestraux, ainsi que les pouvoirs surnaturels de la Terre et du Ciel, sont néanmoins toujours implorés pour fournir des animaux aux chasseurs. Les chamans constituent toujours un groupe spécial au sein de toutes les cultures nord-américaines.

J'ai trouvé davantage de similitudes avec notre histoire dans les traditions d'autres tribus amérin-diennes. Je vais essayer de les organiser et de retracer les origines de leurs croyances. Il est évi-dent que de nombreuses traditions des Amérindiens ont évolué au fil des générations. Les mythes et légendes ont été embellis et ajoutez à cela une longue période de temps, il devient alors difficile de connaître l'origine d'une histoire. Mais dans certaines, on entend le murmure du peuple de Tuin et je crois sincèrement que leurs légendes, si longuement protégées, n'ont pas totalement disparu, mais ont subi des distorsions et ajouts importants.

À travers les mythes, les liens entre l'histoire passée et le présent sont forts. Évidemment, les lé-gendes varient en fonction du mode de vie du peuple, de la géographie, du climat sous lequel il vivait, de la nourriture qu'il mangeait et de la manière dont il l'obtenait. Les nomades des plaines, chasseurs de buffles, racontent des histoires très différentes des habitants des forêts de l'est. Pour les cueilleurs et cultivateurs du Sud-Ouest, l'arrivée du maïs et les changements de saison sont les centres d'intérêts primordiaux, alors que les gens du nord-ouest, qui vivent de la mer, propagent des contes de monstres des océans, de véloces harponneurs et de bâtisseurs de puissants bateaux.

Toutes les tribus possèdent aussi des récits inventés concernant les caracté-ristiques du paysage : comment cette rivière est apparue, quand ces montagnes se sont formées, comment les côtes ont été sculptées. Au lieu d'être des éléments indépendants, les légendes sont souvent des épisodes incomplets d'une évolution qui nous plonge au cœur des traditions des tribus.

Les légendes, tout comme les cultures, se chevauchent et s'influencent les unes les autres, pas seulement quand des peuples de différentes tribus vivent dans des territoires voisins, mais aussi sur de longues distances quand ils se rencontrent au cours de migrations ou pour du commerce. Des artefacts ont été retrouvés, provenant de tribus éloignées de plusieurs centaines ou milliers de kilomètres.

Cependant, en dépit des nuances et des particularités régionales, un thème commun unit ces légendes : l'intérêt universel pour les questions fondamentales concernant le monde dans lequel vivent les humains. Partout, au nord et au sud, à l'est et à l'ouest, on rencontre, dans un éventail spectaculaire de formes, la question des enfants du soleil, des ensemenceurs, des quatre direc-tions sacrées, de la superposition des mondes, des eaux primordiales, du cycle perpétuel de des-truction et de recréation, de héros puissants et de malfaiteurs.

Selon un auteur, tous les systèmes mythologiques proviennent d'une base fondamentale iden-tique. Les dieux sont les enfants de la vénération et de la nécessité, mais leur généalogie re-monte à bien plus loin dans le passé. Ci-dessous les structures des principales croyances fon-damentales :

L'animisme : l'homme primitif croyait que chaque chose qui l'entourait était vivante et possédait une conscience. Les arbres, le vent, la rivière, etc. Il croyait qu'ils lui parlaient, qu'ils l'avertissaient, qu'ils le protégeaient. Il attribuait même des caractéristiques aux éléments tels que la lumière et l'obscurité, le chaud et le froid. Le ciel était vu comme le Père de toute chose, et en association avec la Terre Mère, le vivant apparu.

Le totémisme : un cran supplémentaire par rapport à la croyance que les choses inanimées et les phénomènes naturels sont dotés de qualités de vie et de pensées (animisme). Le totémisme concerne la croyance profonde que les animaux possèdent des qualités et capacités innées. Certains attributs et caractéristiques humains furent personnifiés et même exagérés chez cer-tains animaux. Si la tribu était en quête d'une qualité particulière, elle se plaçait sous la protec-tion de l'animal ou de l'oiseau qui la représentait. Une tribu s'attribua même le surnom de l'animal considéré comme leur gardien. En contrepartie, cet animal n'était pas tué par les membres de la tribu. Après plusieurs générations, la tribu pouvait considérer cet animal comme un de leur ancêtre direct et estimait posséder un lien de sang avec les membres de cette espèce. Ces règles finirent par influencer les lois et coutumes de la tribu et l'animal était donc considéré comme un protecteur puissant.

Le fétichisme : la croyance qu'un objet, petit ou grand, naturel ou artificiel, possède une cons-cience, une volonté propre et des qualités surnaturelles, particulièrement des pouvoirs magiques (comme la protection). Il semblerait que nos croyances en les porte-bonheurs etc. proviennent de cette mouvance, dont l'homme moderne n'est pas exempt. Comme déjà mentionné, la vision des Amérindiens considère toute chose comme détentrice de vie et de volonté propre : les animaux, l'eau, la terre, les arbres, les pierres, les corps célestes et même la nuit et le jour, la lumière et l'obscurité. Les fétichistes possèdent aussi la croyance que de nombreuses choses vivent sous le joug d'un sort ou d'un enchantement puissant. Les arbres et les rochers sont considérés comme les tombes vivantes d'esprits emprisonnés, par conséquent il n'est pas difficile pour un Amérindien d'envisager une intelligence, plus ou moins évoluée en chaque objet, qu'il soit rare ou non- d'ailleurs. Plus un objet est rare, plus il est probable qu'il abrite une puissante intelli-gence. Les fétiches pouvaient être de petits objets, tels que des plumes ou des petits cristaux de quartz, souvent placés dans de tout petits sacs. Les objets qui paraissaient inhabituels ou rares étaient perçus comme surnaturels ou comme signe de chance pour celui qui le trouvait. Est-ce si différent de la croyance qu'une patte de lapin porte chance ? La quasi intégralité des objets ap-partenant à un chaman ou un homme de médecine étaient considérés comme des fétiches. L'idée, qui siège dans l'esprit de celui qui fabrique le fétiche, est généralement symbolique. Elle n'est révélée qu'à un être formellement élu comme étant l'héritier de l'objet magique et qui s'engage à son tour à en conserver le secret.

Cela peut expliquer le profond respect de Tuin pour les objets situés dans la cabane du sage. Il partait du principe qu'ils possédaient des pouvoirs magiques et qu'ils représentaient des secrets protégés par le sage. Il avait le sentiment qu'il ne devait même pas être autorisé à les voir. Les se-crets contenus dans ses objets, ainsi que les histoires relatives, étaient uniquement transmis au successeur du sage et jamais à l'ensemble de la population. Tuin disait que c'est parce que cette connaissance devait être mémorisée sans distorsion.

Les peuples algonquins possédaient un fétiche particulier : une cape en peau de cerf, recou-verte de plumes et de perles. Elle était utilisée par les hommes de médecine comme cape d'invisibilité ou de protection contre les sorts. Cela ressemble aux costumes que portait le sage lors des festivals – particulièrement celui fait avec la peau de l'étrange animal tué par Tuin. Il pouvait être considéré comme un fétiche par le sage, parce qu'il savait qu'il était inhabituel et possédait donc probablement des pouvoirs spéciaux.

Les fétiches pouvaient facilement être considérés comme un dieu, mais ce n'était pas l'intention d'origine. Une idole est la demeure d'un dieu. Un fétiche, par contre, est le lieu d'emprisonnement d'un esprit asservi, qui ne peut pas s'en échapper et qui doit servir le proprié-taire en lui apportant la chance, la protection et la bonne fortune (y compris pour la chasse). Les fétiches, dont la réputation initiale était d'apporter la bonne fortune, sont devenus petit à petit de simples amulettes ou talismans d'ornement.

On s'accorde à dire que certaines tribus amérindiennes utilisent les fétiches depuis des temps préhistoriques, mais la datation réelle du premier fétiche n'est pas connue. On sait néanmoins que les Zunis, par exemple, créaient des fétiches avant l'arrivée des missionnaires espagnols. On soupçonne que ces objets ont vu leurs tailles se réduire pendant cette période (1692–1800) du fait de l'intolérance espagnole (chrétienne) à l'idolâtrie. On sait aussi, par les récits, que les premiers Espagnols, tentant d'éradiquer les rituels « primitifs », interdirent les fétiches des Zunis. Ils furent donc obligés de les dissimuler et ils les réduisirent à de plus petits objets afin de pouvoir les cacher plus facilement.

Il se trouve que la tribu de Tuin possédait certaines de ces croyances, mais pas toutes. Ils croyaient en l'animisme parce qu'ils pensaient que tous les objets inanimés possédaient un es-prit qui pouvait leur parler et les guider. Ils prenaient aussi soin de ne pas offenser les esprits ou de ne pas les appeler pour des raisons futiles, puisqu'ils pensaient qu'ils étaient très puissants. Ils étaient très respectueux de la Terre Mère et de la Lune. Tuin possédait aussi un fétiche, une pierre qu'il portait dans un petit sac autour de son cou. Le sage lui avait dit que cette pierre con-tenait un esprit, car il pouvait y voir une étincelle.

Sa tribu ne possédait pas les croyances du totémisme. Au cours d'autres régressions dans des vies d'Amérindiens effectuées avec d'autres sujets, j'ai rencontré cette croyance. Les personnes, après avoir pris des substances particulières, passaient plusieurs nuits seules en pleine nature jusqu'à ce qu'elles rencontrent leur frère protecteur : un animal ou un oiseau. Cette croyance semble avoir émergé après l'époque de Tuin, ou provient peut-être des croyances d'autres peuples qui vinrent par la suite et se mélangèrent à sa tribu. À cette période, les croyances des nouveaux arrivants furent assimilées et les légendes des Anciens commencèrent à être contami-nées et déformées. Il semble que les croyances animistes et fétichistes représentaient un socle et que le totémisme fut ajouté par la suite, même si Tuin était attaché à l'importance de s'excuser auprès des animaux avant de les tuer. Cette tradition a peut-être été intégrée à celle des animaux totems.

J'ai découvert que les Indiens ne possédaient pas de conception évidente d'une divinité su-prême. Le Grand Esprit, ou le Grand Esprit Blanc, auquel se réfèrent certains narrateurs contem-porains, semble provenir d'un mélange entre les concepts aborigènes et l'idée chrétienne de Dieu. Chaque tribu possédait son propre mot signifiant « esprit ». Ce concept originel chez les Amérindiens était quasiment le même que chez les peuples primitifs d'Europe et d'Asie. Les Amérindiens avaient une vision différente du « bien » et du « mal ». Ce qui était « bien » était tout ce qui était à leur avantage. Le « mal » était ce qui les blessait ou les désolait. Par consé-quent leurs dieux avaient les mêmes rôles ; il n'y avait pas de « bons » ou de « mauvais » dieux. Il semble que les hommes primitifs ne croyaient pas que les êtres divins puissent être associés à des lois, auxquelles ils se sentiraient obligés d'obéir. Ceci s'applique à toutes les divinités des races primitives ; ils ne possédaient pas l'idée de bien et de mal. Les dieux étaient « bons » pour leurs admirateurs tant qu'ils leur assuraient des chasses ou des cultures abondantes et « mau-vais » quand ils cessaient de le faire. L'idée d'un « diable » est étrangère à toutes les religions primitives. Les premiers traducteurs de la Bible réalisèrent qu'il était impossible de trouver un mot dans les langues primitives pour traduire l'idée d'un esprit du mal.

Les mythologies amérindiennes ne contiennent aucun lieu de punition, pas plus qu'elles ne possèdent de divinités malveillantes envers l'humanité. Si on pouvait aujourd'hui discerner un lieu de souffrance dans leur mythologie, il proviendrait sans hésitation des effets de l'influence des missionnaires.

Quand ces mythes ont été consignés, la plupart des tribus amérindiennes avait déjà été disper-sées. Les mythologies ne représentaient un culte religieux vivant que pour les Inuits, les Pueblos et les Navajos. Les quelques siècles de changements avaient déjà largement transformé les règles religieuses des autres tribus en règles sociales ou en folklore. Les traditions des Indiens, des états du sud-est notamment, sont devenues l'héritage de quelques anciens uniquement. À l'heure actuelle, ce phénomène s'est amplifié et de nombreux Amérindiens ont découvert que leurs traditions n'ont été préservées que par le travail des ethnologues blancs à la fin du siècle dernier, qui avaient pris en note ce qu'il en restait. Cela ne signifie pas que les mythes ont tota-lement perdu leur pouvoir, mais qu'ils ressemblent davantage à des contes populaires. Certaines tribus entonnent encore des chants anciens et organisent publiquement des danses religieuses, néanmoins probablement davantage au bénéfice des touristes. D'une manière générale, l'Amérindien moderne considère les traditions anciennes comme un écho du passé qui n'a plus d'importance. Mais l'impact de la nouvelle culture n'a pas totalement détruit le passé.

Un fait curieux s'est produit de nombreuses fois au cours de l'histoire. Aux premiers jours de la chrétienté, lorsque les religieux ou les missionnaires rencontraient d'autres croyances durant leurs voyages et leurs premières conquêtes, ils ressentirent le besoin impérieux de détruire la culture locale et les croyances religieuses prédominantes pour les remplacer par les leurs. Parmi les faits historiques les plus notables, on trouve la destruction de la gigantesque bibliothèque d'Alexandrie, la destruction totale de l'histoire des Mayas, des Aztèques et des langages écrits. Ces actions ont dû être motivées par la croyance que la chrétienté était l'unique religion et l'unique source de connaissances véritables. Mais était-ce aussi par suspicion ou crainte que quelque chose de similaire, voire de plus grand, puisse aussi exister dans les cultures anciennes ou primitives ? Quand les premiers missionnaires arrivèrent en Amérique, ils furent stupéfaits de trouver des histoires de la Création et du Déluge, trop similaires aux récits de la Bible pour être des coïncidences. Au lieu d'accepter cela comme une confirmation que ces histoires puissent constituer une base historique, ils les considérèrent comme une menace et les qualifièrent de païennes. Si d'autres peuples possédaient un système de croyances similaires, alors le leur ne pouvait pas être unique. Leur solution fut de détruire tout ce qui leur semblait incompatible avec leur vision. La plupart de ces connaissances ancestrales furent alors détruites ou altérées au nom de la religion. Par conséquent, au cours des siècles, de grandes quantités d'informations irremplaçables furent à tout jamais perdues, sous couvert de la conversion à la religion chré-tienne des cultures (dites) primitives.

J'ai été étonnée de trouver, parmi le folklore amérindien, quantité de mythes autour de la Créa-tion. Les mythologies des Peaux Rouges sont infiniment plus riches en légendes sur la Création et le Déluge que celles de n'importe quel autre peuple du globe. La plupart ressemblent aux mythes européens et asiatiques traitant de ces aspects, alors que d'autres se révèlent très origi-naux. Les mythes de la Création des différentes tribus amérindiennes ont autant de différences les uns par rapport aux autres, que ceux d'Europe et d'Asie. Dans certains, des dieux puissants façonnent l'univers, dans d'autres ils le découvrent simplement. Dans d'autres encore, des dieux menèrent leur peuple issu des profondeurs de la Terre à sa surface. Dans de nombreux mythes, le monde a été créé par le Père Soleil, qui condensa les nuages en eau pour former les mers. Dans de nombreux autres mythes amérindiens, le vent couva l'océan primitif à la manière des oiseaux. Parfois des animaux amphibiens plongèrent dans les eaux et rapportèrent suffisam-ment de terre pour former la nouvelle Terre.

Cette idée est commune aux mythes hindous. Ce thème des eaux primitives, couvrant une terre non encore créée, est probablement le plus prédominant en tous lieux, excepté chez les Inuits.

Dans tous les mythes liés à la Création, l'ordre de création est toujours le même : le monde re-couvert d'eau, puis la terre, les plantes, les animaux et enfin les humains. Certains de ces mythes contiennent parfois la simple affirmation que le créateur « a conçu tous les animaux ». Les légendes racontent à maintes reprises que l'homme a été modelé à partir de terre. Dans une légende Yuma sur la Création, il y a même un épisode où un être malveillant apparaît auprès de la première femme et essaie de la faire désobéir au créateur. Ces mythes ressemblent de très près à l'histoire de la « Genèse ».

De nombreuses légendes amérindiennes concernant le Déluge parlent d'un homme et de sa femme, qui bâtirent un radeau et y emportèrent des animaux. Un autre exemple rapporte que des animaux s'enfuirent sur un canoë. Dans certaines tribus, le peuple échappa au déluge en mon-tant sur le dos d'une tortue géante plutôt que sur un bateau. Certains de ces contes relatent qu'il se mit à pleuvoir pendant 40 jours, période après laquelle un oiseau (généralement un corbeau) s'envolait pour voir s'il pouvait localiser une terre. Plusieurs tribus possèdent leur propre version du mont Ararat (évoqué sous divers noms) où les hommes et les animaux accostèrent. Dans plu-sieurs traditions, le Déluge se produisit à cause de la malveillance des habitants.

Ce sont ces types de légendes qui perturbèrent grandement les premiers missionnaires, parce qu'ils ne pouvaient pas expliquer par la logique les similitudes avec les récits bibliques. Il sem-blerait que les histoires plus complexes de la Création, provenant de l'époque de Tuin, furent mises de côté en faveur des contes pour enfants, plus simples et plus distrayants, car plus faciles à expliquer et à comprendre.

Quand on compare les traditions des Amérindiens du Nord avec celles d'Amérique du Sud ou Centrale, ou avec les traditions et les écrits orientaux, un argument de poids apparaît en faveur de la véracité des récits bibliques et de l'unité des races.

Certains scientifiques ont objecté que ces traditions n'avaient peut-être pas été transmises par de lointains ancêtres, mais recueillies au contact des premiers commerçants et enseignants. Mais, encore de nos jours, de nombreuses tribus sont en mesure de distinguer les traditions qui pro-viennent de leurs ancêtres, des enseignements apportés par les premiers Européens arrivés sur leurs territoires. Lorsque Cortés envahit le centre du Mexique, bien que les Aztèques (cousins des Navajos et parvenus plus tardivement dans la vallée centrale du Mexique), les Olmecs et les Mayas ne possédaient pas de système d'écriture au sens où nous l'entendons, ils possédaient une manière de représenter les événements avec des pictogrammes (similaires aux hiéroglyphes égyptiens) et ce déluge était consigné.

Par conséquent, nous devons en conclure que soit toutes les traditions n'avaient pas ou peu de fondement, ce qui serait absurde, soit qu'il y a eu de nombreux déluges, ce qui serait presque tout aussi absurde. En effet, dans ce cas, le récit d'un déluge dans chaque tribu n'aurait pas pu être préservé de manière si précise, particulièrement quand un oiseau de la même espèce et une branche du même arbre y sont mentionnés. L'autre conclusion est qu'il y aurait eu un grand déluge, si grand que la plupart des descendants des survivants en ont préservé le souvenir. Si c'est le cas, tous sont issus du peu de personnes à avoir été sauvées.

Un autre point commun dans les légendes concerne le fait qu'au début les animaux, les pois-sons, les insectes, les arbres et les rochers pouvaient parler. Les gens pouvaient les comprendre et discuter avec eux. Ils pouvaient se comprendre mutuellement, ils possédaient un langage commun et vivaient en amis. Certains guérisseurs actuels affirment toujours être capables de comprendre le langage de certains animaux.

Tout comme les arbres, les mares, les nuages et les rochers sont considérés comme des êtres vi-vants, le soleil, la lune et les étoiles dans le firmament sont eux aussi dépeints dans la mytholo-gie amérindienne comme vivants, dotés de passions humaines et largement anthropomorphisés. Le soleil, le père de la lumière, qui engendra toutes les créatures vivantes sur la Terre Mère, source de lumière dans l'obscurité primordiale, est celui qui donne la vie et qui la détruit. La no-tion importante de Terre Mère est commune à toutes les mythologies.

Il existe de nombreuses légendes concernant l'apparition de la lumière et du feu. Une des ver-sions parle de l'arrivée du soleil. Le peuple vivait apparemment dans l'obscurité et quand les gens virent le soleil pour la première fois, ils furent effrayés. Pour se cacher de cette lumière, ils lui tournèrent le dos. C'est aussi similaire au récit dans Les livres perdus de la Bible, quand Adam et Eve voient le soleil pour la première fois. Ils furent terrifiés, crurent que le soleil allait les brûler et qu'ils ne pourraient pas vivre sous cette lumière. Ces histoires donnent l'impression que les premiers habitants provenaient d'un lieu où le soleil n'existait pas, ou peut-être pas aussi inten-sément que sur Terre. Ces légendes peuvent-elles avoir un lien avec le vaisseau des Anciens et ce peuple extraterrestre découvrant la lumière du soleil, après avoir été confiné dans un vaisseau pendant des générations ?

Les tribus amérindiennes possédaient différentes manières de mesurer le temps. Certaines se fiaient aux changements des saisons et à la croissance des cultures pour fixer les dates aux-quelles devaient avoir lieu leurs festivals annuels et leurs fêtes saisonnières. D'autres fixaient les dates de leurs festivals en fonction des lunaisons et des habitudes des animaux et des oi-seaux. Néanmoins, la plupart des peuples se basaient sur les cycles lunaires pour mesurer le cours du temps. La plupart des tribus attribuaient 12 mois par année, alors que d'autres considé-raient que 13 était un nombre plus adéquat. Le peuple Kiowa estimait que l'année comportait 12 lunaisons et demi, l'autre moitié étant reportée sur l'année suivante. Certaines des tribus du Da-kota avaient fixé leur cycle annuel sur 12 lunaisons, observant que lorsque 30 lunes avaient dé-cliné, il fallait en ajouter une supplémentaire qu'ils nommaient « la lune perdue ». Il n'y avait pas de division en semaine. Les jours étaient comptabilisés par les « nuits de sommeil » et les heures de la journée étaient déterminées par le mouvement du soleil.

Leur motivation principale à mesurer le temps était liée au respect des dates des festivals reli-gieux. Ces derniers étaient souvent d'une nature très élaborée et s'étalaient sur plusieurs jours. Ils débutaient généralement par un jeûne préliminaire, se poursuivaient par des danses symbo-liques et cérémonies magiques puis s'achevaient avec de plantureux festins. La plupart de ces observances comportaient de grandes similitudes entre elles et les différences notables peuvent être mises sur le compte des circonstances environnementales ou des différences entre les sai-sons.

Quand les Européens entrèrent pour la première fois en contact avec le peuple algonquin, ils constatèrent que ces derniers organisaient de fréquents festivals pour célébrer la maturation des fruits et céréales, ainsi que des fêtes plus irrégulières pour marquer le retour des gibiers à plumes ou de la saison de chasse d'une manière générale.

L'hiver représentait la saison où les anciens racontaient à nouveau les contes glorieux, les tradi-tions merveilleuses du passé qui avaient été transmises de génération en génération. En hiver, les chants et les histoires permettaient de passer les longues nuits obscures. Le guérisseur était entraîné dès son enfance à mémoriser et à jeûner pendant des jours entiers pour recevoir des visions. Sa mémoire était ainsi très développée et les vieilles légendes furent transmises au fil des générations par ces hommes et ces femmes.

De nombreuses légendes amérindiennes parlent des étoiles. Elles impliquent souvent des per-sonnages partant voyager à travers le ciel et transformés en étoiles. C'est un fil conducteur com-mun à de nombreux récits. Parfois les légendes parlent d'un peuple des étoiles revenant sur Terre, pour retrouver sa famille ou pour diverses autres raisons. Cela semble un peu similaire aux histoires des dieux grecs, qui descendirent de régions plus élevées, afin d'aider les pauvres bergers au commencement de leur expérience de vie ; des histoires par la suite transmises aux Ro-mains. À une certaine époque, les dieux, pour une raison ou pour une autre, estimèrent que leur travail était « fini » et s'en allèrent. Généralement, dans les légendes amérindiennes, ils viennent sur Terre parce qu'ils ont le mal du pays, particulièrement s'ils ont été emmenés contre leur volon-té pour vivre dans d'autres mondes célestes.

De nombreuses tribus semblaient fascinées par la constellation des Pléiades, peut-être à cause de sa disposition particulière dans le ciel nocturne. C'est peut-être la raison pour laquelle ils avaient besoin d'une légende ou d'un mythe pour l'expliquer, comme ils le faisaient pour les autres étoiles caractéristiques. Ou peut-être était-ce parce que profondément ancrée dans leurs subconscients, ils possédaient la connaissance que leurs ancêtres venaient de cet endroit dis-tant. Les Pléiades étaient leur constellation préférée et ils ne s'intéressaient que très peu aux autres, à l'exception de la Grande Ourse. Les mythes sont variés parlant souvent de sept jeunes filles qui furent enlevées dans le ciel par différents moyens. Étant donné que les Amérindiens voyaient ce groupe d'étoiles scintiller, ils les décrivirent comme des jeunes filles (ou des enfants) dansant. Parmi les tribus situées sur la côte Atlantique, les Pléiades étaient appelés les « 7 étoiles » ou littéralement « celles qui sont assises à l'écart des autres » ou « qui sont regrou-pées ». Pour les Onondagas : « Là-bas, elles vivent en paix ». Les Pieds-Noirs nommaient les Pléiades « les 7 Parfaites ».

En Amérique du Sud, le culte des Pléiades était très largement développé. Là-bas, cette merveil-leuse constellation d'étoiles était observée avec un vif intérêt et une dévotion constante. Elle marquait les saisons, l'époque pour semer et moissonner, la date des fêtes et cérémonies les plus importantes. Les anciens Mexicains, lors d'un festival national, allumaient le feu sacré lors-que les Pléiades approchaient du zénith. Les Tuscayans des plaines du Sud-Ouest en faisaient autant. Les Arapahos, les Kiowas, les Yuncas et les Incas révéraient cette constellation. Les Adi-pones du Brésil, comme d'autres nations, clamaient provenir des Pléiades. Dans certaines tribus de Californie, le fait de les regarder avec mépris était désastreux.

L'Étoile polaire ou Étoile du Nord (aussi appelée Polaris) a toujours été le guide des Amérindiens (ils la nommaient « l'étoile qui ne bouge jamais ») et les aurores boréales indiquaient des évé-nements à venir. Si elles étaient blanches, un temps glacial s'ensuivrait ; jaunes, la maladie et l'épidémie ; les rouges prédisaient des guerres et des bains de sang. Un ciel pommelé au prin-temps était quant à lui toujours annonciateur d'une bonne saison de maïs.

De nombreuses légendes liées aux étoiles indiquaient que le soleil, la lune ou d'autres astres majeurs étaient les parents de divers héros, affirmant clairement ainsi leurs origines ou ascen-dances célestes. Au lieu de définir leur origine en tant que peuple comme venant des étoiles, le concept fut élargi et le grand objet céleste devenait lui-même le parent ou celui qui apportait la connaissance. Cela pourrait indiquer une détérioration des histoires au cours des nombreuses générations, une simplification d'un récit plus complexe, un élagage des éléments qui, soit ren-daient les légendes confuses, soit étaient considérés comme inutiles et donc retirés lors des nar-rations suivantes.

Pour plusieurs raisons, la plupart de la connaissance nord-amérindienne relative aux étoiles a été perdue. Tout d'abord l'organisation des cérémonies dépendait d'une connaissance secrète, uniquement révélée aux prêtres, et dévoilée seulement auprès de ceux qui avaient été formés pour devenir leurs successeurs. Deuxièmement, de nombreuses constellations connues des Amérindiens n'avaient pas d'équivalents européens. Troisièmement, beaucoup des premiers ethnologues à consigner les récits des Amérindiens étaient des citadins peu familiers avec l'astronomie de leur propre culture.

Les histoires mentionnaient souvent d'étranges personnages mystérieux. Un des mythes des Onondagas concerne un très vieil homme qui vint les voir à plusieurs reprises. Ils n'avaient ja-mais vu quiconque comme lui auparavant. Il était décrit comme portant des plumes blanches et ayant des cheveux blancs qui brillaient comme l'argent. Dans cette légende, plusieurs enfants s'élevèrent dans les airs et devinrent les Pléiades en atteignant le ciel.

Une étrange pierre magique fut mentionnée dans un livre au XIXe siècle. La tribu possédait soi-disant une pierre magique transparente que le guérisseur consultait. Elle était jalousement con-servée et même le peuple de la tribu n'était pas autorisé à la voir. L'écrivain ne put la décrire da-vantage et ne mentionna pas la tribu dont il s'agissait. (La migration du Shinar, par le capitaine G. Palmer [Londres], 1879)

Il existe aussi des histoires dans plusieurs tribus concernant un canoë surnaturel qui volait et devait être alimenté pour voyager. Tsimshian : il existe une légende concernant un canoë capable de se mouvoir de manière auto-nome, possédant une tête de monstre à chacune de ses extrémités. Ces têtes mangeaient tout ce qui passait devant la proue ou la poupe du bateau. Cette idée de nourrir un bateau capable de se déplacer se retrouve sous de nombreux autres aspects, y compris avec un chargement utilisé pour alimenter le vaisseau. Dans une autre histoire, le canoë possède de grands pouvoirs ma-giques et était propulsé par un chant spécial. Quand il décollait, il s'élevait rapidement très haut dans le ciel. Ce décollage vertical était décrit comme celui d'une flèche. Le chant magique pou-vait aussi faire descendre le canoë ou l'arrêter. Dans une autre histoire, quand le canoë accosta, il se transforma en pierre. Est-ce que ces légendes pourraient provenir des souvenirs du vais-seau spatial original, qui était alimenté par des matériaux transportés à bord ? Le chant magique pourrait-il être une mémoire des systèmes de propulsion ? Quand il est arrivé sur Terre, le vais-seau a été transformé et ne fut plus en mesure de voler.

Dans certains cas, il existe des croyances isolées ne faisant pas partie intégrante des contes po-pulaires, tel que l'Oiseau Tonnerre, dont le pouvoir incroyable provoquait la foudre. La légende de l'Oiseau Tonnerre pourrait-elle provenir d'Amérindiens ayant vu un vaisseau spatial ?

L'un des genres de mythes préférés en Amérique est celui où un héros arrive et enseigne au peuple un autre art encore inconnu, faire des paniers par exemple, ou faire pousser des céréales. Ce héros culturel symbolise la force, la sagesse et la perspicacité humaine. Il n'est pas le Pouvoir Supérieur, mais il est l'intermédiaire entre ce Pouvoir et le genre humain.

De nombreuses tribus possèdent la légende de Glooscap (ou Gluskap), un héros culturel qui ap-porta des connaissances. L'histoire de Glooscap est la suivante : il vint dans ce pays en prove-nance de l'Extrême-Orient en traversant la grande mer. C'était un être divin, bien qu'il possédait une forme humaine. Glooscap était l'ami et l'enseignant des Amérindiens ; tous les arts qu'ils connaissaient venaient de lui. Il leur appris le nom des constellations et des étoiles. Il leur apprit à chasser, à pêcher, à sécher et fumer leurs captures, à cultiver la terre, à planter, et il les forma à tout type d'élevage. Tout ce que les Amérindiens connaissaient concernant la sagesse et le bien provenait de ses enseignements. Son canoë était un morceau de granit qui se transforma en île. Lors d'un de ses voyages, il découvrit une autre tribu avec un langage différent. Il resta à leurs côtés pendant cinq ou six ans pour leur transmettre ses lois. Quand Glooscap s'en alla, il repartit vers l'ouest car il avait achevé sa mission. Les Amérindiens pensent qu'il reviendra un jour. Il ne peut pas vieillir et vivra aussi longtemps que le monde. Il vit dans un endroit magnifique à l'ouest. Le voyage jusqu'à cette merveilleuse contrée lointaine est long, difficile et dangereux. Le retour quant à lui est court et simple. Il existe de nombreux récits et légendes de jeunes hommes coura-geux qui tentèrent de réaliser ce périple. D'autres puissants personnages sont mentionnés dans les légendes de Glooscap, mais ce dernier demeure le maître suprême.

De nombreuses héroïnes culturelles sont présentées dans les légendes. On les connaît sous dif-férents noms et elles apportèrent des éléments importants au peuple : les buffles, le sel, le maïs ainsi que les connaissances liées à la culture, la poterie, la vannerie et les silex pour déclencher l'étincelle des premiers feux de cuisson.

Dans une légende, la Mère Maïs donna aux Amérindiens des graines à planter et leur transmit de nombreuses connaissances avant de retourner dans le ciel. Un jour, un homme exceptionnel fut aperçu près du lac et partagea de nouveaux savoirs. Mère Maïs se joignit alors à lui pour leur en-seigner la culture du maïs. Elle leur parla des étoiles, des planètes, du soleil, de la lune et des dieux du ciel. Puis, un chien venant du soleil arriva avec des remèdes et enseigna au peuple les maladies des humains et comment les guérir. Par la suite, l'homme et Mère Maïs quittèrent le peuple.

Dans les histoires, aucune de ces avancées culturelles ne se sont produites de manière sponta-née. Elles ont toujours été apportées au peuple ou transmises par quelqu'un. Les mythes rappor-tant les aventures et la carrière de certains héros culturels pouvaient par exemple inclure l'affirmation « il enseigna au peuple tous les arts ».

La légende de Bahana, le frère blanc, ou le sauveur blanc du peuple Hopi, est profondément établie dans tous les villages. Il arriva avec des habitants du monde situé sous la Terre et fut con-sidéré comme un grand sage. Il entreprit un voyage jusqu'au soleil levant, promettant de revenir avec de grands bienfaits pour le peuple. Depuis ce temps, ils attendent son retour. On dit que, lorsqu'il reviendra, il n'y aura plus de combats, plus de problèmes et qu'il apportera de nom-breuses connaissances et beaucoup de sagesse avec lui. Les prêtres espagnols furent autorisés à établir leurs missions dans le pays Hopi à cause de cette légende, puisque le peuple pensait que le Bahana était enfin revenu. Depuis cette époque, ils ont subi de nombreuses déceptions, mais ils continuent d'attendre l'arrivée du « vrai Bahana».

On ne connaît pas l'origine du mot Bahana, mais il existe plusieurs théories. Aujourd'hui ce mot est utilisé pour désigner l'arrivée des Espagnols.

Les caractéristiques principales de cette histoire ressemblent fort à l'ancienne légende du Quet-zalcoatl dans la culture mexicaine, Dieu des Mayas, des Toltèques, ensuite adopté par les Az-tèques. Il était aussi associé au soleil et en tant que Dieu Maya, il ne requérait aucun sacrifice humain. Quetzalcoatl était le dieu des arts et de l'artisanat, du calendrier et des cultures en géné-ral.

Une ancienne légende rapporte que le Grand Dieu de la Culture, Quetzalcoatl, après avoir en-seigné au peuple les arts utiles, partit vers l'est à travers l'océan en promettant de revenir à une date précise dans le futur. Selon la tradition, il était barbu et avait la peau blanche. L'arrivée des Espagnols à une date coïncidente poussa Montezuma II, qui avait été formé comme prêtre et pro-tégé avec soin du monde moderne, à les accueillir. Cette décision sera fatale pour les natifs. L'expérience des Incas d'Amérique du Sud avec Pissarro fut très similaire avec des consé-quences tout aussi désastreuses.

BEAUCOUP DE MYTHES dans les cultures amérindiennes contiennent des éléments explicatifs. Cela signifie que l'histoire utilise des procédés ingénieux pour expliquer certains phénomènes. De nombreux sont nommés « contes explicatifs » et sont utilisés pour expliquer les phénomènes quotidiens (identifier les marques des animaux, des oiseaux, etc...). Ils ressemblent fortement aux histoires pour enfants de Tuin. Certains experts ont conclu qu'il y a un nombre considérable de cas prouvés, où l'histoire est formellement plus ancienne que le phénomène qu'elle est censée « expliquer ». Comme si l'histoire était l'élément d'origine et que l'explication fut ajoutée par la suite. Cela tend à prouver que l'origine de ces explications ne provient pas des contes nord-américains.

Les chercheurs ont découvert qu'un nombre considérable de contes connus par une tribu l'étaient par toutes les tribus voisines, avec parfois de légères différences. Ils découvrirent qu'un récit pouvait voyager sur d'énormes distances. Dans certains cas, des légendes se sont répan-dues à des milliers de kilomètres du lieu considéré comme leur point de « départ ».

C'est particulièrement vrai dans le cas de certaines tribus des plaines centrales, que l'on croyait originaires des forêts de l'est. Ils quittèrent leurs anciennes demeures à l'est, soutenus par des tribus voisines culturellement proches et avant l'invasion européenne au XVIIe siècle.

Pour citer un autre exemple, au XIXe siècle certains récits sont communs aux peuples natifs de l'est du Groenland et de l'ouest de l'Alaska, mais aussi à des tribus bien plus au sud, jusqu'à la rivière Arkansas. Un conte se répandait habituellement à partir d'un point central, perdant petit à petit sa nature, proportionnellement à la distance parcourue depuis son point d'origine. Cela permit aux spécialistes de clarifier le problème de la « perte » de sens explicatif du récit. Il devint évident que des divergences très profondes existaient dans les explications apportées à certains récits, en fonction des différents peuples. Certains expliquaient un aspect, d'autres un autre et d'autres aucun. Alors que les différentes légendes étaient modifiées au gré des différentes tribus, les explications ajoutées, quant à elles, changèrent encore plus rapidement et radicalement. L'absence d'explication fut mise sur le compte d'informations manquantes. Quand les spécia-listes examinèrent les différentes versions du même récit, ils conclurent qu'il était impossible de déterminer l'original. Ils eurent le sentiment qu'un même récit si complexe ne pouvait pas avoir été inventé indépendamment, en chaque lieu où une explication était nécessaire. Par consé-quent, de nombreuses versions étaient donc une réinterprétation ou une déformation du récit original.

Par la suite, on peut retrouver des éléments européens dans les mythes et certains ont été in-fluencés par les missionnaires. Ces éléments n'étaient pas présents dans la forme originale. Dans certains cas, les natifs n'avaient pas le droit de réciter leurs contes traditionnels, considérés comme païens et sacrilèges. Dans la plupart de ces cas, les mythes originaux furent doucement oubliés ou modifiés pour convenir aux exigences des missionnaires. Il serait difficile de retrouver les originaux, particulièrement dans la forme utilisée avant l'arrivée et l'influence des Européens.

En considérant ces difficultés, je trouve remarquable le fait d'avoir pu trouver une histoire trans-mise de manière quasi intacte, qui soit exactement comme celle que Tuin racontait aux enfants de son époque. Après de longues recherches, j'ai trouvé ce qui suit dans un vieux livre. Cette histoire fut récitée à un auteur et explorateur dans la réserve des Six Nations au Canada, à la fin du XIXe siècle. C'est un extrait d'un récit plus long autour d'un renard.

Comment l'ours perdit sa queue

Le renard futé rencontra ensuite un ours, qui lui aussi cherchait avec anxiété à se procurer du poisson. « Eh bien, » répondit le renard, « en bas à la rivière, tu trouveras un trou dans la glace ; laisse juste descendre ta queue, comme je l'ai fait, et tu pourras retirer le poisson aussi vite que tu le souhaiteras. » L'ours suivi les instructions à la lettre, mais le froid tombant, sa queue avait gelé au lieu d'avoir attrapé un poisson. Ce récit raconte pourquoi l'ours ne possède pas de queue.

Il semble que l'une des seules manières de faire ressurgir ces anciennes connaissances soit d'utiliser cette méthode particulière qu'est l'hypnose régressive. Cette connaissance reste pré-sente dans les banques de mémoire du subconscient des gens vivant sur Terre aujourd'hui. Il s'agit juste d'effectuer une régression avec un excellent patient, loin à travers les couloirs du temps, jusqu'à une vie où l'information recherchée était une connaissance ordinaire. Rien ne peut être totalement perdu ou oublié, tant que l'esprit humain survit. Ce qui est écrit dans le sub-conscient ne peut pas être effacé.

POUR APPORTER UN ARGUMENT, au moins pour lui-même, l'auteur d'un article demanda en 1900, « Quelle est alors, et quand est alors l'origine de l'Indien ? L'indien, qu'est-il ? D'où vient-il ? Je ne sais pas, et vous ? Qu'en pensez-vous ? Puisque toutes les théories avancées semblent être vraies, au moins en partie, pourquoi ne pas dire qu'elles sont toutes vraies et en finir avec cette question ? Est-ce que quelque chose pourrait indiquer de manière plus frappante que l'Indien appartient à la race universelle de l'humanité, que le sang commun de la fraternité court dans nos veines, qu'il est le frère de l'ensemble du vaste monde ? Tous les signes montrent qu'il est un enfant très ancien, l'une des nombreuses lignées de la vieille Terre Mère et que le secret de son origine primitive est enfermé à l'extérieur de notre connaissance, avec le grand mystère de l'origine de la vie. D'où il vient, nous ne le savons pas. Mais il est certain qu'il vit sur ce conti-nent depuis une très longue période, suffisamment longtemps pour avoir établi ici un peuple, une race très distincte, dont la pureté et l'ancienneté ne peuvent être remises en question. Il est possible que l'unité de la race humaine soit un phénomène si profond que toutes les tentatives de classification basique, utilisée dans tous les départements d'anthropologie, échouent et que la famille humaine soit finalement considérée comme une seule race. De nombreux individus de sang aborigène et métisse ont disparu, ils n'ont cependant pas disparu par extinction, mais par intégration. Il est évident que le sang indien n'est pas mort, qu'il n'est pas éteint ; non, il est diffu-sé, absorbé, assimilé – nommez cela comme vous le souhaitez - mais il n'est pas mort. Sa race pourrait disparaître, mais le sang ne mourra pas. »

Chapitre 19
La fin de l'aventure

JE N'AI PAS EFFECTUÉ MES RECHERCHES en voyageant dans les tribus ou en parlant aux aînés, parce qu'il m'a semblé que cela ne me fournirait pas les informations que je cherchais. J'ai conscience que de nombreux ouvrages ont été écrits récemment par des gens qui affirment transmettre d'anciennes légendes et prophéties. Elles sont présentées comme provenant de membres âgés des tribus, qui ont conservé la connaissance sacrée. Dans certains cas, ces Amé-rindiens furent ostracisés par leurs peuples pour avoir révélé cette connaissance à l'homme blanc, considéré comme un ennemi traditionnel. Il est possible que ces légendes soit vraies, mais elles auraient dû survivre oralement à de nombreuses années de persécution, d'annihilation, de préjudice, de séparation et de délocalisation. Je n'ai pu trouver aucune trace d'elles dans les an-nales des premiers ethnologues.

J'ai compris que je ne serai jamais en mesure de retrouver les légendes du peuple de Tuin. Cette race noble s'est éteinte il y a de très nombreuses années et seuls leurs gènes ont été transmis à travers le temps. Les morceaux que j'ai pu glaner étaient seulement de petites miettes de ce qui fut, un jour, un grand et beau pain. Un pain qui s'est émietté, a été dévoré et a disparu. Mais d'après Tuin, le sang qui coule à travers de nombreuses tribus amérindiennes contient un peu de celui des Anciens. Cette mémoire est toujours là, visible dans l'ADN. On devra probablement se contenter de savoir que les Amérindiens possédaient une origine noble, qui n'est pas recon-nue à l'échelle mondiale ; que certains de leurs ancêtres venaient des étoiles et ont survécu malgré la très faible probabilité. Comme Tuin l'a dit, nous avons pu faire resurgir cette histoire merveilleuse, au moins pour cette génération. Est-ce que cela signifie qu'elle disparaîtra à nou-veau dans les sables du temps ? Si c'est le cas, peut-être que les traces même de notre civilisa-tion seront aussi balayées de la surface de la Terre et que personne ne saura jamais que nous avons existé. On commence à accepter le fait que ce phénomène se soit déjà produit de très nombreuses fois par le passé. D'autres civilisations sont nées, ont prospéré et ont disparu, ne laissant aucune trace de leur passage. À part l'être humain. Si nous croyons au phénomène de la réincarnation, nous pensons que cette vie n'est pas notre unique vie. Il est alors raisonnable de penser que nous avons probablement vécu dans l'une de ces civilisations aujourd'hui dispa-rue, qui a péri à la surface de la Terre dans des cataclysmes. Nous savons que notre propre mort n'est pas à craindre, parce que nous y avons déjà survécu de nombreuses fois. Par conséquent, nous savons aussi que nous pouvons survivre à la mort d'une civilisation, d'une nation ou d'un monde. Ces choses sont engendrées par des cycles, tout comme le sont nos propres vies. L'âme humaine, immortelle, peut triompher de n'importe quelle catastrophe et revenir encore et encore pour reconstruire constamment et améliorer ce qui a été détruit. Tout comme les humains peuvent encore s'élever, le cycle peut tourner ; des civilisations et des mondes peuvent encore s'élever. C'est l'esprit indomptable de la vie. Aucune destruction n'est permanente.

Les humains ont toujours été des survivants et continueront de l'être. Ils vont reconstruire et refa-çonner leur vie, mais ils perdureront toujours. Nous découvrons aujourd'hui que les mémoires de ces civilisations perdues sont contenues dans le subconscient des habitants actuels de la pla-nète. Ces mémoires commencent à faire surface et, de ce fait, les histoires de ces peuples ne mourront jamais. Il est possible que le subconscient soit le territoire inexploré des futurs scienti-fiques. Il est possible que ce soit le lieu d'où l'histoire perdue sera exhumée, au moyen de l'hypnose régressive plutôt que sous la pelle des archéologues.

UNE FOIS MES RECHERCHES ACHEVÉES, l'histoire de Tuin et de ses ancêtres n'était tou-jours qu'un simple récit, presque impossible à prouver. Mais j'aime croire qu'elle a pu se produire, que c'est une partie oubliée de notre histoire. L'histoire des Anciens décrit une aventure, l'esprit indomptable d'exploration qui a fondé notre pays, la persévérance face au danger et à l'inconnu, et la flamme intarissable de l'espoir. Quel meilleur héritage léguer à la race humaine, quelle que soit son origine !

Je peux imaginer le sentiment d'irrévocabilité que ces gens ont ressenti quand ils furent forcés de quitter leur planète mère. À cause de conditions politiques, ils ne pouvaient plus vivre là-bas en sécurité. Ils savaient, quand ils ont entrepris leur voyage à travers l'espace, qu'ils ne rever-raient jamais leur planète, qu'ils ne pourraient jamais retourner chez eux. La porte était définiti-vement fermée, il s'agissait une rupture totale avec tout ce qui leur était familier. Mais je suppose que l'émerveillement et la curiosité face à l'inconnu étaient aussi manifestes. Ils allaient dépas-ser de nouvelles frontières, aller là où personne n'avait été auparavant. Ils ne pourraient cepen-dant pas partager leurs découvertes avec leur patrie, parce qu'ils n'en possédaient plus. Leur planète d'origine ne voulait plus avoir de contacts avec eux. De leur point de vue, ces pionniers avaient cessé d'exister. Dramatique peut-être, mais dans leurs yeux, c'était mieux que la mort.

Alors ils partirent, les yeux fixés sur une étoile lointaine. Ils devaient regarder devant, ils ne pou-vaient pas regarder en arrière. La vie à bord des vaisseaux a du être ennuyeuse, mais ils avaient tout ce qu'il fallait pour survivre. Ils avaient tout prévu, probablement des années à l'avance. Ils savaient que des générations grandiraient dans les confins du vaisseau, avant qu'ils puissent à nouveau toucher la terre ferme. De nombreuses années de notre temps passèrent avant qu'ils traversent notre système solaire et s'approchent de notre planète. La Terre n'était pas leur desti-nation initiale. Ils ne se seraient jamais arrêtés ici s'il n'y avait pas eu un dysfonctionnement sur leur vaisseau. Qu'il s'agisse d'un sabotage à retardement ou non, ils se retrouvèrent dans une situation critique. Ils savaient qu'ils ne pouvaient pas continuer avec les autres vaisseaux, et ces derniers ne pouvaient ni les aider, ni attendre. Ils devaient atterrir quelque part pour effectuer les réparations et peut-être rejoindre les autres par la suite. Ils furent surpris quand ils virent la lune. Selon leurs théories scientifiques, c'était un corps stellaire trop large pour être un satellite. Ils hé-sitèrent tout d'abord entre atterrir sur la Lune ou sur la Terre. Leur technologie a dû leur montrer que l'atmosphère terrestre était compatible et ils choisirent donc d'atterrir ici. Ce fut une chance, parce qu'ils n'avaient aucun moyen de savoir que les réparations seraient impossibles et qu'ils se retrouveraient bloqués ici pour toujours. Atterrir sur la Lune aurait signifié leur mort certaine.

Je peux imaginer le miracle, l'émerveillement et peut-être la terreur lorsqu'ils sortirent du vais-seau, à l'air libre. Des générations entières avaient été élevées à l'intérieur des murs du vais-seau ; ils n'avaient jamais vu de grands espaces. La vue d'étendues si vastes d'air et de terre a dû être bouleversante au départ. Mais des dangers plus immédiats les menaçaient. Ils découvri-rent que le soleil les impactait fortement. Leur corps n'était pas adapté à la puissance des rayons et aux radiations nocives du soleil. Ils restèrent en sécurité dans le vaisseau, ne sortant que la nuit pour essayer d'effectuer leurs réparations. Quand il fut évident qu'ils ne pourraient jamais quitter cette planète, ils commencèrent à se faire à l'idée qu'elle deviendrait leur nouvelle de-meure. Après tout, ils avaient l'intention de coloniser une planète de toute façon, même si celle-ci n'était pas leur premier choix. Ils allaient devoir apprendre à s'adapter. Leur vie en dépendait.

Ils découvrirent qu'un petit groupe d'aborigènes vivait dans la vallée. Cela leur donna de l'espoir quant à leur propre survie. Si une espèce humanoïde pouvait survivre, alors ils le pouvaient aus-si. Les aborigènes furent tout d'abord émerveillés par les voyageurs de l'espace et les considèrè-rent comme des dieux venus du ciel. Mais avec le temps, ils réalisèrent qu'il ne s'agissait que de personnes comme eux. Les ajustements ne furent pas simples. Les deux peuples, que ce soit les Anciens ou les Natifs, utilisaient la communication par télépathie, mais ils étaient si différents qu'ils ressentaient des douleurs physiques à proximité les uns des autres. À mesure que le temps passa, les Anciens réalisèrent que les radiations du soleil leur causaient de terribles pro-blèmes génétiques. Leur unique espoir de survie était de se reproduire avec les Natifs. L'esprit humain, lorsqu'il se retrouve confronter à un choix entre la vie et la mort, se fraie toujours un chemin. Cela peut être un des autres héritages qui nous a été transmis.

À mesure que le temps passait, ils réalisèrent que ce métissage offrait une descendance viable et que leur futur ici était ainsi assuré. Ils s'adaptèrent progressivement et démontèrent leur vaisseau pour construire des maisons. À mon sens, une des expériences les plus douloureuses qu'ils du-rent traverser fut la perte des connaissances contenues dans les ordinateurs. Ils essayèrent d'en sauvegarder le maximum en les consignant par écrit. Mais il y en avait telle-ment, tellement. L'ordinateur devait contenir l'équivalent de plusieurs de nos bibliothèques. Comment décide-t-on de ce qui est essentiel à préserver et de ce qui sera oublié ? Ils décidèrent que les connaissances nécessaires à leur survie constituaient les parties les plus importantes. Ils avaient besoin d'informations pour construire leur vie dans cet environnement étranger et con-servèrent tout ce qui avait trait à la culture des aliments, à la fabrication des vêtements, à la mé-decine et aux arts de guérison. Les connaissances, qui ne leur auraient été utiles que sur leur planète d'origine ont probablement été les premières éliminées. Ce fut la rupture définitive puisqu'ils perdirent l'histoire de leur origine. Les mathématiques, certaines sciences, la lecture et l'écriture ont survécu pendant un temps, mais furent graduellement reléguées aux soins d'une seule personne, les questions liées à leur survie devenant prioritaires. Au fil du temps, de plus en plus de leurs reliques disparurent et ne demeurèrent que dans les mémoires décrites par les lé-gendes. Ça a dû être difficile de devoir abandonner tout ce qu'ils possédaient sur leur vaisseau. Ils voulurent conserver au moins certains souvenirs, alors ils gardèrent et léguèrent des objets du vaisseau. Plus tard, les descendants ne comprirent plus l'utilité de ces artefacts, qui prirent da-vantage un rôle religieux et devinrent un support pour leur rendre hommage. Il s'agissait des ob-jets ayant appartenu aux Anciens et ils devaient par conséquent être protégés.

C'est incroyable que l'héritage de ces voyageurs de l'espace ait pu survivre, quand on réalise que cette connaissance semble avoir traversé des milliers d'années entre l'atterrissage forcé et l'époque de Tuin. Si son peuple n'avait pas été aussi isolé, la connaissance aurait probablement été absorbée, diluée et transformée, de nombreuses générations avant son époque. Mais ils étaient complètement coupés de toute influence contaminante. Ils étaient seuls au monde. Il était absolument essentiel à leur survie que toute la connaissance soit préservée. Chaque personne possédait un talent qui devait être transmis aux descendants. Perdre les connaissances et com-pétences de la moindre personne était impensable, car toutes étaient essentielles au bien-être du village en tant que groupe. Ainsi, la transmission de l'activité de chacun faisait partie intégrante de leur mode de vie et était scrupuleusement respectée. Ceci s'applique aussi aux légendes. Ils eurent le sentiment qu'elles devaient être préservées, et ce, aussi précisément que possible. Il y avait presque un côté religieux à cela. Un soin extrême fut apporté pour conserver les légendes fidèles à leurs formes initiales. Rien ne pouvait être ajouté, rien ne pouvait être enlevé. Cela de-vint un devoir sacré du groupe de préserver et protéger l'authenticité des légendes, même s'ils n'en comprenaient pas de nombreux passages. C'est uniquement grâce à la dévotion et à l'isolement du groupe que les récits ont pu être conservés intacts pendant si longtemps. Nos an-cêtres extraterrestres léguèrent aussi un amour et un respect profond pour la Terre Mère, leur terre d'adoption.

Cet aspect est profondément ancré dans les cultures amérindiennes du nord.

Mais au bout du compte, l'inévitable s'est produit, comme cela s'est toujours produit par le passé et comme cela continuera de se produire. Des influences extérieures arrivèrent dans la vallée. Le groupe a dû être totalement stupéfait et terriblement effrayé de découvrir qu'ils n'étaient pas les seuls à vivre dans le monde. Des gens, semblables à eux, étaient venus sur leur territoire et leur vie ne serait plus jamais la même. Tuin n'était plus vivant pour y assister, mais il faisait partie des rares qui savaient que c'était vrai, puisqu'il avait vu d'autres tribus durant ses excursions en de-hors de leurs terres. Le village ne l'avait pas cru ; ses histoires devinrent un morceau de leurs lé-gendes. Ils n'y crurent pas, jusqu'à ce qu'ils le voient par eux-mêmes. Après ça, ce ne fut qu'une question de temps pour que les peuples extérieurs engendrent la détérioration de leur mode de vie et corrompent leurs légendes.

La vie de Tuin en elle-même n'avait rien d'exceptionnel. Il avait une vie simple, sans inquiétudes apparentes. Il possédait de grandes capacités psychiques et les utilisait pour s'orienter pendant ses chasses. Il possédait de fortes croyances religieuses et spirituelles, même s'il ne les considé-rait pas de cette manière. Il a passé sa vie entière au service des autres membres de son village. En leur fournissant de la viande, il effectua le travail qui lui avait été confié et contribua à la sur-vie de son peuple. Il ne considérait pas que c'était exceptionnel. C'était ce qui était attendu de lui et il le faisait sans le remettre en question. Il aimait les grands espaces, la liberté de la nature et il respectait toute forme de vie. Il vivait parmi un peuple qui avait appris à vivre sans peur et dans un profond respect pour toutes les créatures vivantes. Il a ri et il a aimé, et bien que cela puisse sembler ordinaire pour certains standards, je trouve que c'était une personne remarquablement pure. Il possédait toutes les qualités merveilleuses que chacun peut développer dans sa vie ici sur Terre. Mais il me semble que le service le plus remarquable qu'il ait rendu, il ne l'a pas fait consciemment. Ce service, il l'a rendu à travers une régression hypnotique, des milliers d'années après sa mort, bien longtemps après la disparition des traces et vestiges de son village. Je pense que le plus grand service rendu est la transmission de ses précieuses légendes à travers les bar-rières du temps et de l'espace, et ainsi leur redécouverte dans notre monde. Les Anciens au-raient été très fiers. Elles n'ont pas été oubliées. Leur histoire a ressurgi grâce aux couloirs de l'inexplicable esprit humain. Nos origines nous reviennent comme un cadeau du passé. On nous rappelle que notre héritage vient des étoiles. Ne l'oublions jamais.

Concernant l'auteur

Dolores Canon est une figure inconstestée de l'hypnothérapie et des régressions dans les vies antérieures, spécialisée dans la découverte et la reconquête de nos "Savoirs Perdus".

Née en 1931 à St Louis, Missouri, elle y vécut jusqu'à 1951, date à laquelle elle épousa un officier de la marine américaine. Elle passa les vingt années suivantes à silloner le monde, au gré des missions de son mari, et à élever ses enfants. En 1970, son mari devint vétéran handicappé de la marine et le couple se retira pour vivre dans les collines de l'Arkansas. Elle commença alors sa carrière d'écrivain, vendant ses articles à divers journaux et magazines. Elle pratiqua l'hypnose dès 1968 et se dédia exclusivement à l'hypnose régressive à partir de 1979. Après avoir étudié les différentes méthodes d'hypnose existantes, elle developpa sa propre technique, ce qui lui permit d'obtenir de ses patients quantité d'informations de grande précision. Cette technique unique d'hypnose est aujourd'hui enseignée dans le monde entier.

En 1986, elle étendit son champ d'investigation à l'ufologie. Elle mena des recherches sur des sites d'atterrissages supposés d'OVNI et étudia les phénomènes des Crop Circles en Angleterre. Dans ce domaine, la majeure partie de son oeuvre constitue une accumulation de récits édifiants de personnes abductées.

Conférencière internationale, Dolores présenta ses travaux sur tous les continents. Ses dix-sept ouvrages sont traduits en vingt langues. Elle fut l'invitée d'émissions de radio et de télévision à l'échelle mondiale. Nombreux articles, de sa main ou relatant son travail, sont parus dans la presse américaine et internationale. Elle fut la première personne américaine et étrangère à recevoir le "Prix Orpheus" en Bulgarie, pour l'avancée majeure de ses recherches sur les phénomènes psychiques. Sa contribution exceptionnelle et l'ensemble de l'oeuvre de sa vie lui valurent de nombreuses récompenses d'organisations consacrées à l'hypnose.

Sa grande famille lui procura un équilibre solide entre le monde "réel" de ses proches et le monde "invisible" de son travail.

Pour correspondre avec les editions Ozark Moutain Publishing et obtenir des informations concernant les travaux de Dolores ou les formations en lien avec ses enseignements, veuillez écrire à l'adresse suivante decannon@msn.com ou via le site internet www.ozarkmt.com

Dolores Cannon a quitté ce monde le 18 octobre 2014, en nous léguant une quantité impressionnante de découvertes dans les domaines de la médecine alternative, de l'hypnose, de la métaphysique et des régressions dans les vies antérieures. Mais plus que tout, elle était intimement convaincue que l'essentiel de sa tâche était de partager ces savoirs, de révéler les connaissances perdues nécessaires à l'éveil spirituel de l'humanité et à la compréhension de la vie, ici, sur Terre. Partager l'information et le savoir est ce qui lui importait le plus ; c'est la raison pour laquelle ses livres, ses enseignements et sa méthode d'hypnose quantique QHHT® continuent d'émerveiller, de guider et d'informer des hommes et des femmes du monde entier. Dolores a exploré les champs des possibles tout en nous accompagnant sur le chemin de nos vies. Elle souhaitait partager avec des compagnons de voyage ses aventures dans l'inconnu.

Other Books by Ozark Mountain Publishing, Inc.

Dolores Cannon
A Soul Remembers Hiroshima
Between Death and Life
Conversations with Nostradamus, Volume I, II, III
The Convoluted Universe -Book One, Two, Three, Four, Five
The Custodians
Five Lives Remembered
Horns of the Goddess
Jesus and the Essenes
Keepers of the Garden
Legacy from the Stars
The Legend of Starcrash
The Search for Hidden Sacred Knowledge
They Walked with Jesus
The Three Waves of Volunteers and the New Earth
A Very Special Friend
Aron Abrahamsen
Holiday in Heaven
James Ream Adams
Little Steps
Justine Alessi & M. E. McMillan
Rebirth of the Oracle
Kathryn Andries
Time: The Second Secret
Will Alexander
Call Me Jonah
Cat Baldwin
Divine Gifts of Healing
The Forgiveness Workshop
Penny Barron
The Oracle of UR
P.E. Berg & Amanda Hemmingsen
The Birthmark Scar
Dan Bird
Finding Your Way in the Spiritual Age
Waking Up in the Spiritual Age
Julia Cannon
Soul Speak – The Language of Your Body
Jack Cauley
Journey for Life
Ronald Chapman
Seeing True
Jack Churchward
Lifting the Veil on the Lost Continent of Mu
The Stone Tablets of Mu
Carolyn Greer Daly
Opening to Fullness of Spirit
Patrick De Haan
The Alien Handbook
Paulinne Delcour-Min
Divine Fire
Holly Ice
Spiritual Gold
Anthony DeNino
The Power of Giving and Gratitude
Joanne DiMaggio
Edgar Cayce and the Unfulfilled Destiny of Thomas Jefferson Reborn
Paul Fisher
Like a River to the Sea
Anita Holmes
Twidders
Aaron Hoopes
Reconnecting to the Earth
Edin Huskovic
God is a Woman
Patricia Irvine
In Light and In Shade
Kevin Killen
Ghosts and Me
Susan Linville
Blessings from Agnes
Donna Lynn
From Fear to Love
Curt Melliger
Heaven Here on Earth
Where the Weeds Grow
Henry Michaelson
And Jesus Said – A Conversation
Andy Myers
Not Your Average Angel Book
Holly Nadler
The Hobo Diaries
Guy Needler
The Anne Dialogues
Avoiding Karma
Beyond the Source – Book 1, Book 2
The Curators
The History of God
The OM
The Origin Speaks

For more information about any of the above titles, soon to be released titles, or other items in our catalog, write, phone or visit our website:
PO Box 754, Huntsville, AR 72740|479-738-2348/800-935-0045|www.ozarkmt.com

Other Books by Ozark Mountain Publishing, Inc.

Psycho Spiritual Healing
James Nussbaumer
And Then I Knew My Abundance
Each of You
Living Your Dram, Not Someone Else's
The Master of Everything
Mastering Your Own Spiritual Freedom
Sherry O'Brian
Peaks and Valley's
Gabrielle Orr
Akashic Records: One True Love
Let Miracles Happen
Nikki Pattillo
Children of the Stars
A Golden Compass
Victoria Pendragon
Being In A Body
Sleep Magic
The Sleeping Phoenix
Alexander Quinn
Starseeds What's It All About
Debra Rayburn
Let's Get Natural with Herbs
Charmian Redwood
A New Earth Rising
Coming Home to Lemuria
Richard Rowe
Exploring the Divine Library
Imagining the Unimaginable
Garnet Schulhauser
Dance of Eternal Rapture
Dance of Heavenly Bliss
Dancing Forever with Spirit
Dancing on a Stamp
Dancing with Angels in Heaven
Annie Stillwater Gray
The Dawn Book
Education of a Guardian Angel
Joys of a Guardian Angel
Work of a Guardian Angel
Manuella Stoerzer
Headless Chicken

Blair Styra
Don't Change the Channel
Who Catharted
Natalie Sudman
Application of Impossible Things
L.R. Sumpter
Judy's Story
The Old is New
We Are the Creators
Artur Tradevosyan
Croton
Croton II
Jim Thomas
Tales from the Trance
Jolene and Jason Tierney
A Quest of Transcendence
Paul Travers
Dancing with the Mountains
Nicholas Vesey
Living the Life-Force
Dennis Wheatley/ Maria Wheatley
The Essential Dowsing Guide
Maria Wheatley
Druidic Soul Star Astrology
Sherry Wilde
The Forgotten Promise
Lyn Willmott
A Small Book of Comfort
Beyond all Boundaries Book 1
Beyond all Boundaries Book 2
Beyond all Boundaries Book 3
D. Arthur Wilson
You Selfish Bastard
Stuart Wilson & Joanna Prentis
Atlantis and the New Consciousness
Beyond Limitations
The Essenes -Children of the Light
The Magdalene Version
Power of the Magdalene
Sally Wolf
Life of a Military Psychologist

For more information about any of the above titles, soon to be released titles,
or other items in our catalog, write, phone or visit our website:
PO Box 754, Huntsville, AR 72740|479-738-2348/800-935-0045|www.ozarkmt.com

www.ingramcontent.com/pod-product-compliance
Lightning Source LLC
Chambersburg PA
CBHW071148160426
43196CB00011B/2038